主の母マリア

カール・ラーナーに学ぶカトリック・マリア神学

光延 一郎［編著］

教友社

Karl Rahner, Maria, Mutter des Herrn
Herder, 1963

目次

解説②――神学と典礼・霊性の歴史におけるマリア……97

まえがき——聖母マリアの教義とは何か

ローマ・カトリック教会のマリア観への疑いとドグマ

カトリック信徒にとって聖母マリアへの信心は、慰めの源、信仰の糧だと言えましょう。教会堂や修道院などカトリック施設には、必ずどこかに聖母像があり、人々はそこで自分の願いへのとりつぎを祈ります。そして日々の生活においては、ロザリオの祈り[1]や鐘の音に合わせて「お告げの祈り」[2]を唱えます。それらは、カトリックの信仰の深層をなしていると言って間違いないでしょう。

ところが、同じキリスト教であっても、プロテスタント諸教派においては、聖母マリアへの信心はむしろ信仰の本質を脅かす迷信のようにとらえられます。神と人間をつなぐのは神の子イエス・キリストであるはずなのに、なぜマリアがその場に入ってきて、第三の神のように崇められるのかという疑いが主たる理由でしょう。そこには、宗教改革において「信仰のみ」「聖書のみ」「恵みのみ」を掲げ、旧来のカトリック教会の伝統をできるかぎり乗り越えようとした歴史、とりわけカトリック的なものの代表的存在である聖母信心を切り捨てようとしてきた歴史も関係しています。

ましてキリスト教になじみのない一般の人々にとっては、カトリックが聖母マリアという存在をなぜそれほど大切にするのか理解しがたいことでしょう。

そこで挙げられるカトリック聖母信心への代表的な疑問点は、以下のようでしょうか。

①カトリック教会は、マリアが「処女懐胎した」とか「終生処女であった」などということを信じているし、「神の母」だとか「天の元后（regina caeli）」などと言う。それでは、マリアとは女神なのか？

②そして「マリアは無原罪で宿《やど》られた」とか「生涯罪なく暮らした」などと、人間ばなれしたことも言っている。マリアはイエスと同等の神的存在なのか？

③「マリアはその死とともに天に挙げられた」（被昇天）という祭日もあるが、それは復活後のイエスの「昇天」といったいどこが違うのか？

④「マリアは祈りのとりなし手である」などとも言われるが、神と人間をつなぎ媒介する役割を担うのはまさにイエス・キリストではないか？

さらに同じ聖書に基づく宗教であるユダヤ教からすれば、そもそもイエスをキリスト（メシア）であるとか、神の子であるなどということが認められないのですから、マリアを「神の母」とする教義など問題外です。正教会などの東方キリスト教は、カトリック同様、聖母信心を大切にしていますが、「聖母の無原罪の御やどり」や「被昇天」という教えをローマ・カトリック教会が独断で教義宣言したことへの反感があります。プロテスタント諸教派には、先に見た通り聖母崇敬そのものへの反感がありますし、また特にローマ・カトリック教会が聖母崇敬を教会論などの教義と結びつけ、民衆に人気の高い聖母を教会政治に利用しているとみるようです。すなわち、聖母崇敬が教皇の偶像化や聖職者独身制、さらに反近代的保守主義、反フェミニズムなどを支えるイデオロギーのシンボルとしてを利用されかねないと批判します。

実際、カトリック教会では、聖母崇敬の内容は「教義」として公にされていますが、そこで使われる諸観念は、一般の人々にとっては意味不明の語彙ばかりでしょう。

①マリアは「神の母」である（エフェソ公会議、四三一年）。
②マリアはイエスを「処女懐胎」し、また「終生処女」（第二コンスタンティノポリス公会議、五五三年）であり、「終生の罪のなさ」を保った（トリエント公会議、一五四七年）。
③マリアは「無原罪」で宿《やど》った（一八五四年、教義宣言）。
④マリアは、その死において「被昇天」された（一九五〇年、教義宣言）。

こうした教義の諸観念が、カトリック教会外の人々には、聖母の超人間化、女神化という迷信にしか聞こえないのは確かでしょう。そしてカトリック教会自身も、こうした「符牒」「合言葉」のような教えを内向きに保持し、他の人々に説明する努力には消極的だったと思います。マリアについての教義が、キリスト教のメッセージのうちで、信者でない人々の生とも無縁ではなく、「救い」を求める人間の望みに合致していることをはっきりと説明してくればよかったと思います。本書はこの意味で、カトリック教会が大切にしてきたマリア崇敬の教義的内容を明らかにすることを課題としたいと思います。その際に、二十世紀最大のカトリック神学者と言われるカール・ラーナーの考察を手引きとします。

カール・ラーナー『マリア、主の母』について

カール・ラーナーは、一九〇四年にドイツ西南部のフライブルクで生まれ、一九八四年にオーストリアのインスブルックで帰天しました。伝統的なカトリックの家庭に生まれ、兄で歴史家のフーゴー・ラーナーの背中を追うように、一九二二年にイエズス会に入会しました。一九三二年の司祭叙階後、哲学の専門研究のためフライブルク大学に学び、有名な哲学者マルティン・ハイデガーのゼミナールにも参加しました。彼の博士論文はトマス・アクィナスの認識論をテーマとするものでしたが、当時のカトリック教会内で主流であった「新スコラ」学派の基準に合わないとの理由で、担当教授に受理されませんでした。方向転換を余儀なくされたラーナーは、神学の博士論文試験に合格し、一九三六年よりインスブルック大学にて教義神学者としての歩みを始めます。しかし、不合格とされた哲学の博士論文は、後に『世界における精神』という書名で出版され、ラーナーの初期代表作と見なされています。また、同じ時期にまとめられた宗教哲学についての著作『言葉を聞く者』も重要です。ラーナーは、ナチズム

の支配のもとで一時教職をはなれましたが、その後ミュンヘンとインスブルックのイエズス会神学院で神学を教え、また数々の著作と辞典や参考図書の編纂にあたりました。一九六二年に始まった第二バチカン公会議では、公会議神学者として招かれ奮闘しました。こうしてラーナーは有力な神学者として認められていき、一九六四年から六七年までは、高名な神学者ロマーノ・ガルディーニの後任としてミュンヘン大学で教え、さらに一九六七年から七一年までは北ドイツのミュンスター大学で教えます。晩年はミュンヘン、インスブルックで過ごしました。

『マリア、主の母』は、一九五三年五月にインスブルック大学の聖堂で行われた連続講話を収録したものです。この連続講話が催された背景には、一九五〇年十一月の「処女聖マリアの被昇天」の教義宣言があります。教皇ピウス十二世によるこの教義宣言は、教会内外に大きな論議を呼び起こしました。この新しい教義への人々の関心の盛り上がりの中で、その内容と背景を一般信徒に説明することがこの連続講話の目的だったでしょう。実はラーナーは、一九五一年に『聖なる処女マリアの被昇天』という五百ページにも及ぶ、この新教義に関する浩瀚な著作も書いています。彼はこれを出版しようとしましたが、その内容が進歩的すぎると判断されたのか、修道会からの出版許可が下りず、近親者の間だけで閲覧されていました（ラーナー全集の編纂により、その第九巻として二〇〇四年にようやく公刊されました）。他にもラーナーは四十以上のマリアについての論文や記事を著述しており、現代の教義神学者としてはマリア論への強い関心を示しています。それは、本書翻訳部分の初めの三章に示されるように、イエス・キリストの「受肉」を中心とし、キリスト論と神学的人間論の表裏一体性を強調する視点からキリスト教を鳥瞰する、ラーナーの教義神学の構造自体に由来するのでしょう。人間という被造物と神に直接する超自然的な存在であるイエス・キリストの受肉という焦点となる出来事に、神の側から関与するのがイエスであり、またその出来事に人間の側から第一に関与するのがマリアだからです。一九五〇年代は、一八五四年にピウス九世により公布されたマリアについてのもう一つの教義宣言「聖母の無原罪の受胎」の百周年にもあたり、二つの教義宣言をめぐるさまざまの発言が世間をにぎわしていました。こうした背景において、講話集『マリア、主の母』には、ラーナーの広範な神学研究の成果がコンパクトに集約されています。

神学におけるマリア

ラーナーにおいてそうであるように、カトリック神学の内から見れば、マリア論は、その他の教義神学上の主要なテーマが出会う交差点に位置づけられます。

すなわち、①「イエス・キリストが神であり同時に人間でもあるとは、私たちの救いにとっていかなる意味があるのか?」を問うキリスト論において、すでに四三一年のエフェソ公会議で、マリアは「人間の母」でなく「キリストの母（キリストトーコス）」でもなく「神の母（テオトーコス=生神女）」であると全教会的に決定されました。②また教会論においても、古代から中世にかけて、マリアは第二のエバとして、救いの歴史を旅する教会の母であると位置づけられました。③さらに十二世紀頃から、巡礼やロザリオなど、さまざまなマリア信心が民衆の間に深く拡がっていくにつれて、人間の救済、つまり罪と恵みの本質を考察する神学的人間論の焦点ともなります。そして、④現代においては、一九六二〜

六五年に開催された第二バチカン公会議という現代のローマ・カトリック教会の方向性を決定した会議の中心的な展望として「神の民」の教会論が論議されましたが、マリアはその教会と人々を結びつける人格的なかかわりの焦点に位置づけられました。

こうした流れの中で、現代のマリア論の新しい試みにおいても、神学者の間では、マリア論は神学諸分野の焦点だという視点が議論されています。(3) マリアは、キリスト教信仰と神学の豊かさの源であり、教会のキリスト教理解を深めるためには、マリアの役割の本質をしっかりととらえることが重要だとされます。

マリア論は、歴史的には、おおまかに次のような段階を経てきました。まず新約聖書において、マリアは旧約の契約の成就であるイエス・キリストと共に語られます。そして教父たちの神学においては、マリアは特にキリスト論において、神の母（テオトーコス）であることが強調されました。そしてその神の母は、教会の原型としての役割も果たしていることに気づかされます。中世においてはマリア信心が発展し、その流れは「無原罪」（一八五四年）と「被昇天」(4)（一九五〇年）の教義で頂点に達します。後に詳述するように、この二つの教義においては、カトリック独自の神観と人間観が言い表されています。すなわち、これらの教義はプロテスタントが熟知する十字架の神学を包み、下支えする栄光の神学を語ろうとします。カトリックのマリア論は、十字架と罪を超えた復活と栄光という極めて肯定的で明るい神観と人間観を示すものです。近代の啓蒙主義時代においては、合理的思考重視の影響により、聖書解釈および神学一般について史的批判的な方法が支配的となり、マリアについての信心や思想は迷信的であるとされ、少しずつ周縁に追いやられるか、あるいは逆に理性を顧みず情感ばかりを肥大させた信心となっていきました。

しかしながら、現代神学においては、教父たちのマリアについての思想が再評価・再検討され、それが第二バチカン公会議『教会憲章』（一九六四年）第八章の「教会の原型」としてのマリアという思想に結実しました。またエキュメニズム（キリスト教一致運動）においても、マリアについての対話が始まりました。[5] さらにフェミニズムの思想が注目を浴びることとなり、そのマリアとの関連が論議されています。[6]

時に逆風を受けながらも、現代のマリア神学は、キリスト教信仰と神学を統合する視点を担う科目として模索されています。新約聖書は、神とは父と子と聖霊、すなわち三位一体であるという神の自己啓示を顕しました。キリスト論はそこでナザレのイエスが、人間の救いために神の子であることを語りますが、マリア論は、神のイエス・キリストへの「受肉」が人間にもたらす神の救いの意味を明らかにします。マリアは自分のために存在するのでなく、常に息子であるイエス・キリストのためにおり、またイエス・キリストは父なる神と聖霊と教会のために存在します。マリア論は、キリストの受肉に基づく神と人間とのかかわり、そしてその子が聖霊において現存する場である教会というキリスト教の中心問題にかかわるのです。神の母（テオトーコス）、三位一体的な現実としてのマリアは、キリスト論、三位一体論、そして教会論に結ばれることにおいて、さらに救済論と終末論とも結びつきます。こうした意味で、マリア論は神学の核心とひと続きであり、キリスト教信仰のさまざまの側面を照らし出します。そうした神学の諸分野を統合する視点を提供することが、現代のマリア論の課題だとされます。

聖母崇敬のあり方

日本のカトリック司教団は、一九八七年に当時の教皇ヨハネ・パウロ二世が推し進めた「マリアの年」にあたり、同年三月二五日に同教皇が公布した回勅『救い主の母』に従い、信徒がどのように聖母崇拝に向き合うべきかをまとめています(7)。

そこでは、マリアが「神の御子・救い主イエスの母」であるとの教義の意味が語られ、マリアは、神の救いの恵みを完全に受け容れた方であり、救い主キリストの協力者であり、神の言葉の第一の実践者、救いの教えの最高の理解者だったとされます。

そしてマリアは、ヨハネ福音書で、イエスは愛する弟子に「見なさい。あなたの母です」(19・27)と言われたように、私たちの母、教会の母ともなられたとします。マリアは信仰の旅路を進む教会、悔い改めと刷新の努力を続ける教会の希望の星として特別に崇敬されてきましたが、特に日本の教会と聖母マリアとの間には深いかかわりがありました。すなわち、聖フランシスコ・ザビエルが宣教者として日本の地に上陸したのは一五四九年八月十五日「聖母被昇天」の日であり、聖人は日本の国を聖母に奉献しました。長い迫害と潜伏の苦しみにあった信者たちの信仰を鼓舞したのも、温かく優しい母マリアの姿でした。そして十九世紀半ば、再宣教を試み、沖縄に来たフォルカード神父は一八四四年五月一日、沖縄と日本を聖母の汚れないみ心にささげ、さらに一八六五年に長崎の大浦天主堂に現れた数人の潜伏キリシタンたちは、聖母マリアへの崇敬をもって自分たちの信仰を証ししました。

また司教団は、聖母に対する崇敬と、父なる神と御子イエス・キリスト、聖霊に対する礼拝の違いについても述べます。信徒がマリアを崇敬するのは、彼女が神だからではなく、神の恩恵を特別にお受けになった方として「わたしの魂は主をあがめ、わたしの霊は救い主である神を喜びたたえます。……力ある方が、わたしに偉大なことをなさいましたから」（ルカ1・47〜49）と歌ったマリアと共に神の栄光を賛美し、その救いの恵みを感謝するためだと言われます。

第二バチカン公会議の典礼刷新に沿った聖母に対する崇敬が典礼についても語られます。典礼の暦には、主キリストの救いの出来事が一年を通して記念されますが、マリアはキリストの救いの神秘に密接にかかわっているがゆえに、無原罪や被昇天の祝日をはじめとする数多の聖母マリアの祝日が祝われます。さらに、ロザリオの祈り、お告げの祈り、聖母の連願、聖母月の行事、聖母の巡礼地への参詣、聖母行列などの信心業についても語られます。

そうした聖母崇敬の望ましいあり方を、日本の司教団は次のようにまとめます。

☆ 主イエス・キリストこそ私たちの唯一の仲介者です。マリア崇敬は私たちをいっそうキリストに近づけ、さらに父と子と聖霊の神に近づけるものであることを、はっきり認識すること。

☆ 聖書、とくに福音書から、キリストの母として果たされたマリアの役割を学び、それを黙想しながら、幼な子の心で聖母との親しさを深めること。

☆ 教会の伝統的な聖母信心、典礼や祈り、行事は聖書の教えから生まれており、それと結ばれている。それゆえ、私たちの信心も教会の信心を基準にして行うこと。

☆　聖母に対する感情豊かな愛の表現、大衆の心にふれる信心を軽視してはならないと同時に、一人よがりの信心、自己満足を求める信心、教会の主流から離れる信心は避け、また特に、聖母信心をいわゆる〝ふしぎな出来事〟と結びつけようとする傾きには警戒しなければならない。

☆　子どもたちや若者の胸に聖母の姿がきざみこまれ、また家庭の中でマリアが夫婦・親子の団らんの中におられる、そのような姿こそが教会の願いなのである。

聖母の現れ

聖母崇敬には大衆的な人気があり、聖母マリアの出現などふしぎな現象が人々の心をさまざまに揺るがすなど、誇張や行き過ぎも起こりがちです。マリアが特定の人を通してメッセージを伝えるということはありえるでしょうし、司教など教会を代表する人々が慎重に調査して、それが真に超自然的なものか否かの結論を出すこともあります。

たとえば聖母の出現は、一説によれば紀元四一一年に始まり、現在まで九一八件が報告されているそうです。その中で特に十九世紀の一〇六件、二〇世紀の四二七件が全体の五八％を占めるとのこと。しかしながら、教皇庁が公認した例は二十数件と言われています。その中には、一五三一年にメキシコ・グアダルーペで弾圧される先住民に慰めを与えた聖母、一八三〇年と一八四〇年にフランスのシスターに出現し、不思議のメダイやスカプラリオによって聖母の保護を約束した聖母、そして一八五八年、フランス・ルルドで十四歳の少女ベルナデッタに現れ、病者に癒しと慰めを与えた聖母の現れ、二〇一七年に百周年を記念したポルトガルのファティマでの聖母の現れなどがあります。[8]
日本においても、長い禁教のトンネルを経た一八六七年に、信仰を公にした潜伏キリシタンへの現れが報告されています。すなわち島根県・津和野に預けられ、拷問を受け、「三尺牢」に閉じ込められて真冬の乙女峠に捨て置かれた長崎・浦上の信者安太郎を励ました乙女峠の聖母です。また一九七三年に秋田市で涙を流して人々の回心を諭した聖母像は、教区司教レベルでは出現として認められ多くの巡礼者を集めています。聖母の出現は影響が大きく、その場が巡礼地になったり、世界的な霊的運動が始まったりします。また聖母出現の多くは、神の掟を守り、よく祈り、悔い改めること、聖堂を建てることなど、キリスト教生活の深化を勧めるメッセージを伴っています。時には、神学論議に無縁な人々や子どもの口から「無原罪の御やどり」「恵みの媒介者」「聖心の信心」などの神学テーマが出てきたりします。

こうした聖母の現れは、教会の「公的啓示」とは区別されて「私的啓示」と呼ばれます。「公的啓示」とは、新約聖書に記録される、イエス・キリストの受肉と死と復活において神がご自分を全面的に現し、人間にまことのいのちを授け、世界を一つにされる出来事です。この啓示は、キリストの現れにおいてすでに完了しています。しかしその意味は、いまだ完全には明らかにされず、歴史においてしだいに理解されていきます。「私的啓示」は、教会がキリストから使徒を通して受けた公的な啓示に新しいものを付け加えるのではなく、この公的啓示の理解を助けるものだと言えるでしょう。それは、教会全体が受け容れるべき信仰箇条ではなく、キリストと教会の教えのある点を特に思い出させ、より真剣な信仰生活を送らせるための勧告の役割を果たすものです。それゆえその啓示の正当性は、出来事が時のしるしとして人々を唯一の公的啓示に導き、信者たちの信仰・希望・愛をキリストとの一致において養い、実りが賢明に受け容れられることにあります。

正しい聖母崇敬とは、マリアの信仰、希望、愛の態度にならいつつ、キリストの救いのわざを記念し、祝い、生きることを目指します。マリア崇敬を通して受けることのできる恵みは、明るく希望にあふれたものです。

現代人は、核戦争の恐れ、国際間の不信、失業、貧困、格差、将来の見通しの暗さ、理由のない差別、世代間の無理解、孤独感などにより不安におそわれがちです。そうした不安と悩みにつけ入るような形で新宗教が宣伝されることもありますが、同様な風潮に聖母信心も巻き込まれないともかぎりません。救い主キリストに対する信頼に基づく聖母崇敬は、平和、罪の痛悔と新しい生き方への回心を促すものです。しかし罪の罰や地獄の恐れをちらつかせて、信者の心に不安や恐怖を引き起こすようなものは、真のマリア崇敬ではありません。神はひとり子を与えるほど、この世を愛されたのであり、マリア崇敬はこの愛に私たちを導くものだからです。

本書の構成

聖母マリアへの崇敬は、その内容とそれを言い表す言葉や表現がずれてしまい、意図された意味がわからないものになっています。この状況に一石を投じるというのが本書の目的ですが、そのためには、やはり理性的な神学的考察、あるいはその前提となる祈りや黙想が必要です。

そのために、カール・ラーナーの『マリア、主の母――神学的黙想』を翻訳し、その内容にそって、必要な歴史的背景などを補足することで、一つのマリア教義解説書となればと思います。

初めの三章は、ラーナーが自分の神学の枠組みを提示しながら、マリア崇敬の概略を述べます。そこに述べられることは、ラーナーの著作になじんでいる人には、何度も聞かされた彼の神学の基本構想なのですが、あまりにも高遠でついていけないと思う方は、そこは後まわしにして、ラーナーが直接マリア教義について語っている部分や解説から読み始めてもよいと思います。

最も根本的なマリア教義は「神の母」の宣言であり、それは「処女懐胎」と「終生処女」に直結します。そこでは、主にイエス・キリストと聖母マリアとの関係、人間がイエス・キリストにおいていかに救われるのかというキリスト論との関連が中心テーマです。

さらにマリア教義のもう一つの軸として、一八五四年十二月八日に教皇ピウス九世により教義宣言された「無原罪の御《おん》やどり」、および罪なき聖なる方であるマリアの「生涯の罪のなさ」の教義の内容、一九五〇年にピウス十二世教皇により教義宣言された「処女マリアの被昇天」の内容が考察されます。「無原罪の御やどり」と「被昇天」教義は、マリアに託されたカトリックの人間観がテーマとなります。それゆえ「神の母」「処女懐胎」「終生処女」の教義においての軸であったキリスト論に対して、ここでは神学的人間論というもう一つの軸が問われます。

カール・ラーナーの神学の全体が、イエス・キリストの受肉に基づくキリスト論と人間論という二面性を総合しようとするものだとの指摘はしばしばなされているところです。マリア論において、この楕円の二つの中心点がつながるのです。

マリアについての疑いのとりあえずの解決……

本論に入る前に、本書のテーマであるマリア教義の意味が何であるか、簡潔に示すなら、次のようになるでしょう。

☆「マリアは『神の母』である」とは、聖母が女神なのではなく、神が人類に与えられた選びの栄誉をマリアがお受けになり、救い主の母であることの歩みを全うしたことをたたえることである。

☆「マリアは『天の元后』だ」とは、信じる者同士の交わりの中に生まれる「神の国」において、最初で最高のキリスト者の姿を示したのがマリアであったということを言いたい。

☆「マリアは無原罪で宿られた」とは、イエスがご自分の使命を果たすためには、まったく神から離れることのない（＝罪のない）人間から生まれることが必要だが、その方がマリアだった。

☆「マリアは終生おとめであった」とは、マリアはご自分の生涯のすべてを純粋に神への奉仕にささげられた。

☆「マリアは天に挙げられた」とは、マリアはキリストの復活の実りに全面的にあずかった最初のキリスト者であった。

☆「マリアは祈りのとりなし手である」とは、マリアは、復活において、天から、地上との境を越えて、神の救いの計画を進めるための役割、特に他者のためにとりなす交わりのつとめを今も果たしていてくださる。
それでは、このことを以下の本論において、一つずつ解明していきましょう。

注

（1）ロザリオの祈りとは、一連十ずつ、一環は五連からなる珠をくりながら「アヴェ・マリアの祈り（天使祝詞）」を唱え、福音書の中に記されているキリストの主な出来事を黙想していく祈りである。「バラの冠」という意味をもつ。喜びの玄義、苦しみの玄義、栄えの玄義を三環、合計十五玄義を黙想する今の形で祈るようなったのは、ドミニコ会の創立者ドミニコ（一二二一年没）による。
（2）「お告げの祈り」とは、マリアへの天使ガブリエルの受胎告知を想い起こし、朝昼夕と一日三回「アヴェ・マリアの祈り」を三回唱えることを中心にした祈り。ミレーの「晩鐘」の絵などに描かれている。
（3）たとえば、教皇庁教理聖省前長官、ミュンヘン大学教授を務めた Gerhard Ludwig Müller の Maria-Die Frau im Heilsplan Gottes（Mariologische Studien XV）, 2002 を参照。
（4）デンツィンガー・シェーンメッツァー『カトリック教会文書資料集』（エンデルレ書店）三九〇〇～三九〇三項を参照。直接の宣言内容は以下の通り。「三九〇三　繰り返しささげられるおびただしい祈りが神にまでのぼり、真理の霊の光を求めてのち、処女マリアに特別の慈愛を望まれた全能の神の栄光のため、万世の不朽の王にして罪と死の勝利者であるおん子の誉れのため、マリアの栄光をいや増すため、また全教会の喜びのために、われわれの主、イエズス・キリストの権威と幸いなる使徒ペトロとパウロの権威、および私の権威により、無原罪の神の母、終生乙女なるマリアが、地上の生活を終えたのち、肉身も霊魂もともに天の栄光にあずかるようにされたことは、神によって啓示された真理である、と宣言し、布告し、定義する」。

（5）特に聖公会との対話においては、次の注目すべき文書が公刊されている。The Anglican-Roman Catholic International Commission's (ARCIC) Statement on Mary, 'Mary: Grace and Hope in Christ'（『マリア　キリストにおける恵みと希望』二〇〇七年、教文館）。

（6）教皇ヨハネ・パウロ二世回勅『救い主の母』（一九八七年）、同教皇使徒的勧告『女性の尊厳と使命』（一九八八年）を参照。

（7）『聖母マリアに対する崇敬――一九八七年「マリアの年」にあたって』（一九八七年八月十五日、日本カトリック司教団教書）。

（8）**ファティマの聖母**――一九一七年のポルトガルのファティマにおける少女と少年への聖母の出現は、第一次世界大戦の終焉と第二次世界大戦の勃発を伝え、人々の回心の求め、またロシアの奉献の必要性が訴えられたとされます。地元のレイリア司教は一九三〇年にこの出来事を公認し、教皇庁も認めました。

ファティマの聖母からのメッセージは三つです。第一は「地獄のヴィジョン」。多くの人々が現世的な欲望や傲慢、特に無神論により地獄に行くとされ、聖母は地獄にいる罪人を救うため、マリアの汚れないみ心に対する信心を世に定着させることを望まれると言われます。

第二は、戦争の終焉と、さらに大きな戦争が勃発するとの予言です。第一次世界大戦はまもなく終わるが、しかし人々が罪を悔い改めないなら、さらに大きな戦争が起き、多くが地獄に落ちてしまうと言われます。

第三のメッセージは、のちにカルメル会の修道女になる少女ルチアに対してファティマの聖母は、一九六〇年になってから公開するようにと命じたとのことで長らく秘密にされました。しかし教皇庁は一九六〇年が過ぎてもこのメッセージを公開せず、それゆえさまざまな憶測を呼びましたが、ようやく二〇〇〇年にヨハネ・パウロ二世が発表に踏み切りました。

その内容は「火の剣を左手に持った一人の天使」が悔い改めを求め、光の中で白い衣を身に着けた教皇のような方と司教や司祭、修道士、修道女が険しい山に登り、十字架のもとで一団の兵士に殺されるというヴィジョンでした。

「第三の秘密」などという人々の好奇心をそそるような表現と、共産主義ロシアという具体的な政治体制が名指されていることにより、ファティマの聖母出現には若干不穏な印象がつきまとってきました。戦争、危機、飢餓、その他の災厄を予言し、人々の不安と嘆きを煽りつつ、戒めのメッセージを語るというのは、カルト集団にも共通する手法です。そのルーツは旧約聖書の終末論の伝統、預言者と黙示文学にさかのぼります。黙示文学は、紀元前二世紀以来、聖書にも取り入れられ（ダニエル書など）、現在の世界が滅び去り、世の終末と新しい創造をさまざまな夢幻的表象で示すことで、信仰の苦難にある人々を慰め励ますための文書でした。善と悪の戦い、神と闇の勢力との戦いの後に古い時代は没落し、数少ない選ばれた者だけが救いに至るというパターンです。ファティマの子どもたちへの啓示も同様に描写されたため、人々の興味が大衆的に増幅された面があるかと思います。

ヨハネ・パウロ二世は、「第三の秘密」を一九八一年五月十三日に起きた自身の暗殺未遂事件と関連づけました。教皇は、ファティマの「第三の秘密」を好奇心の対象とするのではなく、権力と不正、無神論に陥りやすい人間が、教会とキリスト者に対して大きな苦しみを与えた悲劇の時代の叙述として解釈します。二十世紀の歴史を戦争、暴力、迫害がうち続いた「十字架の道」としてとらえ、その時代を終わらせる悔い改めと回心への呼びかけがファティマにあるとします。しかも、そんな時代も、神のいつくしみ深い愛と聖母の絶え間ない保護のもとにあったのです。ヨハネ・パウロ二世は「銃弾の軌道を導く母の手があったので瀕死の教皇は死の際にとどまった」（一九九四年五月十三日イタリアの司教たちへの黙想）ことを確信します。そして発見された銃弾は、ファティマの聖母大聖堂に預けられ、そこのマリア像の冠の中に埋め込まれることとなりました。二〇〇五年四月に発表されたヨハネ・パウロ二世の遺言には、「冷戦の時期が、暴力的な核戦争なしに終結したことについて、特別な意味で神の摂理がたたえられますように」との言葉が記されています。

マリアの汚れなきみ心――それゆえファティマのメッセージの核心は、マリアの汚れなきみ心です。ヨハネ・パウロ二世は、暗殺事件後ただちに世界をマリアの汚れなきみ心に奉献するとしました。私たちは、ロザリオを唱えつつ、回心と痛悔において、聖母とともに「御言葉がこの身になりますように」を人間のいのちの中心である心で生きることが求められます。

人間は誰しも、救いを直接に目で見、体験したい、天に通じたいとの願望をもっています。聖母の出現などの私的啓示は、そうした人々の強い思いに応える出来事なのでしょう。救いのメッセージの伝達は、多くの場合、聖職者に独占されます。しかしファティマなどの聖母出現の出来事は、聖職者だけでなく、信徒、特に子どもにまで神の啓示が及び、神の国建設に寄与しうること、信徒が「神の民」の肢体となり得ることを語るのかもしれません。民衆的信心は、ときにコントロールがきかないほど熱狂的にもなりますが、自分だけの救いという狭さを越えて、隣人愛、社会性、歴史性へと開かれるなら、ファティマの聖母の回心と償いへの呼びかけがそうであるように、今日の時代性と緊急性にも応えるでしょう。回心とゆるしを必要としている人類家族に対する、聖母の心づかいを読みとることがなにより大切だと思います。

マリアについての信仰の教えの概観——『主の母、マリア』第一章

〔導入〕マリアについての黙想の初めに、ラーナーはその枠として「創造」「救済史」「受肉」といった大きな概念から説き始めます。前触れなしに突然、こうした壮大な展望をもち出すのはいかにもラーナーらしい語り方だと言えます。彼はしかしこの連続講話において、マリアについての単なる敬虔な説教ではなく、神学の根源から「黙想＝メディタチオ」（むしろ、「省察」という意味でしょうか）するとの意図をまず明確にしようとしたのかもしれません。マリア論は、教義神学のさまざまな重要なテーマが出会う、いわば「交差点」です。ラーナー神学の中心と言えば、多くの解釈者も指摘することですが、神の子イエス・キリストの「受肉」、またその背景をなす神の「恩恵」です。それゆえラーナーは、このマリアについての黙想の初めにも、まずそうした中心問題との関連を示さずにはおれないのでしょう。

そのように本章では、黙想全体の枠をなす見取り図が示された後、後半では、引き続く章で扱われるマリア論の諸テーマの概要がリストアップされます。また聖書に現れるマリアの姿、および古代か

ら教会のうちで実践される聖人崇敬の意味がかんたんにスケッチされます。それでは、読み始めましょう。

一、マリア論の前提である「受肉」の神秘について

マリアとは、イエス・キリストの乙女なる母です。このことの意味、また彼女についてこれまで言われてきたことのすべては、彼女がいったい誰の母だったのか、さらに彼女がいかなる仕方で、そのイエス・キリストの母であったかを見届けることによって明らかになります。

1　神と世界の関係（創造と恩恵）

自然的な創造における神と世界　キリスト教信仰は、「イエス・キリストが御父なる神と本質において同等にして同一であり」、しかも「人間に成られた」ことを告白します。この信仰告白が何を意味するかについては、いくらか解説が必要でしょう。

まずキリスト教信仰は、神と世界の関係について独自の教えをもっています。すなわち神と世界という二つの現実は、互いに本質的にまったく相異なるものです。一方の神とは、ただ自らのみ端的に存在する、無限で必然的、永遠で精神的・人格的な現実です。他方、世界の存在とは、神に依存しますが、しかし同時に自ら真に実在している現実です。世界が神に依存するというのは、それが創造において神

によって生起せしめられ、時間の中を進行しながら真の完成という終点に向けられた歴史のうちにあるからです。

超自然的な恩恵における世界　この二つの相異なる現実相互の関係は、キリスト教に独特の見方からすれば、ただ創造の次元にのみあるわけではありません。すなわち世界は、神ご自身とは結局無関係に自立する「自然本性的」なものとして創造されただけではないのです。それは究極的に、神が自ら「超自然的な恩恵」としてご自分の絶対の現実性を決定的に分かち与えたいと望まれ、またそのように伝達され続けているものとして自由に創造されたものなのです。つまり世界とは、厳密には「自然」が超自然的に存在する様態だと言えるものなのです。

究極目標としての神の「自己譲与」　すなわち神と世界の関係とは、一方で神ご自身が自ら外へと超出され、他方で世界が神ご自身の生命のうちへと取り込まれ、そこで世界が完成することにおいて完結するという一つのプロセスのうちにあるのです。自然はそこで超自然的な秩序のうちに引き上げられますが、神がこの創造にあたり第一に意図されたこととは、自らご自身を恵み与えたいと望まれ、その通りにご自分から脱自なさる神の「自己譲与」だったのです。世界の「自然本性」とは、恩恵が自らのためにつくる前提だと言えます。このマテリアと精神からなる自然世界に対して神がただ自然的に創造することもなしえた、すなわち恩恵を贈り与えることをなさらず、それによって恩恵は世界に現れず、神のもとにのみ留まったという、中世の神学者たちが論議した思弁的な可能性もたしかに否定されえないでしょう。しかし神は、ともあれご自分を贈与される愛において世界をご自分に受け取られ、そこでご自身を外化しておられます。そして世界を成り立たせている諸々の存在も、そこでそれぞれの可能性に応じてこの神の自己譲与を実現しています。

人間の位置　ところで、この神の自己譲与の本来の目標と本質とは、精神的・人格的な被造物においてこそ真に到達されると言えます。なぜならこの被造物のみが、無限にまで開かれうる認識と愛という精神的・人格的存在を特徴づける能力において、神が恵みにおいて自由にお与えくださる自己譲与を、その本来の意図にそって受け取ることができるからです。

世界歴史と救済史　こうした神の自己譲与による歴史において、全人類は一つとなり、神から呼びかけられたパートナーとして神の前に立ちます。この歴史は、自由である人間にあらゆる時と状況のうちで差し出されている恩恵の提供において、常にすでにあらゆるところで生起しているのです。しかしその歴史はまた、最も普遍的な意味での神の恵みの働きの歴史とは区別された、ある種の特別な歴史としても把握され得ます。つまり、狭義の救済史と呼ばれるものとして。そこでは、神がご自身の救いの意思をある特定の時空点において、言葉の啓示と奇跡において自ら証されると見なされます。人間がなしうる最も根源的な自由行為とは、精神と肉体を持つ人格との交わりに向けられる神の自己譲与の出来事を受け取ることです。しかもこの行為そのものが、実は、神ご自身が自らを譲与するために（その働く恩恵の助けによって）創造しておられることです。このことがなされるところにおいてこそ、神を受け取る人間の歴史がもう一度神の恩恵の誇らしい歴史となります。すなわち神は、恩恵におけるご自身の自己譲与の前提をもおつくりになられ、しかもその神の到来のための前提は、神ご自身が恩恵であるのと同様、この世界において真に人間自身の現実となるのです。

神と世界の関係の焦点としての受肉　この神の自己譲与は、精神を所有するあらゆる被造物に差し向けられています。すなわち、この世の生においては聖化する恩恵において、およびいつの日かその生が完成し、神から直接に保持されるようになるときには直観と愛において、神の自己譲与は全うされるでしょう。その際、この神の自己譲与の根源的な基盤、その一回的な頂点、証印、救済史において実際に触知でき、しかもそれがもはや繰り返しがきかぬところにまでいたった最終的な段階とは、神の言葉が受肉して人と成られ、神ご自身がこの世界に人格的に現存するという事実なのです。

受肉が出来事となったことにおいて、世界において神がご自分を譲与される全活動の最高目標が自らを顕わにされました。この受肉に向けてこそ、他のすべてのことはその前提あるいは帰結として意図されていたのでした。神の側から見れば、受肉は創造された精神的で人格的な存在の領域のためになされる神のすべての自己譲与のための手段となり、他方、被造現実の側から見れば、この受肉は創造の目標でありかつ頂点です。

「受肉」という蝶番　それゆえイエス・キリストの神秘とは、彼が真に、神と自然的創造の秩序にある被造物の境界に跨がって立つということに存します。イエス・キリストは、真に人間です。つまり彼の人間としての現実、その生命と歴史などは、まったく彼自身のものです。しかも神の言葉は、彼の人間的な自然本性において真に私たちに語りかけられたのです。人は、このキリストに顕れた人間性を見ることにおいて、神ご自身についての真理の何ごとかをつかみ、またそれを会得します。

他方、イエス・キリストは真の神でもあります。彼は神の御言葉です。その言葉において、源なき根源であられる神、すなわち御父が、御自らの真の神的本質を御子における伝達として語り出します（神の全面的な自己告知は、この神的な人格存在を構成しますが、それは初めからもっぱら被造物に向けられたわけではありません）。それゆえに、この三位における第二の神的人格存在は、同じく神として、神から分かち与えられた神的本質において、また時のうちで乙女なるマリアに受胎された人間としての自然本性のうちに実存するのであります。

2　マリア論の主要なテーマ

「神の母」

個人的・身体的なかかわりではない　さてマリアとは、こうしたイエス・キリストの乙女なる母なのです。ですからこの関係は、身体的なかかわりのうちだけに狭められて理解されてはなりません。神の恵みによって贈られた信仰から、マリアは神の申し出に「はい」と答えましたが、そのようにして彼女は、私たちのために神の子を受胎し、また神の子に彼のこの世における存在を贈りました。これによって神の子は、新しい人類のメンバーとなり、またその救い主となり得たのでした（マタイ1・18〜23、ルカ1・26〜38）。いわゆる位格的結合（イエス・キリストにおいて神性と人間性が一つに結ばれたということ）において、神の御子がマリアによって孕まれ、人間の自然本性をも受け取られたがゆえに、マリアは真実に「主の母」（ルカ1・43）であり、また「神の母」（エフェソ公会議、四三一年）となられたのでした。彼女が神の母であることは、彼女の信仰の行為によるものです（ルカ1・45、11・27以下）。それゆえ、このことは単なる生理学的な出来事ではありません。

救済の歴史の協力者　しかもマリアのこの信仰による行いは、彼女の人生の私的な出来事ではなく、彼女が神の母であることから由来する出来事をもたらしました。つまり彼女が神の母であることは、公の救済史全体の中心となる出来事なのです。マリアが神の母であることは神の恵みのうちに生起した出来事です。それは彼女が神の恵みにおける自由によって、受肉において世界のために到来する神の恵みであり、人間たちのもとで働こうとされる神の真のパートナーとなることにおいて、この神の母であることを自ら引き受けた事態です。聖書（ヨハネ19・25〜27）が、マリアを十字架という救済のための木の下に立つ（第二のエバであり、かつまた救い主の母である）女性そのものとして示していることは、彼女をイエスの母にふさわしい者とした救いに充ちた受胎という役割が、救いの「時」（ヨハネ2・4）にいたるまで彼女の全存在で担われていたということを明らかにします。それゆえにマリアは——カトリック神学においてその使用の可否はいまだ議論の絶えない概念ですが——（イエス・キリストの救いを彼と共にもたらした）「共贖者（Coredemptrix）」とも呼ばれるほどです。

救済史的使命と個人的聖性の一致　彼女において、「神の母であること」という救済史的な使命と「信仰によって浄福を得た」という個人的な聖性は互いに照らし合い、条件づけ合い、一致し合っています。このようにマリアが、彼女自身をも聖化しながら全人類のためとなる救いそのものを「受胎」したことで救済史の中心に位置づけられました。そしてそのゆえに、教会の信仰は、彼女について、絶えず次のようにはっきりと意識してきました。すなわちマリアは、救いをもたらし神の勝利を示す神の御言葉の受肉へ向けられた神の意思のうちにある人間である。またその救いの絶対的で根源的な事例であり、最も完全な仕方で救われた方である。それゆえ救われた者たる教会そのものの原型であると。

「無原罪」と「無罪性」

こうした全うされた救いの出来事のゆえに、マリアはまた原罪を免れた者だとされます。彼女はたしかにアダムの血統、すなわち罪に連なる人類の共同性に属する者ではありますが、救い主へと向けられた神の意思のうちに取り入れられた者であるがゆえに、み摂理のうちに予見されていたキリストの功績によって、その生涯の初めから浄化する恩恵を保持していたと言われます（ピウス九世によって一八五四年に宣言された「無原罪の御やどり」の教義）。また同じ理由によって、マリアは神の恩恵によってあらゆる個人的な罪からも守られ、常に罪のない方であり（トリエント公会議の教え）、身体と魂の力を使用するにあたって、情欲という倫理的な自由が制限された状態にも陥らぬ方だとされます。

「処女懐胎」と「乙女としての生涯」

マリアが、神の子を男性の協力なしに受胎したということは、聖書に明白に記されています（イエスの誕生以前の処女性について、マタ1・18、ルカ1・34～35）。マリアの子が、父なしに一人の母のみから生まれて成長していくということは、この神の子と共に、救いの根源的に新しい始まりが据えられたことを語ります。すなわち、もはや罪にまみれた人類の歴史が続くのではなく、まったく新しい救われた歴史が始まることを語るのです。その意味で、母であるマリアは、創世記三章一七節によって罪の支配の現れだとされた出産における傷と苦しみから除外されているとされます（四世紀以降の教会で一般的となる「イエスの誕生における処女性」という教え）。さらに、マリアの全存在と全生涯が、余すところなく神とキリストに対する、かの唯一の奉仕に奉げられた（一コリ7・25以下、参照）ということのゆえに、教会は、マリアがその姿において示す救済史と教会の公共性において、イエスの誕生の後も常に処女であったと言います（三世紀以来の教会の伝統、および五五三年の第五回公会議の教え。すなわちそこでは、聖書――マコ3・31～35とその並行箇所――でイエスの兄弟姉妹と呼ばれている者たちは、マリアの子どもたちではなく親戚であったとされる）。

「被昇天」と「救いのとりつぎ手」

また教会は、イエスの復活によって救済史がすでにその最終的な段階の始まり、すなわち物質的な世界が（マタ27・52以下、参照）栄光の始まりの状態に到達しているがゆえに、完全に救われた者であるマリアが、今この体と魂においてもその完成を見出しているということを告白します（「聖母の被昇天の教義」、ピウス十二世によって一九五〇年一月十一日に教義宣言された）。救いに到達した者たちが天にいたり、神のもとでとりなしをなす「聖徒の交わり」は、その根拠と内容を彼らが地上において救済の歴史のために永遠に妥当する働きをなしたということから得ます。そのかぎりで、マリアは、彼女が救済史において占めるユニークな位置ゆえに、（キリストがそう呼ばれるように）真に「あらゆる救いの媒介者」だと言えます。もちろん彼女の場合は、キリストにおけるように、自ら積極的に働いてそうなったというよりも、奉仕において、神に依り頼みながら受動的に受け取った立場としてそうなのですが。

二、聖書におけるマリア

偽典と伝説

右に見たこと以外に、聖書からマリアについて知られることはほとんどありません。わずかにルカの一章から二章、マタイの一章と二章、ヨハネの二章一節～一一節、マルコ三章三一～三五節、ヨハネ十九章二五～二七節、使徒言行録一章一四節などの箇所がマリアについて語っています。

その他にも二世紀に書かれたであろう偽典や伝説がありますが、そこでマリアについて語られていることには歴史的な信憑性はありません。それらはせいぜい、歴史的な報告であるかのような姿をとった、マリアについての神学的思弁にすぎないものです。それらがどのようなものだったかは、四世紀に書かれたとされるマリアの天への帰還についての説話などを見ればわかります。その他の偽典に語られている話にも、歴史的な意義は認められません。私たちは、マリアの両親が何という名前であったのか確かなことを知るわけではありませんし（訳注、その名は、二世紀の偽典『ヤコブ原福音書』によればヨアキムとアンナであったとされる）、またマリアが神殿に仕える巫女のようなものであったという言い伝えもまったく根拠のないものです。

聖書がマリアについて述べること

マリアの生涯　マリアについて聖書が語っていることは、次のように要約できるでしょう。マリアはダビデの子孫であり、祭司の家系に属するザカリアとエリサベトの親戚であり、ナザレ出身のヨゼフと婚約し、結婚しました。天使ガブリエルは、ナザレで彼女に受胎告知のために現れ、そして彼女はそこで子を孕みました。彼女はベツレヘムでその子を出産しましたが、しばらくのあいだ子と共にエジプトで退避の時を過ごさねばなりませんでした。その後、彼女はヨゼフと共にナザレで暮らします（これらイエスの幼年時代の出来事は、およそ紀元前六年に起こったことでしょう。ナザレへの帰還は、ヘロデ一世が死んだ紀元前四年より後のことでした）。

マリアは、他のイスラエルの敬虔な人々と同じく、その民の宗教に従って生活しておりました（たとえば子供を奉献するための宮参りや、割礼、あるいはエルサレムの神殿を巡礼すること)。彼女はまた、労働に明け暮れる日常を生き、貧しいながらも見通しがたい神の計らいに喜んで身をゆだねる生活を送っていました。イエスの公生活のあいだ(およそ紀元後二七年以降)、マリアはイエスの意思に従い、肉親上のイエスの母であること自体ではなく、むしろ神の御旨が信仰のうちに満たされることこそが最も大切なのであるという態度で暮らしています(イエスの母親であることも、そのうちに含められました)。すなわち彼女は、十字架の下での主とのあの決定的な時に居合わせるまで、ずっと背後に退いています。それ以後は、キリストが昇天された後、弟子たちの共同体の中で祈っている彼女の姿がちらりと垣間見られます。

マリアの死　マリアがその後の生涯をどのように送り、どんなふうに亡くなったのかは、歴史的に何一つ知られていません。近年これについて二、三のカトリックの神学者たちのあいだで議論がありました。私には、マリアは彼女の息子の十字架上の死にならいながら、すべての人間の運命を共に担いつつ、地上的な生を真に完成させる形で亡くなったであろうことは疑いえません。彼女は罪なしに亡くなったはずですが、それは楽園の栄光なのではなく、キリストの恵みが肉の弱さのうちに完成されたその勝利として亡くなられたことだったでしょう。彼女が罪と無縁であったことは、楽園からの遺産なのではなく、むしろキリストの十字架の死を通して与えられたキリストの救済の実りだからです。彼女は苦しむことができますし、いや、まさに苦難の中を肉の体で生き抜かれたのでした。そしてその体の完成は、死における苦難の完成においてこそ成就されたものでしょう。

三、マリアへの崇敬

聖人崇敬

「いつの世の人も幸せな者と呼ぶ……」。キリスト教は聖人たちを崇敬しています。特にマリアへの崇敬の場合には、彼女が救済史においてユニークな地位を与えられているのでなおさら盛んです。この世の歩みを完成させた聖人たちそれぞれは、神の祝福のもとで相交わり、この救済の歴史を見守っているとされます。このような思想にそってマリアは、あらゆる時代の人々から（ルカ1・48）幸せな方だとほめ讃えられるべき方だとされます。それは、彼女においてまったくユニークに成就された神のみわざを讃美することが、神が人類すべてのためになさった偉大な出来事を讃美し感謝することとなるからです。彼女が行ったこと、彼女のわざにおいて神の御言葉が啓示されたことのうちに、神の恵みが認められるはずだからです。

崇敬と礼拝の違い　マリアは神の母として特別の仕方で崇敬されます。この「崇敬」はもちろん、神にのみ捧げられるべき「帰依する礼拝」とは別のものです。しかしマリアへの崇敬は「ヒューペル・ドゥーリエ（特別の崇敬）」と呼ばれます（訳注、「崇敬」の語はカトリック教会において一般に、聖人たちや聖遺物などへの「信心」“devotio”の際に用いられる。それに対して「帰依する礼拝」と訳した語はラテン語の"adoratio"にあたるが、これはイエス・キリストのからだである聖体や聖霊など、対象を神の次元にあるものに限るのである)。崇敬(ドゥーリア)とは、天国において救いと聖化を完成させた者たちに捧げられる宗教的な敬いにほかなりませんが、マリアについては、彼女の神の母としての類ない尊厳、またその救済史におけるユニークな地位と課題のゆえに特別なケースとしてそう呼ばれるのです(訳注、ラテン語の"dulia"はもともと奴隷・僕という言葉に由来するが、神の僕としての聖人たちに寄せる崇敬と祈願から「聖人崇敬」という意味をもつようになった)。

教会におけるマリア信心の成長

宗教的な崇敬は、その敬われるべき当人の人柄の聖性と尊厳におのずと由来し、またそれを尺度とするものであります。マリア崇敬の歴史は、教会の信仰意識が救済史におけるマリアのユニークな地位への注目を成長させていったその歴史でもあります。その救済史において、人は神によってのみではなく、神の「協働者」(一コリ3・9参照)を通しても救いが我々のもとに働くという意味で、人間の助けをも受けます。こうした成長は、すでに聖書のうちにマリアについて証されたことの目に見える展開であります。こうしたことはほとんどあらゆる信仰の真理に見出されることです。そしてそうした展開は、あらゆる時代を通して、神の霊によって統治される教会の生命を信ずることとの展開として、使徒時代やその後の時代だけに限られることではありません。すなわちマリア崇敬は、時代の変遷の中で、この祝福された乙女について常に新しい側面を見出してきました。たとえば、マリアは救済史において第二のエバとしての地位にあるとか、彼女が神の母であるとか、またマリアが乙女であることが教会における修道生活の鑑と見なされたり、あるいは「乙女である教会」の原型であると見なされもしました。またある時にはマリアは十字架のもとに立つ悲しむ母のモデルなるピエタであり、また母なるものを体現する方として、教会そのものの原像、恵みの媒介者、霊的生活の母、無原罪の受胎を成し遂げられた方として、体と魂の両方において救いを全うされた方として敬われたのでありました。それらマリア崇敬は、具体的には教会における特別のマリアの祝日として発展していきました。そうしたマリアの祝日には、彼女の人としての有り様と、その生涯における個々の出来事や神秘が祝われ、またマリアに由来を求めうる教会の歴史的な出来事に関連づけられることごとが祝われるのでありました。天使祝詞など、マリアへの特別な祈りも行われています。さらにロザリオの祈りによる信心行、マリアの特別な恵みが現れた場所への巡礼、マリアの名による叙階、修道会や種々の教会内のグループがマリアの名のもとに組織され、それがマリアから特別の守護を願う、などのことも行われています。こうしたマリアへの信頼に満ちた祈りにおいて実践される本物のマリア崇敬というものは、単なる一般的な神への信仰を超えて、キリスト教信仰という一つの具体的な現実が、どれほど実際に遂行されているのかを測る尺度だと言えるでしょう。こうしたマリア崇敬は「今からのち、いつの世の人もわたしを幸せな者と言うでしょう」との聖書の言葉の成就なのです。

神学におけるマリア――『主の母、マリア』第二章

〔導入〕ラーナーは、マリアについて論じるために、前章に続き本章でも視野を一杯に拡げます。すなわち今回は「神学とはそもそも何なのか」から話を始めて、彼の神学の最も基礎的な展望を披露します。それは「神秘である神について語る神学とは、同時に人間についても語る」ということです。なぜかと言えば、キリスト教とは、永遠なる神が、イエス・キリストにおいて人間となった出来事だからです。神の「自己譲与」の中心が「受肉」なのですから、そこで永遠の神について語る神学は、人となった神について語るキリスト論とつながります。しかもイエス・キリストは「人間」になられたのですから、人間であることとキリストの神秘とは深いところで浸透し合います。そこから本章では、ラーナーが他の著作でもたびたび表明している「人間論とキリスト論とは表裏一体である」とのテーゼに言及されます。そしてそこでマリアとは、その人間論でもある神学の焦点、すなわちキリストの救いの神秘に与る人間の代表として登場してくるのです。

この黙想がなされたのは一九五〇年ころですが、それは戦争の傷跡もいまだに生々しい時代だった

でしょう。ローマ・カトリック教会は、それ以前のやや内向きな「完全社会」であることから、悲惨な経験をした人間たちに窓を開く教会へと変わろうとしていました。すなわち第二バチカン公会議で決定的となる、その時代の人間すべてと共に歩む教会への道筋を模索していました。ラーナー自身が、そうした教会改革の先導者のひとりであったわけですが、彼の教会について展望の根底には、以下に語られるような神学と人間観がありました。すなわち、イエス・キリストの父なる神への関係において人間実存の要が実現されますが、マリアはそれを信仰者という立場ですべての人に先立って生き抜いた方です。しかも、マリアは私たちが必ず必要とする人間同士の他者との交わりをとりもつ方としてとらえられてきました。このことが、マリアが教会の母であり教会の象りであることを現代の教会も必要としていることの理由なのでしょう。

教会の書なる聖書を開いて

マリアについて私たちはすでに知っている　もしカトリック信者が、至聖なる乙女マリアの神秘についてより深く考えてみたいのならば、まず第一になすべきことは聖書を開いて、そこに聖なる乙女、私たちの主イエス・キリストの母について何が書かれているかを確かめてみることでしょう。もちろんそこでマリアについて知りうることは、まったく初耳だというわけではないと思います。カトリック信者であるなら、すでに母のおなかの中にいたときから母の祈る「めでたし」（天使祝詞・「アヴェ・マリア」）の祈りを聞いていたでしょうし、あるいは聖なる教会が言葉で教えるカテキズム（信仰入門講座）の場でも、きっとマリアについて聞いたことがあるでしょう。

聖書と教会　聖書という書物は教会の本です。私たちはそれを教会から受け取り、また教会の解釈に従って読みます。聖書とはそういう書物であることがまず前提です。聖なる乙女について正しく知りたいのなら、このような書物である聖書をまず開いてみるべきです。その際、聖書はただ教会の教導職による導きのもとでこそ正しく読まれ得るものですが、しかしまた聖書の方も教会に分かちがたく結ばれています。つまり聖書は、教会の信仰そのものの規範であり、それゆえ教会の教導職にとっての規範でもあるのです。教会は、自らが聖書のうちに読み取ったことを告知しているのです。そのように教会が、幾世紀にもわたって絶えず繰り返し聖書から読み取ったことを人々に告知しているがゆえに、私たちもその教会の信仰がマリアについて語ってきたことを話すことができるのです。

それゆえ私たちは、この黙想において、教会自身がその信仰の告知と神学においてマリアについて何を知っているかを問いただしましょう。そうすることで私たちは、たとえ教会の告知が、新約聖書から直接読み取られる言葉とは一見異なって聞こえる時にも、私たちがたしかに教会と共に聖書を読んで来たということを確認することができます。

マリアと私たちの信仰　教会が、その信仰の理解と信仰告知において、マリアについて何を語っているか個々の問題に立ち入る前に、私たちはまず次のことを自らに問うべきだと思います。すなわち、マリアは私たちの信仰とその理解、また告知される信仰の中に、そもそも属しているのか？　私たちの信仰は、マリアについて何ごとかを言わねばならぬものなのか？　もちろんこの問いは、聖なる乙女の存在が疑わしいとか、聖書が、主の母、神であり、また一人の人間である主の母について語ることに疑問をさしはさむことを意図するわけではありません。そのようなことをしても、私たちの問いに答えることにはならないでしょう。

「神学」とは？

神が神学本来の対象である　乙女マリアが実際に存在したこと、また彼女が聖書の片すみで語られている運命を生きたということに異論を差しはさむ人はもちろんいないでしょう。イエスの私的な生い立ちが語られるとき、当然この乙女のことも語られます。しかし、信仰についての事柄が語られ、あるいは神の言葉によって神について知ったことを人が信仰告白するとき、そこで問題になるのは、唯一なる神とこの方から与えられる唯一の恵みではないでしょうか。そこでこそ、「神学」が営まれると言えます。すなわちそこでこそ「神の言葉」、「神についての言葉」が語られます（訳注。神学とはギリシア語で「テオロギア」であるが、これは文字通りに訳せば、「神語り」、「神を語る」ということである）。そこでこそ、神について告白することの外は、それがいかに美しく感動的であり神秘に満ちて興味をそそうものであったとしても、それについて人が黙して語らないということが起こるのではないでしょうか。つまり信仰が問題であるときには、人はそこで高らかにほめ讃えられるべき神、三重に聖なる方、名状しがたい神秘に満ちた方という、私たちの救いと永遠性を開くことができる唯一の神についての言葉だけを語るのではないでしょうか。この言葉以外のことは、神信仰の告知と神学においては、いかなる場所をも持ち得ないでしょう。

信仰にとって周辺的な事柄　これ以外のことは、それがどんなに価値のあることであり考察に値するものであったとしても、むしろ沈黙のうちに隠されてあってしかるべきではないでしょうか。つまり信仰告知と神学において、語るに値することは、ただ神について、神の恵みと救済、神の人となった御言葉についてのみであり、他のすべてのことは、信条（訳注、キリスト者が折にふれて宣言する信仰内容のまとめ。通常「ニケア・コンスタンティノポリス信条」や「使徒信条」が使われる。「クレド」とも呼ばれる）においてかすかに触れられるポンティオ・ピラトについてのごとく、ただほんの片すみのものとして語られるべきものなのではないでしょうか。ピラトが、人となった神の物語のうちで、人類の不信仰による「否」の代表者として現れているように、そのように信仰告白の形において名指される人がいるものです。この人々は、信仰についての話の周辺で名指され語られますが、といって信仰の対象ではないし、その告知と神学の対象でもないというわけです。

「人間」について語る「神学」？　そこから私たちはまず「人間についての神学」ということきものがいったいありえるのか、という問いに答えなければなりません。その問いに答えてこそ、私たちは最も聖なる祝福された人間、つまりすべての婦人のうちで最も恵まれた人であるあの方についても何ごとかを語ることができるでしょう。そしてそこから、人間一般についても語り、それによって信仰と神学の国に勇気と信頼、喜びをもって立ち入ることができると思います。

「神」から「人間」について語る神学

私は、そうした「人間についての神学」はありえるとします。それは、人間について何ごとかを言うことによって神をほめ讃える信仰の告知であり、神学です。しかし、それはどのように起こるのでしょう?

まず言わねばならぬことは、神こそが真にすべてにおいてすべてであるということです。この神をさしおいて、信仰の告知や神学の営みにおいて語るに値することはありえません。聖なる神の家においては、永遠なる神、ただこの方お一人について以外何ごとも讃美したり、述べたりすることはできないのです。この神の前では、他のすべてものは、はかない虚無のうちへと沈んでいくでしょう。神学および信仰の場においては、神とその他のものが一緒に扱われることはありえません。そこにはただ把捉不可能で、三重に聖なる、礼拝に値すべき神がおられるばかりなのです。この方に、人がいったん心を向け、熟慮しつつ告白しながら自らを高めていくならば、他のすべては黙らなければならないし、また沈黙させられるのです。そこで人は、もはやこの神に帰依して礼拝し、ほめ讃える以外には何もなしえないのです。というのも、信仰の生命と神学の営みの骨折りとは、まさにあの懐かしい神と、顔と顔を合わせてなす直観、つまり、ただこの神の恵みを永遠にほめ讃えることを内容のすべてとする、そうした一つの生命のうちへと成長していくものだからです。

「自己譲与」される神

とはいえ、「人間についての神学」は、やはりありうるのです。かの永遠で唯一なる神への信仰告白と並んでではなく、むしろその告白そのもののうちで、人間について何ごとかを語る信仰告白がありえるのです。どうしてそれが可能なのでしょうか。それはすなわち、神が、御自らその三位の生命において、名状しがたい栄光のうちに、神の永遠の生命のうちへと私たちを受け取ってくださったからです。現代のある詩人が語ったように、私たちは、神が生きるために死んだ者である必要はありません。神は、有限的なものを無から引き出して創造され、それを私たちにお与えくださいました。しかしそれだけではなく、これら被造物のすべてを超えて、ご自分自身をも私たちにお与えくださったのです。神は、私たちが真の存在となるようにと、無から私たちを呼び出してくださいました。神はまた、私たちが神のみ顔の前で真のパートナーになり得るように、自由というものをお与えくださいました。神は、私たちと一つの契約を結ばれました。それは、神が、私たちと創造だけを通してかかわろうとされたのではないからです。もしそうであったなら、私たちがこの世で出会うものは、常に、どこまでも常に彼岸に留まられる神を自らに担う一つのしるし、あるいは単なる示唆である有限的なものだったでしょう。そうではなくて、神は、ご自分自ら私たちとかかわりたいと望まれたのです。そうすることで、そこに起こること、なさったこと、示されたこと、与えられたことが最終的に神ご自身であるようにとなさいました。たとえ今のところ、それが、いつの日かご自分を人間に顔と顔を合わせて示されるであろうとの約束にすぎないにしても。こうして神と私たちの間には、もはやいかなる隔てもなくなるのです。それは神が、ご自分の御言葉そのものにおいて、人間となられたからです。これこそが礼拝すべき信仰の神秘なのです。

神学はキリストの受肉において人間論と表裏一体である　私たちが礼拝するこの神は単に哲学者の神であるのではなく、アブラハム、イサク、ヤコブの神であり、いえそれ以上に、人となり私たちの兄弟となられた主イエス・キリストの御父です。このことが本当に私たちの神の神秘であるならば、私たちキリスト者が永遠なる神を信仰告白することとは、ご自分自身を私たちにお与えくださり、そうして永遠なる神の右の座におられながら、人間となられたあの人をほめ讃える以外のことではありえません。

だからそこではもはや、「人間論」を遂行することなしに「神学」を営むことはできないのです。すなわち、神が真理と現実において生きた方であることがいかなることであるのかを、その神ご自身の永遠の御言葉が、永遠の決断として人間となられたことを語ることなしに話すことはできないのです。

それゆえキリストのご降誕以降（post Christum natum）、今日キリスト教において、人が神について本当にありのままを語ろうとするなら、インマヌエルなる神、私たちと共におられる神、私たちの肉となられた神、私たち人間の本性を受け取られた神、目に見えない救いを見えるものとする秘跡として人間のしるしとなられた神、私たちの祭壇なる神、かの乙女マリアからお生まれになり、私たちの真中で一なるペルソナにおいて人間でありかつまた神であられる神、そのような神を語ることなしには何も言い得ません。

神の受肉とマリア論　神が、このように真実なる方、現実そのものなる方、生命そのものなる方であるがゆえに、この神とかかわる信仰と神学の圏域には、一人の人間である方の顔容が浮かびあがってくるのです。それゆえ、真の神学の内的な核心においては、まさに人間をほめ讃える神学が真剣に遂行されねばならず、またまさにそれを通して、神のみが独りほめ讃えられることともならねばなりません。そしてこのゆえに、またその果てに、恵みに満ちた乙女であり、私たちの主の母である方についての信仰の教えとして、マリア論が存在し得るのです。ですからマリア論は、ナザレ人イエスについての、私たちの救いにさしたる意味をもたない私的な伝記の一こまに留まるのではなく、それなしには救いがありえない信仰の現実について、信仰そのものが語り出すものなのです。

人類の連帯性

救いにおける連帯性　ここにさらにもう一つ大事なことが続きます。すなわち、私たち人間にとっては、「互いのためにある」ということが重要だということです。ここで私が言う「互いが互いのためにある」は、私たちの日常生活におけるさまざまな場面でのことのみを言おうとしているのではありません。もちろん、ここに生きている私たちは良心を持っており、生物学的な次元を持って生きており、外に向かって社会的な共同の市民生活を営んでいて、さらに芸術や学問の領域でも、私たちが常に一つの大きな人間共同体のうちにあります。しかしここで私が、私たちにとって「互いのためにある」ことが重要だと言うのは、右のような生活を送り、またその中に生きているからだけなのではありません。そうではなく、「救い」に関して、私たちは他の人間に依存しているということが重要なのです。
これは自明のことですが、しかし把握するのはとてもむずかしいことです。

人間は結局一人ではないか？　ある人は、自分はこの世の生、つまり外的な物事のために存在しているのであり、「互いのため」といっても、それが重要となるのは、せいぜい地上的な次元での精神的な領域においてのみだと思うかも知れません。またある人は、次のように考えるかもしれません。……死について想像してみるなら、いつの日か私は耐え難い死の孤独を通り抜けて、神のみ前にまったく孤独に立つのだろう。私はそれをどんなふうになしえるだろうか、神は私に向かってどのように立たれ、また私は神に対してどのように立つだろうか。この問いは、永遠についての私の最終的決断にかかわる。けれどもその問いの前に、私はまったく孤独で一人きりに打ち捨てられた者としてかかわらねばならぬのだ、……と。つまりそこにいるのは、ただ唯一なる神と私一人だけ、その神の御心と慈しみ、および私が自分の生涯においてなした罪科と受けた恵みにおいて行使してきた、誰にも代わってもらえなかったただ一つの自由があるのみだというわけです。……けれども実はそれだけではないのです。

受肉が人間同士の連帯の根底をなしている　今言ったすべては、たしかに本当でしょう。しかしながら、それはまた真理の全体ではありません。真理の全体とは、私たちがそれでもやはり「互いに属し合っている」ということだからです。誰しも自分に独自のかけがえのない一回的な自由、すなわち、そこから逃げ出すことも誰かに責任を転嫁することもできない自由を持っています。でもその自由とは、他から孤立したものではないのです。私たちが、人間としての存在を最終的に根拠づけるために自分の永遠の運命について決断する場においても、この自由は孤立したものではありません。なぜかと言えば、それはまさに永遠の神の御言葉なる御子が、乙女マリアからお生まれになり受肉されたからです。アダムという最初の人から始まって、最後の人間に至るまで続く私たち人間という種族、この私たちの家族のうちに、御父の御言葉が受肉されたからです。

人類の交わりのうちには神の恵みの次元が浸透している　これに基づいて、人類の間には自然本性の次元からも、また恩恵の次元からも、一つの交わりの共同体が存在すると言えます。罪と罪科の交わり、神の慈しみと恵みの交わり、さらに源と目標を共にする交わりが働いているのです。しかし罪科と恵み、初めと目標とは、神の権限に属する事柄です。人間たちの交わりの共同体は、神の前での人間の救いの領域の内へも到達するものなのです。すなわちこの人間の交わりの共同体は、神の前で、救いの交わりであると同時に、まだ救われていない状況にある者たちの交わりでもあるのです。それは一つの大きな共同体であり、一つの全体として、単なる個々人が存在するだけでない、神の面前で繰り広げられる歴史の壮大なドラマなのです。そしてそのうちで、人間について神が本来にお考えになったことが啓示されます。そこで展開される幾千万、幾億兆に及ぶ人間たちの多様な有り様において、彼らは協働したり争ったりしながら一つの世界史を形成しますが、そこに神が創造の初めに「我々に象《かたど》り、我々に似せて人を造ろう」と言われたことの本来の意味が一緒に実現されるのです。

神は人類の歴史を「救済史」になさりたい　こうして、私たちはただ毎日の生活や、政治やその他世俗の歴史の日常においてのみ互いに属し合うのでなく、救いの歴史においても互いにかかわりをもち合い、そのゆえに、ここに一つの救済史というものが存在するのです。そのうちでは、すべての人々が互いに属し合っており、誰一人として無意味な人間は存在せず、一人ひとりが他の者たちにとって重要であり、それぞれが罪科の負い目と恵みを、一人だけではなく、他のすべての人のために担い合うのです。ある一人のもとで苦しまれたこと、泣かれたこと、願われたこと、担われたこと、祝福されたことは、他のすべての人間、この人類という一つの歴史を通して進んで行く見通しがたい群れのために決定的な意義をもっているのです。私たちは、互いが互いのために属し合っているのです！

それゆえ神が、このように私たちと共に一つの救済史を形作ろうとされる方であり、また信仰と神学のうちで、私たちがこの神は、救いと災いからなる人類の一つのこの救済の歴史の主であると語るべきならば、私たちはもう一度言わねばなりません、私たちは、この神の救いのみ業の報告である信仰の告知と神学の言述の真ん中で、もう一度「人間」について語らねばならない、と。それは、神がこの神の歴史を人間と共に建てようとされたのであり、そのうちでそれぞれの人間は他の者たちのために意義を持っているからです。

神学的人間論のうちで語られるマリア論

神が望まれたから、神の救いは私たちのもとで働く。それは人間を通して私たちのうちで働くのです。

そのためにこそ、神の歴史において救われた人間たちについての信仰と神学のうちで、祝福された乙女であるマリアが語られるべきとなります。マリアは、一つのペルソナにおいて神でありかつ人間である御方、私たちの救いすべてがその方のみに懸かる御方のお母さまだからです。私たちの救いがイエス・キリストのうちにあるということに連なって、マリアもまたこの救いについて決定的な意味を持つのです。そしてそれは、神の見通しがたく深い救いのみ旨から彼女に与えられたものです。それゆえ、神学において、彼女について語られねばなりません。神学とは、必ず人間論であり、そのうちでマリア論となるものなのです。救いと受肉と恵み、そして一なる救済史を担われる一なる神への信仰の讃美である神学のただ中で、マリアについての言葉がそれらに加えて語られねばならないのです。

マリアに託して人間の実存について祈る　以上のことは、私たちにとっていったい何を意味するでしょうか。まず第一にキリスト教神学は、人間について、すなわち私たち自身について語ることができるということです。私たちは流行りの言葉で言うならば、実存主義的に神学を営むことができるのです。つまり今日、人々は「人間とは何か」についてたびたび語りますし、哲学も人間を存在と現実そのものの解釈の中心点に置いています（訳注、これはラーナーら自身が、かつて師事したマルティン・ハイデガーの実存哲学を念頭にしている）。私たちが聖母月である五月に、マリアを祝って祈るなら、そこで私たちは、人間一般についてのキリスト教的な実存理解を祝っているのだとも言いうるでしょう。

マリアに語りかけられた神の言葉は、私たち自身にも語られているお言葉であり、私たちはそのことを祝います。あるいは、私たち自身の存在が、マリア同様祝福されたものであることを祝います。私たちはそこで人間を深淵と虚無の間に立つ危うい存在だとは見なしません。不安と危機に臨むものだとも見なしません。それは、私たちがマリアについて語っているからであり、彼女を祝福された幸いなる方であるとほめ讃えることが、私たち自身にもいくらかあてはまることだからです。

マリアに祈りをささげるとき、私たちは自ずと助けを求めています。人間を神の似像としてほめ讃えることができるように。あるいは、その人間が救われた者であり、自分本来の聖なる生命に神を呼び求める者であると言うことができるようにと。私たちはそこで結局、キリスト教にとっての人間の理想の姿を祝い、それを告げ知らせています。こうして現代人のマリアについてと人間についての関心は一致します。ですので、私たちが跪き「かくして御言葉は乙女マリアからお生まれになり、肉となられた」と祈りながら告白する、その古き聖なる真理を解釈することは、とても現代的なことなのです。

マリアと共同体・隣人愛

マリアのもとに集う共同体　私たちが互いに属し合っているという連帯性について考察しました。私たちはみな、他者の重荷であれ、幸いであれ、危機であれ、また救いであれ、各々が各々を担い合っています。私たちは、この聖なる共同体に共に集っているのです。祈り歌い、また神のことばを聴くこの共同体は、さびしい個人の集合なのではありません。それは結局、最後のところで聖なる不安から駆り立てられたり、あるいは救いを自分自身のためだけに願うという理由によって集まった、原子化された個々人の集団ではないのです。私たちは、聖なる乙女の栄えをほめ讃えているのですから、それによって聖なる乙女をほめ讃える共同体なのです。その共同体は、救いをこの乙女であり神の母なる方に負っているからです。私たちは真に互いに属し合う、そして集い合った一つの聖なる共同体なのです。そこで私たちは、ご自身の従順により、また聖なる乙女の肉を通して、神から贈られた御方の恵みを一致のうちに実際に経験するのです。すなわち私たちは、独りぼっちでいることの疎外感と打ち捨てられた思いのうちから引き出され、神の愛と恵みによる一致へと呼び出された者なのです。私たちは本来そのように日常を生きるべきなのです。

隣人愛のリアリティーと母のリアリティー　もし私たちがこうした愛と忠実、互いに属し合うこと、相手の重荷を担い合うことの交わりの外へ出てしまうならば、そこでもはや一緒に祈ることはできません。ですからマリア信心は、この点にこそ大切なものをもたらします。つまりそれは、最も深い根源から隣人愛とかかわるものなのです。私たちが兄弟姉妹の救いのために各々責任を負い合い、祈り・捧げもの・援助を通して兄弟姉妹たちとかかわることがないならば、そこには意味と価値のあるマリア論など存在しえません。兄弟姉妹との真のかかわりが本当に起こっているからこそ、マリアは主の母であるのみならず、私たちの母でもあるのです。そのような交わりが実際にあるからこそ、今日もこうして私たちはここにマリアについての説教を聴きに集まってきました。この現代という時代においても、心からの喜びにおいて、今もってマリアをほめ讃えたいと思うのです。そのようなマリアへの讃美は、最後のところで、再び永遠なる神ご自身への讃美なのです。この神は、御子である人間となられた御言葉のうちに私たちの間近にやって来られました。そしてそのことは、やはり御言葉が、乙女なるマリアからお生まれになったことから可能となったことなのであります。アーメン。

マリア論の根本理念——『主の母、マリア』第三章

〔導入〕これまで、第一章では「受肉」による恵みの神と人間世界との出会いという本書が扱うテーマの最も広範な枠組みが語られ、第二章においては「神学」とは何なのかという根本的な問いかけがなされました。それに続く本章では、ラーナーは、マリア論黙想のための序論的部分の締めくくりとして、マリア論の根本原理を問おうとします。それは「信仰にとってマリアという存在はそもそも何なのか？」との問いです。そしてラーナーがここで見定めようとするのは、キリスト教という出来事の目標点です。「成就されたキリスト教」、それは神の愛における神と人間との最終的な出会いのありさまですが、マリアという私たちと同じ人間である方が、イエス・キリストの母であることにおいて、この目標に初めて到達することのできた方だとされます。マリアとは、まったく私たちの側に立ちながら、私たちがキリストの前であるべき姿を最も完全に実現している方であるがゆえに、私たちにとっての救いの媒介者なのです。

マリア論の核心

前回私たちは、信仰と神学とは、そもそももっぱら神とその神の人間への慈しみのわざについて語るものであるのに、なにゆえ一人の人間についても語りうるのかについて考察しました。今回は、さらにそこから「信仰はマリアという人について何を語るのか」を考えてみたいと思います。もっとも私たちは、それをマリアについての個々の真理を次々に考察するというふうに始めようというわけではありません。それよりもまず、この聖なる乙女の「姿」全体に眼差しを向けたいと思います。彼女の「姿」といっても、もちろんそこで心理学的なこと、つまり彼女の性格などを描き出そうというわけではありません。そうではなく、むしろマリアについて語られる根本的な内容を、そのものずばり問うてみたいのです。それは、カトリック信仰がマリアについて知っていて、私たちがこの後さらに考察していかなければならない多くのテーマと諸命題が自ずと湧き出てくる基としての根本問題です。それはつまり、私たちがいつも立ち戻ることのできるホーム、さまざまなマリア論に現れる彼女についての美辞麗句にうんざりしたときに、もう一度まったく単純に醒めた心で、マリアがなぜ私たちの日常とその重荷をいやすのに助けとなるのか、また彼女が私たち自身の人生にとってどうして大切なのかをまとめさせる根本内容です。

「神母性」が根本原理なのか？

神学者たちは、とりわけ近年、私たちがここで答えようとしている問いを繰り返し問題としてきました。すなわち彼らは、何がマリア論の根本原理なのかを問うています。今私たちが行っている信心のためのささやかな黙想は、神学者たちが激論をかわすそうした議論と張り合おうとするものではもちろんありません。神学者たちは神学の方法で事柄を扱いますが、私たちはただ黙想という形で問題にかかわるからです。

ある神学者たちは、マリアについての信仰の言明の最も決定的な真理とは、彼女が「神の母」であることだと言います。しかし他の者は、そうではないと言います。なぜそうでないかと言うと、マリアの神母性は歴史的に言ってマリアについての最も初期の教義的言明ではありますが、それだけで神母性が最も根本的な真理だとは言えないと考えるからです。マリアが「神の母であること」は、ともすれば彼女のまったく個人的で私的なキリストとの関係、すなわち彼女の肉親上の息子への関係によると誤って理解されかねず、そうであるなら、マリアとキリストとの関係は、私たちとは本来かかわりのないものになり、マリアの神母性の尊厳も浮き上がったものとなってしまうというわけです。

それに対して、神母性という最も古いマリア論の教理を、マリアが真実に「私たちの母」でもあるということから補おうとする試みもなされています。すなわちこの私たちの母は、神が賜った力によって実行することのできた自由な受諾を通して、世の救いのために子を身ごもった方であるがゆえに、救済史において一つの決定的な役割を果たしたのだと考えられます。ですからこの母は、イエスという人間の私的な生涯だけに役割をもつのではなく、イエスの母であり、かつまた私たちの母でもあるとされます。つまり彼女は、頭と肢体からなる「キリストのからだ」全体の母である、あるいは、マリアには一つの普遍的な母性があるというわけです。

また他の神学者たちは、マリアの身体的、精神的な母性について語ります。キリストが第二のアダムと呼ばれることと並行して、マリアは第二のエバと称されるべきだと言う人もいます。この説は、すでに二世紀から教父たちによって語られていたことですが、彼女に救済史にかかわる使命を見ようとするのです。あるいはまた、マリアとは救済において、人類全体の名において教会を代表する方であり、そのために私たちすべてのための救いを受諾し、引き受けられた方であるとも言われます。さらに他の神学者たちは、マリアのイエスに対する花嫁的な母性について語ります。そこでマリアはイエスの母であるだけではなく、いわば神の御言葉の花嫁として、その御言葉の脇に立つ方なのだとされます。あたかも第一のエバが人祖（アダム）の脇に立っていたように。

マリアとは誰なのか？

以上のように、神学者たちは、さまざまの表現で、信仰がマリアについて知っていることの全体が、敬虔な信仰者たちに一目瞭然であるように、聖なる乙女の姿を短い言葉で繰り返し語ろうとしました。私たちはこの黙想において、右に見たような神学説のすべてに勝ろうというわけでもないし、またそれらのうちから最もすぐれたものを選び出そうというのでもありません。そうではなく、むしろまったく単純に、別の側面から「マリアとはいったい誰なのか」との問いに答えたいと思います。その際、私たちは、彼女についてすでに多くのことを知っているはずです。彼女について何も知らないとか、すべて忘れてしまったと言う必要はありません。私たちは、考察が到達すべき最終目標を当然わきまえていなければなりません。ただその唯一の包括的な目標に到達するために、まずは最も一般的な問いから出発しましょう。それは、マリア論が神学全体のうちでどこに位置づけられるものかを示します。すなわちそれは「成就したキリスト教とはいったいいかなるものなのか？」という問いです。

成就したキリスト教

キリスト教とはいったい何なのでしょう？　それは何かしらまったく単純であり、また包括的なものです。キリスト教とは人間が自分で考え出したり、あるいは発見したものではありません。キリスト教とは、人間が自分の力で神に向かって進んで行く歩みなのでもありません。キリスト教にとって、神が与えた掟を私たちが自分自身から実行して満たすことが第一であるのでもありません。そうではなくて、キリスト教とは、生ける神が私たちのもとで行う行為、行うわざなのです。それは、生ける恵みの神が、赦しと贖い、義化、ご自分の栄光の伝達を私たちにお与えくださるそのことなのです。しかしこの神が私たちに与えてくださるものとは、最終的に、神が創造される何らかの賜物なのではなく、むしろ神ご自身です。それゆえキリスト教とは結局のところ、人間のもとにご自身が到来し、それによって人間の心が自由へと開かれ、この貧しいちっぽけな被造物の心のうちに三位なる神の完全で輝かしく永遠なる生命が入ってくるように、恵みにおいて人間に働きかけられる永遠なる神ご自身です。この一なる全体としてのキリスト教を神から見渡すならば、それは神がご自身を人間に譲与される人間への愛だと言えます。またこれを人間の側から見るならば、キリスト教とは、神から人間に与えられた人間による神への愛なのです。この愛のうちに、人間は、神ご自身そのものという賜物を受け取ります。人間による神への愛について、イエスは、この愛がもちろん隣人への愛を包み込むものであり、私たちはこの神への愛という一なる全体のうちに隣人への愛を忘れるべきではないと言います。私たちにとって、隣人への愛が神への愛に含まれているということは、とりわけ次のことを意味します。すなわち、恩恵の力によって神の生命のすべてを信仰と愛という心の内面に受け取ることは、私たちの隣で、永遠なる神の唯一の救いを共に受け取る他者のための祝福ともなるはずのものなのです。

それでは、成就したキリスト教とは、いったいいかなるものなのでしょうか。それは今右に見たことからして、人間が神ご自身に他ならぬこの神の永遠の賜物を、神からの恵みによって得た自由において受け取ることです。人間はその賜物を、自分の身体と魂、自らの存在のあらゆる力、また自分が今こうあること、かつてそうあったこと、なしたこと、苦しんだこと、それらすべてをもって受け取ります。そのようにして、この受容が、その人間の存在と歴史のすべてを神の永遠の生命の内に至るまで包み込むというそのことが成就したキリスト教というものでしょう。

したがって成就されたキリスト教とは、世界と歴史のうちで公になっていること、あるいはまた内なる良心の深みに隠されて起こったことが、各々の務めや個人の生活において全面的に覆いをとられることを意味するはずです。キリスト教的な生活の深みにおいて起こったこと、また反対に、そこで把握されるようになったこと、そのような心の深みで神の前で起こったことが、実際に目に見えて顕れてくることを意味するはずです。さらに、一人のキリスト者にこうして成就したキリスト教は、さらに他の人々の救いのためにも余すところなく奉仕することをも意味するはずです。このようにしてこそキリスト教は、すべての人のために、初めから時の終わりに至るまで、真にあるべき姿を達したものとなり得るのです。

マリアにおけるキリスト教の成就

成就されたキリスト教が上述のようなものであるなら、私たちはマリアこそが、その成就されたキリスト者の具体的な実現のありさまだと言い得るし、またそう言わねばならないと思います。成就されたキリスト教というものが、イエス・キリストのうちに現れた永遠なる三位の神の救いを純粋に受諾することであるならば、マリアこそが完全なキリスト者、キリスト教的人間そのものです。なぜなら彼女こそが、霊による信仰と祝福された胎、すなわち身体と魂において、彼女の生きる力のすべてを尽くして、御父の永遠なる御言葉を受け取ったからです。成就されたキリスト教が、救済史的に外に向かう派遣と個人の生との間に全き一致をもたらすものならば、それはマリアにおいてこそ十全な形で成就していると言えるからです。マリアは、永遠なる御父の受肉された御言葉をその手に受け取られました。それゆえに彼女は、この目に見え、手につかみうる救済史のもとで、他の人間たちを代表する者であるのです。しかも彼女は、この救済史における彼女のユニークな使命を、信仰による余すところない無条件の「はい」において、ご自分自身の生涯に深く引き受け、さらにそれを全うされた方なのです。キリスト教が、他者の救いに向かう無私の奉仕における恵みの光の照射であり、その発揮であるならば、マリアこそはそうしたキリスト者の全き代表者です。なぜなら彼女が信仰の「はい」によって神から受けた母性の身体性に受胎なさった方は、すべての者にとって救いそのものであるイエス・キリスト、すなわち私たちの主だからです。

私たちの側に立つ救いの媒介者マリア

以上から、マリアが真に十全なキリスト者であり、また救いの成就とはそもそもいかなることなのかを具体的にその身をもって実現された方だったことが明らかになります。彼女は、救われた人間たちの共同体の最も高貴なるメンバー、成就した者たちの代表者であり、教会、恵み、救済、神の救いとはいったい何なのかが、いわば全き形で現れる型なのです。それゆえ、彼女が第二のエバと呼ばれることは正しいことです。キリスト教が、神そのものを単なる抽象的な思想においてではなく歴史の具体性、受肉した御言葉、世界を変容させる恵み、すなわち人間の身体性において受け取るものであるなら、そのキリスト教を最も十全なかたちで具体的な身体性において体験したのが、マリアの神母性であったのは明らかなことです。もちろんその場合、マリアの神母性は単なる生理的な出来事であると早合点されてはならず、聖なる乙女の身体と霊全体で成し遂げられたことであると理解されるべきでありますが。

この聖なる乙女についての素朴ですが包括的なイメージとは、イエス・キリストにおける救済を受け取った人、成就されたキリスト者とはいかなる者なのかという問いから明らかになります。贖いの実現、救い、恩恵、恵みに満たされていることなど、信仰が知ることのすべては、マリアにおいて実現したのです。私たちがマリアと呼ぶこの人間人格は、いわば生ける神の救いが上からこの世界の歴史のうちに落下して、そこから全人類へと拡がって行く救済史の波紋の中心点のごときものです。彼女に授けられた息子、彼女が心の力すべてをもって信仰と愛のうちに受諾し受け取ったその御子こそが、この世界の救いだからです。そして聖書の証言によれば、彼女の信仰と従順によるこの受諾は、単に彼女の生涯の私的な逸話であるのではなく、公の救済史に属するものであるので、それは役割と人柄の一致のうちに、それがなぜ与えられるのかと合致していなければならないわけです。その受諾は完全なものでなければなりません。すなわち彼女において、そして彼女を通して、私たちのもとに到来した全人類のための救いは彼女において成就され満たされた形で実現されるのですが、その場はまさに常に神の業と人間の業、すなわち神の恵みによる人間のわざが一致している救済史の究極のこの点においてでした。こうしてマリアは、最も完全な形において救済された方であり、また彼女の神なる息子の救済のわざの最も美しい実りでもあるのです。

イエスとの役割の違い

以上から、マリアとは私たちの側に立つものである、ということが明らかとなります。私たちは彼女を崇敬し、賛美し、愛し、そして彼女のユニークな尊厳を信奉します。つまり、後にまた考察すべきことですが、私たちは彼女がある真実の意味で、私たちのために イエス・キリストのもとにおられるその救いの媒介者であることを知っています。しかもマリアはこれらのことすべてを、私たちの一人としてなさったのです！　イエス・キリストも永遠なる御父の御子であり、神的な位格を有し、同時に真の人間であり、一人の人間として私たちの側に属するものではあります。彼は第二のアダムですし、全人類の代弁者です。私たちの兄弟として、私たちのために、また私たちと共に永遠なる御父の前に進み出で、そこで恵みの玉座に着かれつつ、私たちのために、救済と救いを見出してくださった方です。しかしながら彼は、神でありまた同時に人間である方として神と人間との間の媒介者ではありますが、やはり神の側から私たちのもとに来られた方であるわけです。彼は私たちと共にその人間的な本性において御父を礼拝し信奉しましたが、同時に私たちはこの方を私たちの永遠の目標として、礼拝すべきでもあるわけです。つまりイエス・キリストの神秘とは、まさに彼が神と人間の両方に属する方だということにあるわけです。この人間なる御子の神秘を考慮しながら、それではマリアはどうなるのかと問うならば、私たちは「彼女はまったく私たちの側に属しているのだ」と答えねばならないでしょう。彼女は、私たちと同様、神の慈しみを受け取らなければならない方でありながら、私たちがキリストの前であるべき姿をまさに完全な仕方で生きられ、その模範を示してくださったわけです。私たちには、この最も祝福された方である乙女が有する比類ない聖性と尊厳に決して到達することはできないでしょう。神は、ご自分の賜物を望まれる通りに分け与えられたのですから、私たちがそれについて、「なぜあなたはこの賜物をこの人にお与えになり、他の人には別の物をお与えになりましたか」と問うことはできません。とはいうものの、やはりマリアがいただいたものは、最終的に私たちのものでもあるはずです。彼女がそうあったように、私たちは成るべきなのです。マリアは私たちと同じく、そして私たちの側から、人類が神に向かって声を合わせるあの大いなる合唱に、私たちの一人として加わられるのです。そうなさることによって彼女は、私たちの救いの媒介者なのです。マリアはこれを、まさに私たち人類の全歴史のただ中で、彼女自身の歴史から遂行されたのです。そうした彼女の歴史は、私たちの救いにとってまったく無二の価値をもち、成し遂げられたかけがえのない生涯として、永遠なる神の眼差しの前にいつまでも立ち続けるものなのです。このようにマリアは、まったく私たちの側に立ちつつ、私たちのための救いの媒介者としての意義を持ち、私たちと共に純然たる被造の者として人類家族に属する者であるがゆえに、私たちはこれほどまでにマリアに親しみを覚えるのです。彼女を愛し、しばしばあまりにも人間的な、人間的すぎるような親しみまでも覚えるわけです。私たちへの近さと彼女の人間性が、神の永遠なる生命そのものの内へと何の傷もなく、輝かしいものとして受け取られたにもかかわらず、いえ、そうであるからこそ、私たちは彼女のとりつぎの祈りと守りと愛をこれほどまでに近く、また人間的なものとして感じるのです。

マリアとは、イエス・キリストのうちに行為され、そこでご自分自らが経験された神の救いを、最も完全な形で、ご自分のために、また私たちのためにすべて受け取られた方であると私たちが率直に言うとき、私たちはマリア論などを構える以前に、私たちが当然のこととして知っている神学の最も基礎的な概念において、あの聖なる乙女が、ご自身において、また私たちにとっていかなる方であるのかを語ったことになるのであります。ここからこそ私たちは、マリアとその私たちにとっての意味を個々の部分にわたって考察しはじめることができるのです。そのようにして、この聖なる乙女のイメージが、もう一度よりはっきり明確に私たちの霊的な眼差しの前に立ち現れて来るのならば、私たちはより良いキリスト者となることができるでしょうし、少なくとも私たちが本来いかなる者であるべきかをより深く知ることができるでしょう。そうして私たちは再び、より信仰深く真実に心からマリアを敬うことができるでしょう。それは、私たちのための一つの祝福でしょう。アーメン。

解説①——聖書におけるマリア

ラーナーの神学の枠組みを確認したところで一休みして、そもそも聖書には聖母マリアはどのように現れてくるのかを調べてみましょう。

マリアについて私たちは、多くを知りません。それは、新約聖書自体の関心がマリアではなく、イエス・キリストにあるからでしょう。マリアはいつも、イエスの母として現れてくるのです。しかしキリスト教の伝統は、旧約聖書も新約聖書もマリアが果たした救済史的な役割を語っていると見なしています。

1 マリアは、新約聖書のどこに登場するのか?

限られた記述 新約聖書がマリアについて語っている箇所は、ごくわずかです(次頁図参照)。その中心はマタイとルカ福音書の一章と二章「イエスの誕生・幼年物語」でしょう。

マタイ・マルコ・ルカという三つの福音書は、史料を共有しながらイエスの生涯をそれぞれの視点から、見つめているという意味で「共観福音書」と呼ばれます。それゆえ共通する記述、同じような表現も多くみられます。

	幼年物語	真の家族	その他
マルコ福音書	／	3・31～35	6・1～6（3）「マリアの子」
マタイ福音書	1～2章	12・46～50	13・53～58（55）「母はマリア」
ルカ福音書	1～2章	8・19～21	11・27～28「母よりも幸いな者」
ヨハネ福音書	2・2～12　カナでの奇跡		19・25～27　十字架の下のマリア
使徒言行録	1・14　人々と共に祈るマリア		
パウロ書簡	ガラテヤ4・4　イエスは「女から生まれた」		
黙示録	12・1～8「婦人と竜」の幻		

	マタイ福音書	ルカ福音書
系図	1・1～17	3・23～38
受胎告知	1・18～23	1・26～38
訪問	／	1・39～50
誕生	1・24～25	2・1～20
奉献	／	2・21～40
博士来訪	2・1～12	／
避難	2・13～22	／
十二歳	／	2・41～52

共観福音書がマリアについて共通にとりあげているエピソードは「イエスの真の家族とは誰か」（マコ3・31〜35、マタ12・46〜50、ルカ8・19〜21。11・27〜28も参照）です。イエスの行った超人的しるしへの懐疑を示す「大工の子ではないか……」との言葉と共に、それぞれの福音書で母の名「マリア」が呼ばれています（マコ6・1〜6、マタ13・53〜58）。

ヨハネ福音書は、独自の展望から他の三つとは異なったスタイルでイエスの出来事を物語ります。マリアは、イエスの公生活の一番初めの「カナの奇跡」（2・1〜11）の話と最後の十字架の場面（19・25〜27）に登場します。ところがヨハネ福音書では、聖母は「マリア」という名前によってではなく、「母」あるいは「婦人」とよそよそしく呼ばれています。

キリストの復活・昇天後では、唯一、使徒言行録一章一四節が、弟子たちの共同体の中で祈るマリアの姿を垣間見ています。使徒言行録は、ルカ福音書と同一の記者によると考えられています。

聖書が直接マリアについて触れているのは以上だけなのです。

間接的な記述　福音書以外ではどうでしょう。パウロは、イエスの母については、その名を出すこともなく「時が満ちると、神は、その御子を女から……生まれ」（ガラ4・4）と簡単に報告するのみです。またヨハネの黙示録は、その一二章で暗示的に「神の玉座へ引き上げられ、鉄の杖ですべての国民を治めることになっている」（12・5参照）子を産む女について述べます。

イエスの家族関係をめぐる断片的な記述がいくつかあります。パウロは「主の兄弟ヤコブ」（ガラ1・19）と会ったと記しています。しかしパウロにとってイエスの家族関係は重要な問題ではありません。

彼の主要な関心はイエスがどのように救い主《メシア》であったか、その本質と救済の歴史における神学的意味でした。それゆえ、イエスの神としての先在を語るためにその誕生にもわずかに触れています（ロマ1・3〜4、ガラ4・28〜29では、フィリ2・6〜11参照）。

福音書でもイエスの家族の名が挙げられています。マルコ福音書には「婦人たちも（十字架の出来事を）遠くから見守っていた。その中には、マグダラのマリア、小ヤコブとヨセの母マリア、そしてサロメがいた」（マコ15・40。16・1も参照）という記述があります。同じことがマタイでは「大勢の婦人たちが遠くから見守っていた。この婦人たちは、ガリラヤからイエスに従って来て世話をしていた人々である。その中には、マグダラのマリア、ヤコブとヨセフの母マリア、ゼベダイの子らの母がいた」（27・55〜56。27・61、28・1も参照）と少し違った名前で語られます。ヨハネ福音書では同箇所は「イエスの十字架のそばには、その母と母の姉妹、クロパの妻マリアとマグダラのマリアとが立っていた」（19・25）とあります。十字架のもとにいたイエスの母をめぐる人々の名は一定しません。

2　各福音書でマリアの描き方に違いはあるのか？

新約聖書時代とマリア崇敬の発展

新約聖書が書かれたのは、初代のキリスト者が次世代に交代していく紀元五〇年代から二世紀初めにかけてだと言われます。その期間中に、主の母マリアへの崇敬もすでに芽生えていたようで、その発展の痕跡が各福音書における聖母の描き方の違いにうかがえます。

一番古いマルコ福音書のマリアについての記述はきわめて乏しいです。ところがマタイとルカ福音書には、「イエスの誕生の物語」という世界文学史上にも特記されるであろうテキストが現れます。この変化は、新約聖書が書かれた時代において発展したマリア崇敬の歴史の結果でしょう。

福音書におけるマリアのテーマを分類してみれば次のようになるでしょう。

① イエスの誕生と幼年物語（マタ1〜2章、ルカ1〜2章）
② イエスの「親戚」であること（マコ3・21、31〜35、マタ12・46〜50、ルカ8・19〜21、11・27）。
③ イエスの出身について（マコ6・3、マタ13・55、ヨハ6・42、ルカ3・23、4・22）。
④ 弟子たちの間でのイエスの奉仕の仕方（ヨハ2・12）。
⑤ 十字架の下でのマリア（マコ15・40、マタ27・55〜56。27・61、ヨハ19・25〜27）。

マルコ福音書におけるマリア

一番古いマルコ福音書は、ペトロの殉教の年とされる六五年から八〇年頃の間に書かれたと言われます。つまりイエスの出来事の後、三十〜五十年くらいの間に成立しました。

この福音書ではマリアについて、三章でまずイエスの母と「兄弟」がイエスを探しに来るという話が語られます。「彼の母と兄弟たち」が、「イエスは気が狂っている」とのうわさを耳にし、心配してやってきます（3・21および31～35）。しかし彼らはイエスから「わたしの母、わたしの兄弟とはだれか。……神の御心を行う人こそ、わたしの兄弟、姉妹、また母なのだ」と言われてしまいます。イエスにとって重要な人間関係とは、肉親や親類であることではなく、信仰に基づく関係なのだということが言われますが、マリアは、歓迎されないばかりか半ばとがめられ、人々への教訓の材料にされています。

六章では、イエスの出身をめぐってマリアの名が現れます（6・1～6）。故郷では、イエスも十分に活動できなかったという話です。「この人は、大工ではないか。マリアの息子で、ヤコブ、ヨセ、ユダ、シモンの兄弟ではないか。姉妹たちは、ここで我々と一緒に住んでいるではないか」と言われます。この部分は、マタイ福音書では「この人は大工の息子ではないか」（13・55）とされます。

以上のマルコ福音書テキストからは、マリアへの尊敬、崇敬や信心は確認できません。

マタイ福音書

系図　マタイ福音書は、マルコと近い関係にあり、テキストも多くの部分が重なりますが、マリアに関しては大きく異なります。特にその第一章は、マルコが洗礼者ヨハネの登場と「時は満ち、神の国は近づいた。悔い改めて福音を信じなさい」とのイエスの言葉で始まるのに対して、マタイ福音書はイエスの「系図」とその誕生の物語から始まります。

読みづらい名前が並ぶ「アブラハムの子ダビデの子、イエス・キリストの系図」（1・1）ですが、マタイがこれを福音書の冒頭に置くことの意図は、神に選ばれた民イスラエルの救いの歴史が、イエスにおいてとうとうそのゴールに達したということを示そうとしているからです。マタイは、イエスがイザヤの預言したメシアとしてダビデの根から新たな枝（イザ11・1以下）として生え出でた者であることを示します。マタイの系図は、三つの時代に区分され、それぞれ十四代の名が連ねられていますが、14は「4＋6＋4」であり、これを「数の箴言（ゲマトリア）」に従ってヘブル語のアルファベットに合わせると「d＋w＋d」、すなわち「ダビデ」となるそうです。ダビデ王家との連続性の強調は、イエスの真のメシア性を示します。

けれども、このメシア時代の新しい始まりには、一つの断絶があります。すなわち「（ダビデの血筋を継ぐ）ヤコブはマリアの夫ヨゼフをもうけた」（1・16）と言われますが、続けて「ヨゼフはイエスをもうけた」とは言われません。そうではなく「このマリアからメシアと呼ばれるイエスがお生まれになった」と言われます。すなわちヨゼフにおけるダビデからの血統にイエスの誕生は直接つながっていないことが述べられています。ユダヤ民族の王として迎えられるべきイエスは、むしろ民族を越えた全人類の救い主になるために生まれたということが暗示されているのでしょう。それゆえマタイは、系図に続けてすぐ「イエス・キリストの誕生の次第は、……聖霊によ〔る〕」（1・18）とします。それは、ダビデ王の系図の完成と成就は、神の直接の介入によるのであり、イエスの出自は根本的に神ご自身であると語ろうとしているのでしょう。

イエス誕生物語　マタイ福音書は、マルコ福音書と共にルカ福音書の資料をも共通に用いたと推測されています。書かれた時期はマルコに近いとされ、遅くとも紀元八五年ごろまでには成立したようです。

パレスティナやシリアのユダヤ教から改宗したキリスト者に向けて書かれており、それゆえ多くの旧約聖書の引用により、イエスこそがモーセと預言者たちによって予言され、約束されたイスラエルの救い主であること、また彼において旧約聖書が成就したとのことが語られています。

マタイ福音書の「イエスの誕生物語」では、マリアには受動的な役割しか与えられておらず、スポットライトはむしろ、実直な夫ヨセフに当てられています。けれどもヨゼフの行動の眼前にはいつも「子とその母」（2・11、13、14、20、21）がいます。またエジプトからナザレに戻り、その二人を守るための行動をなし終えた後には、ヨゼフの名はもはや福音書から消えてしまいます。

マタイ福音書は、マルコに対して明らかにマリアのイエスの母としての救済史的な位置と意味を重要視しています。マタイにおいて導入される「処女懐胎」（マタ1・18）は、旧約聖書以来のメシア期待がイエスにおいて成就したことの証だとされます（マタ1・23、イザ7・14）。マリアは、この神の子であるメシアの救いのための働きを担う者として、神からの道具として光を受けています。そのための特別の守り手がヨゼフでした。

イエスとの親類関係　そこからマタイでは、イエスの家族と親類関係についてのマルコとの平行箇所（マタ12・46～50、13・54～58）においても、「母と兄弟」が「イエスは気が変になっている」とのうわさを信じる者であるとの否定的な評価は省かれています。マリア一行はむしろ、イエスの特別な出自と使命をわきまえる者として「話したいことがあって」（マタ12・46）イエスの前に立ちます。

以上のように、マタイ福音書においては、彼がかかわった当時のキリスト教共同体の関心を反映して、イエスの受胎・誕生・幼年時代の特別な意味を認め、それに基づくマリアの母としての救済史的な位置づけを告げています。彼の周囲にはすでにマリアへの特別な崇敬が始まっていたことが読みとれます。

ルカ福音書

マリアへの恵みが豊かに語られるのは、ルカ福音書です。

この福音書は、おおよそ八〇年代にパレスティナ以外の場所で、三代目の異邦人キリスト者としてギリシア語旧約聖書に通じていた人によって書かれたものと推定されます。イエスの出来事からは、すでに五十年ほどたっていますが、この時点から振り返ってイエスの出来事の意味を問い直し整理することがめざされています。すなわちこの福音書は、イエスの出来事を世界史の流れのうちに位置づけようとしています。その結果、イエスの神の国の再臨への切迫した終末意識は背後に退き、むしろ祈りのうちに謙虚に着実に毎日の生活を送ることが勧められています。マリアについての叙述も、こうした文脈から読みとられるべきでしょう。

故郷でイエスが拒まれる時（ルカ3・23、4・22）に、母と兄弟・姉妹の名を挙げることは控えられていますし、イエス訪問とイエスの終末論的家族についての場面（ルカ8・19〜21）においても、マルコ福音書におけるようなマリアへの無愛想さや拒否の姿勢は消えています。

そしてとりわけ「イエスの誕生、幼年物語」では、マリアは明瞭に前景に現れ出ます。

その受胎告知の物語（1・26〜38）において、マリアは天使から「恵みを受けた方」と尊敬に満ちた挨拶を受け（1・28）、そして「聖霊があなたに降り、いと高き方の力があなたを包む。だから、生まれる子は聖なる者、神の子と呼ばれる」（1・35）と言われます。聖霊によるメシアの受胎という伝承は福音書の成立よりも早くからあり、それがルカとマタイに別々に受け取られたものと思われます。この伝承が、たとえばイエスの親類家族のうちなどに記憶されてきたものなのか、あるいは復活においてイエスが神の子であると認められたことからさかのぼり、その先取りとして語られているのかなどのことはテキスト自体からは読みとれません。

続く「エリサベト訪問」の場面（1・39～45）では、エリサベトの口をもってマリアが「主の母」（1・43）と呼ばれ、マリアの「フィアット（お言葉の通りなりますように）」の信仰がほめられています。彼女はメシアの母として「幸い」な者であることが繰り返し述べられます（1・42、44、11・27、28）。これらの出来事すべてが聖霊の働きによるとするのはルカ福音書に一貫した見方です。さらにエリサベトに答えるマリアの歌「マグニフィカト」（1・47～56）において、マリアはすべてを神に委ね、その栄誉を神に帰す者として描かれます。

種々のマリア像　ルカはまた、後の時代に黙想される多くのマリア像を伝えています。すなわち彼女は「恵みを受けた者の典型」（1・28）であり、また「汚れなき処女」（1・27、34）、「メシアの母」（1・31以下）、「神の子の母」（1・35）、「聖霊の花嫁」（1・35）、「従順な主のはしため」（1・38）、「主の母」（1・43）、「信じた女」（1・45）、「神の言葉を聴いて識別する者」（2・19、51）、「悲しみの母」（2・35）。「あらゆる世代の人が幸いと呼ぶ者」（1・42、48）だと言われます。

ヨハネ福音書

ヨハネ福音書は、紀元九〇年代から一〇〇年にかけて書かれたと言われる最後の福音書です。イエスの出生や兄弟、家族関係についての話題において、ヨハネ福音書にはマリアと触れ合う箇所はいくつかあります（ヨハ1・13、6・42、7・1〜10、7・41〜43）。しかしマリアとのかかわりに神学的意味が読み取れる箇所は、イエスの活動の初めの「カナの婚礼」（2・1〜12）と最後の十字架の場面（19・25〜27）だけでしょう。

ヨハネ福音書は、イエスの出来事をそのまま叙述するというよりも、復活したメシアの栄光の時間からの視点、すなわち神の子・御言葉である主との永遠の出会いの次元から物語るという形をとっています。ですからマリアとイエスの関係も、私的・個人的なものではなく、神と人間の普遍的関係として眺められています。「カナの婚礼」の場面においても十字架の下でも、イエスは母を「婦人よ」と距離を置いて呼びかけるのもそのためなのでしょう。

「カナの婚礼」は、神の栄光が啓示され、それによって弟子たちの信仰が喚起された最初の「しるし」（2・11）ですが、ヨハネはここでルカの場合と同様に、マリアをイエスの使信を最初に受け容れた信仰者として描いています。

十字架の場面において「主の愛された弟子」と母とは、実現された神の国における霊的な家族（教会）とそのいのちを育む母という展望において語られます。

同じ「ヨハネ」という名前を冠してはいても、今日の聖書学はヨハネ福音書とは別の著者が書いたとするヨハネの黙示録一二章には、しかしそうした救済史的なヴィジョンが受け継がれて、創世記三章のエバと蛇を連想させる、女と竜の終末的な戦いという救済史的な寓話が語らます。

3　福音書以外の新約聖書にマリアはどのように現れてくるか？

パウロ　一番早い時期の書簡（『テサロニケの信徒への第一の手紙』）が五〇年代前半、六〇年代に殉教したと推定されるパウロは、福音書の時代に先立って活動していたわけですが、マリア個人については一言も述べていません。しかし「イエスの誕生」については次の箇所で触れています。まず「時が満ちると、神は、その御子を女から、しかも律法の下に生まれた者としてお遣わしになりました。それは、律法の支配下にある者を贖い出して、わたしたちを神の子となさるためでした」（ガラ4・4〜5）との言葉です。パウロがここで語ることは、人間がキリストによって奴隷状態から神の子の自由に移行するという神学的主張です。しかし付随的に、救い主が他のすべての人間同様「女」から生まれたということ、およびその「女」が胎内に神を「受肉」したということをも語っており、つまりマリアが担う救済史における役割にも言及しています。

その他、パウロが「イエスの誕生」について語るのは以下の箇所でしょう。

「この福音は、神が既に聖書の中で預言者を通して約束されたもので、御子に関するものです。御子は、肉によればダビデの子孫から生まれ、聖なる霊によれば、死者の中からの復活によって力ある神の子と定められたのです。この方が、わたしたちの主イエス・キリストです」（ロマ１・２～４）。

「兄弟たち、あなたがたは、イサクの場合のように、約束の子です。けれども、あのとき、肉によって生まれた者が、〝霊〟によって生まれた者を迫害したように、今も同じようなことが行われています」（ガラ４・28～29）。

「キリストは、神の身分でありながら、神と等しい者であることに固執しようとは思わず、かえって自分を無にして、僕の身分になり、人間と同じ者になられました。人間の姿で現れ、へりくだって、死に至るまで、それも十字架の死に至るまで従順でした。このため、神はキリストを高く上げ、あらゆる名にまさる名をお与えになりました。こうして、天上のもの、地上のもの、地下のものがすべて、イエスの御名にひざまずき、すべての舌が、『イエス・キリストは主である』と公に宣べて、父である神をたたえるのです」（フィリ２・６～11）。

これらの箇所でも、パウロはイエスの受肉の神秘という神学的関心からイエスの誕生に触れています。「イエスの誕生」それ自体が主題とされているのではなく、ましてマリアというイエスの母について何かを述べようとしているのでもありません。

使徒言行録　ルカ福音書の冒頭では、あれほど熱心にマリアについて語ったルカですが、同じ著者によると考えられる使徒言行録では、マリアは「彼らは皆、婦人たちやイエスの母マリア、またイエスの兄弟たちと心を合わせて熱心に祈っていた」（１・14）というただ一か所に現れるのみです。とはいえ、そこでマリアがキリスト教の初めの共同体の中心にいるということは重要です。

ヨハネの黙示録一二章の「女」と「竜」のヴィジョン

ドミティアヌス帝統治時代（八一～九六年）の末期頃執筆されたと言われるヨハネの黙示録では、その十二章全体を通して「女は男の子を産んだ。この子は、鉄の杖ですべての国民を治めることになっていた。子は神のもとへ、その玉座のへ引き上げられた」（12・5）とマリアを暗示する話が物語られています。

教父たちは、子を生まんとするこの女が竜の威嚇から救われる物語をマリア論的に解釈しました。それは「女」（イザ26・17、54・1、66・7～9、ミカ4・9）がかぶっている冠の十二の星、すなわちイスラエルの十二部族というシンボルにより、旧約聖書にさかのぼる歴史解釈に基づき、メシアとしての子を生むこの女（黙12・5）は、まずはイスラエルの民として理解されているでしょう。しかし、この女と子の関係は深い一体感を感じさせるものであり、それはイスラエルのうちでキリスト教信仰をもつ者たち、すなわち「竜」に脅かされる姿で迫害の時代にあることが示される教会の拠り所であると見なされます。

この物語は、後の時代により明確にされていく、神の民である教会のシンボルとしてのマリアという救済史的ヴィジョンの始まりとなりました。しかしながらここに登場する「女」は、マリアの人格について触れることはなく、それゆえ彼女に向けられた信心に直接結びつくわけではないようです。

4 新約聖書のマリアについての記述と旧約聖書はどんな関係があるか？

新約聖書のうちには、イエスにおける救いの出来事と旧約聖書の信仰伝承とを一つのまとまりとして見つめ、そのつながりから解釈しようとする流れがあります。マリアの物語についても、旧約聖書のヴィジョンが彼女において実現するという救済史的展望とのつながりが見出されます。

もちろん、聖書記者は自分が書きしるすことばを、歴史の意味の全貌を見通して書いたわけではありません。それは、言ってみれば目的地のはっきりしない旅を記録しているようなものだったでしょう。しかし旅を続けているうちに全啓示の与え主である神が道を拓き、人々がその道筋をしだいにはっきり見出すこともありました。聖書におけるマリア的テーマについても、これを特に注意深く黙想したカトリックの伝統においてそうでした。それは、「メシアの母」としてマリアを旧約聖書の伝承の中心であるメシアとのかかわりの中で読み解く方向、および「シオンの娘」として、神に選ばれた神の民の人格化である「教会」のシンボルとして解釈するという二つの重点をもっています。

「メシアの母」としてのマリア

約束の成就 マタイ福音書は、とりわけはっきりとイエスの出来事を旧約の「約束」の成就という枠組みの中で見ます。イエスの誕生は、イザヤによるメシア「インマヌエル」の到来の約束（「見よ、おとめが身ごもって、男の子を産み、その名をインマヌエルと呼ぶ」７・14）の成就だとされます（１・22〜

23）。その際「おとめ」には「パルテノス（partenos）」との言葉が当てられています。これはヘブライ語で「若い女性」を意味する「アルマ（alma）」が、当時流通していた旧約聖書（『七十人訳』と呼ばれる）でギリシア語に訳された言葉です。マタイはこの語を使うことで、神の子の誕生が「処女懐胎」によるものであることを示そうとします。

またマタイ（1・1〜16）とルカ（3・32〜38）の系図には、旧約聖書の神がその救いの計画を満たすために選んだ母の名が挙げられています（サラ［ルカ3・32］、ルツ［マタ1・5］）。そしてマリアは、彼女たちの役割を受け継ぐ列の最後を飾る者だとされています。

本歌取り　また新約聖書のマリア物語には、旧約聖書の表現を下敷きにして、その意味がマリアにおいてこそ実現したとする、いわば「本歌取り」も見受けられます。それは、とりわけ次の場面で見出されるでしょう。

1．受胎告知「喜べ、恵まれた方」（ルカ1・26〜38）
2．マグニフィカト「わたしの魂は主をあがめる」（ルカ1・39〜56）
3．マリアの出産「インマヌエル」の誕生（マタ1・25、ルカ2・1〜11）

天使告知のパターン　ルカ福音書の受胎告知の場面（ルカ1・26〜38）は、聖書学者によれば「告知」「メッセージ・伝言」の文学類型に属するテキストだと言われます。すぐ前の洗礼者ヨハネ誕生におけるザカリアへの天使の予告（1・11～20）、あるいは羊飼いたちへの天使のお告げ（2・9～20）、さらにマタイ福音書における、懐妊したマリアを離別しようとしていたヨゼフへのお告げの場合も同様であり、これらの箇所には主人公と天使との対話という一つの典型的なパターンが現れています。

そしてそれは、旧約聖書にしばしば登場するパターンであります（創17・1～のアブラハム、士13・3～のサムソン、出3・2～のモーセ、士6・11～24のギデオンへの告知）。

このパターンは五段階に分けられるでしょう。

すなわち、①主の使いが現れる。②呼びかけられた登場人物はまず恐れますが、それに対して天使は「恐れるな」と言います。③登場人物の使命が告知されます。④天使の告知に対する登場人物のとまどい。⑤天使はしるしを示して告知が実現することを納得させようとする。⑥申し出への受諾、というものです。

ルカ福音書の「受胎告知」では、このパターンは次のように記されています。

①　天使は、彼女のところに来て言った。「おめでとう、恵まれた方。主があなたと共におられる」。
②　マリアはこの言葉に戸惑い、いったいこの挨拶は何のことかと考え込んだ。すると、天使は言った。「マリア、恐れることはない。あなたは神から恵みをいただいた」。
③　「あなたは身ごもって男の子を産むが、その子をイエスと名付けなさい。その子は偉大な人になり、いと高き方の子と言われる。神である主は、彼に父ダビデの王座をくださる」。
④　マリアは天使に言った。「どうして、そのようなことがありえましょうか。わたしは男の人を知

りませんのに」。

⑤　天使は答えた。「聖霊があなたに降り、いと高き方の力があなたを包む。だから、生まれる子は聖なる者、神の子と呼ばれる。あなたの親類のエリサベトも、年をとっているが、男の子を身ごもっている。不妊の女と言われていたのに、もう六か月になっている。神にできないことは何一つない」。

⑥　マリアは言った。「わたしは主のはしためです。お言葉どおり、この身に成りますように」。そこで、天使は去って行った。

旧約聖書でこのパターンが典型的に現れるギデオンと天使の対話の場面（士6・11～24）は次の通りですが、アブラハム、モーセ、サムソンの場合も確かめてみてください。

①　さて、主の御使いが来て、オフラにあるテレビンの木の下に座った。これはアビエゼルの人ヨアシュのものであった。その子ギデオンは、ミディアン人に奪われるのを免れるため、酒ぶねの中で小麦を打っていた。主の御使いは彼に現れて言った。「勇者よ、主はあなたと共におられます」（士6・11～12）。

②　ギデオンは、この方が主の御使いであることを悟った。ギデオンは言った。「ああ、主なる神よ。わたしは、なんと顔と顔を合わせて主の御使いを見てしまいました」。主は彼に言われた。「安心せよ。恐れるな。あなたが死ぬことはない」（6・21～22）。

③　主は彼の方を向いて言われた。「あなたのその力をもって行くがよい。あなたはイスラエルを、ミディアン人の手から救い出すことができる。わたしがあなたを遣わすのではないか」（6・14）。

④　彼は言った。「わたしの主よ、お願いします。しかし、どうすればイスラエルを救うことができましょう。わたしの一族はマナセの中でも最も貧弱なものです。それにわたしは家族の中でいちばん年下の者です」（6・15）。

⑤　ギデオンは行って、子山羊一匹、麦粉一エファの酵母を入れないパンを調え、肉を籠に、肉汁を壺に入れ、テレビンの木の下にいる方に差し出した。神の御使いは、「肉とパンを取ってこの岩の上に置き、肉汁を注ぎなさい」と言った。ギデオンはそのとおりにした。主の御使いは、手にしていた杖の先を差し伸べ、肉とパンに触れた。すると、岩から火が燃え上がり、肉とパンを焼き尽くした。主の御使いは消えていた。ギデオンは、この方が主の御使いであることを悟った。ギデオンは言った。「ああ、主なる神よ。わたしは、なんと顔と顔を合わせて主の御使いを見てしまいました」（6・19〜22）。

受胎告知における個々の言葉にも旧約聖書からの下敷きが読み取れます。

天使の挨拶は、「おめでとう、恵まれた方。主があなたと共におられる」（1・27）です。ここには、メシアの来臨を担う「シオンの娘」についてのゼファニヤの預言「娘シオンよ、喜び叫べ。イスラエルよ、歓呼の声をあげよ。娘エルサレムよ、心の底から喜び躍れ……イスラエルの王なる主はお前の中におられる」（ゼファ3・14〜15）が、透けて見えます。「シオンの娘」とは、旧約聖書では主なる神が、真ん中にいるべき場を意味します。ルカ福音書は、マリアにこの役割を担わせているわけです。その意味で、ここには「娘シオンよ、大いに踊れ。娘エルサレムよ、歓呼の声をあげよ。見よ、あなたの王が来る。彼は神に従い、勝利を与えられた者、高ぶることなく、ろばに乗って来る。雌ろばの子であるろばに乗って」（ゼカ9・9）の言葉も共鳴していることでしょう。

告知されたメッセージは、「あなたは身ごもって男の子を産むが、その子をイエスと名付けなさい」（ルカ1・31。マタ1・21も参照）です。

これについても旧約聖書の下敷きが思い浮かびます。「見よ、おとめが身ごもって、男の子を産み、その名をインマヌエルと呼ぶ」（イザ7・14）、あるいは「シオンよ、恐れるな。力なく手を垂れるな。お前の主なる神はお前のただ中におられ［る］」（ゼファ3・16〜17）という言葉です。

聖霊によるマリアの受胎「主のみ力が覆う」（ルカ1・35）というイメージも、出エジプト記「雲は臨在の幕屋を覆い、主の栄光が幕屋に満ちた」（40・34以下、王上8・1〜13も参照）以来の伝統にさかのぼりうる表現ではないかと言われます。処女懐胎の奇跡の場面は、マリアの疑念が晴れる、また御子の神性を示すという二つの意味が読みとれますが、そこにはマリアが神の力によって覆われ神の住まう幕屋・神殿のようになるという表象が暗示されます。

これはまた「天使は答えた。『聖霊があなたに降り、いと高き方の力があなたを包む。だから、生まれる子は聖なる者、神の子と呼ばれる』」（ルカ1・35）とも関連します。すなわち、以下に言われるように、マリアが「契約の櫃」となる（サム下6・9〜11とルカ1・43〜56）ということが暗示されています。

「その日、ダビデは主を恐れ、『どうして主の箱をわたしのもとに迎えることができようか』と言って、ダビデの町、自分のもとに主の箱を移すことを望まなかった。ダビデは箱をガト人オベド・エドムの家に向かわせた。三か月の間、主の箱はガト人オベド・エドムの家にあった。主はオベド・エドムとその家の者一同を祝福された」（サム下6・9〜11）。「契約の櫃」が身近に顕れたがゆえに、旧約の預言者の系列に連なるヨハネも喜びおどります。「あなたの挨拶のお声をわたしが耳にしたとき、胎内の子は喜んでおどりました」（ルカ1・44）。

マグニフィカト　マリアがシオンの娘として神への賛美を歌い上げるいわゆる「マグニフィカト」では「わたしの魂は主をあがめ、わたしの霊は救い主である神を喜びたたえます。身分の低い、この主のはしためにも目を留めてくださったからです。今から後、いつの世の人もわたしを幸いな者と言うでしょう、力ある方が、わたしに偉大なことをなさいましたから。その御名は尊く、その憐れみは代々に限りなく、主を畏れる者に及びます」（1・46〜50）と言われます。ここにも旧約聖書の言葉が原型とされているのが読みとれます。ヨエル書の「シオンの子らよ。あなたたちの神なる主によって喜び躍れ……、驚くべきことをお前たちのために成し遂げられた主、お前たちの神なる主の御名をほめたたえるであろう」（2・21〜26）です。

また「マグニフィカト」が、サムエルを生むときの母ハンナの歌（サム上2・1〜10）が下敷きとしているのは一目瞭然です。言葉づかいとして「わたしの魂はわたしの神にあって喜び踊る……」とのイザヤ書六一章一〇〜一一節もなぞられています。

さらにエリサベトが聖母を祝福する「あなたは女の中で祝福された方です。胎内のお子さまも祝福されています」（1・42）との言葉も、ユディト書の「娘よ、あなたは地上のすべての女にまさって、いと高き神に祝福された者」（13・18）との言葉と重なります。

以上のような旧約聖書への意図的なさかのぼりは、初代教会の人々が、マリアを旧約聖書に記された救済の歴史と結びつけ、さらにそれを凌駕する救いの像をキリスト教徒に印象づけることが意図されているのでしょう。それはマリアがダビデの王位を継承する「メシアの母」、あるいは聖霊によって真の「神」を産んだ母であることなどを証ししようとします。

「シオンの娘」、救済史におけるマリア

福音書以外でマリアに関連すると思われるヨハネの黙示録一二章の子を生む女の姿も、創世記のエバと結びつけられます。創世記三章一五節「お前と女、お前の子孫と女の子孫の間にわたしは敵意を置く。彼はお前の頭を砕き、お前は彼のかかとを砕く」は、教父たちによって「マリアが（罪の原因である）蛇の頭を踏み砕く」と読まれたため、この節は「原福音」と呼ばれ、たびたび典礼やイコンの題材になりました。マリアは蛇の頭を砕き竜に勝利する「新しいエバ」としてとらえられ、それは教導職の重要文書にも受け取られていきました。(1)

新約聖書のマリアについての神学的見通し

マリアについての史的な問い、すなわち彼女の実際の生活や息子であるイエスとのかかわりをめぐる事情については、新約聖書はほとんど語っていません。マリアについての記述はきわめて限られたものですし、また家族の名についてなど互いに矛盾する報告すら含まれています。新約聖書の大部分、特にマルコとパウロは、マリアの人格、あるいはイエス誕生の史的状況にほとんど関心を示していません。

それゆえ、イエスが誕生した場所もベツレヘムであるとは確定できません。そこで生まれ、ダビデの王家に連なるメシアの誕生の約束の成就にイエスを結びつけることは、一つの時代の神学的関心に基づく記述であるからです。あるいはイエスの「兄弟、姉妹」が現れることの意図、すなわち新約聖書のうちには「処女懐胎」の神学をどこまで整合性を持ってとらえていたのかについても聖書釈義からだけでは答えることはできません。おそらくいくつもの見解が並立していたであろうと推測されます。マルコとパウロにはそれを主張する意図はないようですが、マタイとルカは「処女懐胎」伝承を受け継いでいたことでしょう。ヨハネはそれに無関心なようですが、ヨゼフをイエスの父であると記しています（ヨハ1・45、6・42）。マリアがどのように十字架の出来事を体験したのかも史実としてはわかりません。ともかく共観福音書とヨハネ福音書の両方において、マリアがその家族と共に、イエスの活動に何らかの形で関与していたということは共通な理解でしょう。

こうした意味で、マリアをめぐる出来事の史実性は、歴史批判的聖書学からはまったく解決されえません。一世紀後半の福音書におけるマリア像は、イエスの活動がもたらした信仰者の信仰が逆投影されたものだと言えるでしょう。

マリアについて、新約聖書は何ら統一見解を提供しているわけではなく、それにかかわることすらしていません。新約聖書自体に成熟したマリア論があるわけではないのです。マリア論は、その後の教会の長い歴史と経験において人々が観想してきたことの結果です。とはいえ、新約聖書のマリア・テキストは、マリアを旧約聖書の証と共に一つの包括的な連関から見ています。それは、ナザレの一女性についての興味ではなく、神の救いのわざの歴史が人間マリアにおいて、また彼女を通して実現したことを証ししようとしています。すなわち「神の子の受肉が聖霊の働きによって起こったこと、それにより神ご自身が人間の救いのために歴史に介入された」との神学的展望です。

注

（1）浜寛五郎訳、ジンマーマン監修、デンツィンガー編『カトリック教会文書資料集』（エンデルレ書店）二八〇一、三九〇一参照。なおこの書は、以前は監修者のイニシャルからDSと略記されたが、一九九一年より監修者がペーター・ヒューナーマンに代わったため、現在はDHと略記される。

解説②——神学と典礼・霊性の歴史におけるマリア

1　初期キリスト教から教父時代（二～八世紀）のマリア崇敬

使徒たちと新約聖書執筆に続く時代は、啓示の原点に直接つながり、その影響が教えと教会生活に反映している、いまだひとまとまりの教会でした。そしてヘレニズムとギリシアの哲学、ローマ文化などとぶつかりながら、福音が地中海世界に浸透していくインカルチュレーションの時代でした。それゆえこの時代のキリスト教は、聖書に忠実でありながら、地中海世界を制するローマ帝国の普遍性のもとで世界的であり、また歴史の見方についても終末論的な展望が意識されていました。

そのような初期教会におけるマリア伝承は、グノーシス宗教や知恵文学の要素を受け取った外典物語、また新約聖書の啓示を神学的に深める教父たちにおいて展開しました。

聖書外典とは？(1)

二〜七世紀には、多くの聖書外典が書かれました。外典（アポクリファ）とは、「隠されたもの」を意味する言葉に由来し「秘儀」が記される「秘書」と見なされ、キリスト教会によってその聖書の「正典（カノン）」が結集されていく過程で、そこから除外された諸書のことです。正典の第一条件は「使徒的である」ことです。すなわちイエス・キリストについての使徒たちの教えが、神学的な基礎の上で護教的、宣教的に示され、特定地方にとどまらず、広く教会全体で内容が正統信仰に適っていると是認された文書でした。これに対して外典は、イエスについての口碑伝承に基づいているとはいえ、当時の民衆的な関心に応えるファンタジーと奇跡物語などにより、正典が沈黙している部分を想像力で補足するという性格のものでした。マリアについては、生涯の初めと終わり（永眠）への関心が高く、そこに示されるマリア像は、処女であり母である救われた人、永遠に祝福された方というものでした。それは、当時のヘレニズム世界に浸透していた大衆の宗教的要求、すなわち禁欲主義や処女崇拝に合致していました。外典はそこから、神学的な内容には乏しいものの、典礼と芸術、民衆的なマリア崇敬に大きな影響を残しました。

マリアの「永眠（Dormitio, Transitus）」について物語る外典は、断片的なものを含めて、三十篇以上も発見されており、それは三つのタイプに分けられるようです。

タイプA。ギリシア語かシリア語で書かれており、永眠の地はベツレヘムとされ、マリアの身体はパラダイスに安置されたとします。

タイプB。コプト語。マリアはエルサレムの家におり、心配のために病に襲われ、身体は腐り、いのちの木のもとに葬られる、あるいは身体はパラダイスに、天国に運ばれるなどのバージョンがあるようです。

タイプC。ギリシア語あるいはラテン語のものがあり、マリアはエルサレムで死の床にあって、使徒たちが集まり、マリアは身体と魂をもって天国に受け取られたと述べられます。

これらのどれに基づくかによって、後世のマリア図像などの意匠も異なってきます。

『ヤコブ原福音書』

外典の中でマリアについて多く語り、後の時代のマリア・イメージに大きな影響を与えたのは、二世紀にエジプトで書かれたとされる『ヤコブ原福音書』です。この書は「原（プロート）福音書」と呼ばれますが、その「原（プロートス）」とは「以前の、先行する」を意味します。すなわち正典福音書が記述している以前のマリアについて物語っているということを示そうとしています。その名の通りこの書では、マリアの誕生、神殿での養育、男やもめヨゼフとの縁組、ベツレヘム近郊の洞窟でのイエス出産などが語られます。この書は、ヘロデの死後イエスの兄弟ヤコブによって書かれたとされますが、正典福音書ほど古いものではないようです。護教教父のユスティヌス（一六五年没）も内容を知っていたようですし、オリゲネス（二四五年ころ没）は、イエスの兄弟の問題でこの文書に言及しています。[2] この書の内容は基本的に正典福音書がマリアについて語ることを下敷きにしています。マリアの夫となるヨセフは、すでに息子たちをもつ年配の男やもめであったとされますが、それは正典福音書に登場する「イエスの兄弟たち」（マタ12・46など）という表現から起こったマリアの処女性への疑いを払拭するための意図的な創作だったかもしれません。「イエスの兄弟たち」は、マリアが後妻として結婚したヨセフの連れ子であるというわけです。四世紀のニュッサのグレゴリオス、エピファニオス、アンティオキアのエウスタティオス、オリムプスのメトディオスも、ここからマリアの処女性を主張しています。それ以外の記述も、マリアについての確実な史的資料を提供しているわけではありません。受胎告知がエルサレムでの出来事だとされるなど、福音書から逸れた記述も含まれます。つまりこの書物は、正典福音書に準じるように技巧的に手が加えられて統一的な物語に仕立て上げられた、一種の「聖人伝」のような書物だと言えるでしょう。

『ヤコブ原福音書』のマリア像の影響

しかしながら、この書の叙述は状況や心理描写に富んでおり、多くの人々にとって魅力的でした。それゆえこの書は、教会の伝統やキリスト教芸術に後世にいたるまで深く浸透する諸要素をもちこみました。

マリアはこの書において、富裕で敬虔な両親のもとに生まれ、あらゆる穢れを免れて生育し、神殿で垂れ幕を織るという皆に愛され祝福された慎ましく清らかな女性として描かれています。中世からルネサンスにかけて、マリアについての図像の題材は、神殿で布を織る姿、洞窟にいる聖女など、しばしばこの書物から採られていました。そして特に注目すべきことは、後のローマ・カトリックの教義のルーツとも言えるかもしれませんが、この書においてマリアは生涯処女に留まったとされています。これは、禁欲的修徳を重んじたギリシア教父やシリア、コプト（エジプト）、アルメニアの教会においてもこの書物が高く評価される理由となりました。

またマリアの父の名前が「ヨアキム」、母が「アンナ」であるとするのもこの書が起源です。これらの名は、両方とも旧約聖書に起源をもつ名前です。ヨアキムという名は『スザンナ』（ダニエル書補遺）四節に、アンナ（ハンナ）は『サムエル記上』一章二節、『トビト記』一章二〇節に登場します。カトリック教会では、いまでもマリアの両親の祝日（七月二六日）を祝います。また九月八日は「聖母マリアの誕生」の祝日です。

『ヤコブ原福音書』はさらに、イエスが生まれた場所が「洞穴」だとする伝承の起源でもあります。二世紀半ばの使徒教父ユスティヌスの『対話』の中では、イエスの誕生の場所は「洞窟」だと言われています。ルカ福音書の「飼い葉桶」（2・7、12、16）はそこでは、ヘロデの兵からみどりごを守るための場所として登場します。

以上のように『ヤコブ原福音書』は、イエスの出産（処女懐胎）については大いに注目するのですが、マリアの役割がイエスの公生活においてどうであったかというような神学的問題には関心を示していません。それが「外典」であるゆえんなのでしょうか。

教父たちのとらえたマリア

教父時代の文化背景は、アレクサンダー大王（前三二三年没）からローマ帝国を経てビザンチン帝国にいたるまで地中海を中心に展開し、ギリシア語（グローバル言語だった「コイネー」）を共通語とするヘレニズム文化です。

教父たちの関心は、聖書で啓示された神秘について黙想し、その伝承を忠実に保持し、正統信仰を擁護することでした。彼らが直面した時代の精神的状況は、心身二元論的傾向のもとで、「ソーテリア（彼岸に求められる永遠の救い、救済）」を身体からの魂に解放に求めるグノーシス派、ストア派、新プラトン主義が主流となったものでした。

そんな中で、マリアに関しては、ギリシア人ホメロスが語る女神や、エジプトの女神イシス（古代エジプトの豊饒の女神オシリスの妹）など、女神的存在への信仰との摩擦もありました。

アンティオキアのイグナティオス（一一五年頃没）は護教家として、イエス・キリストの受肉の現実を否定する仮現説、およびマリアの処女懐胎に疑いをもつユダヤ人に対してキリスト教信仰を擁護しました。彼にとって、乙女マリアからのイエスの誕生は、イエスが人間であることの十全なしるしであり、キリスト教信仰告白に不可欠の伝承でした。「キリストがマリアの胎に孕まれたことは、神の救いの計画に従ったものである」(3)。「医者である方（イエス・キリスト）は、一方で肉と霊から生まれ、他方で生まれなかった方である。肉において現れた神だからである。死において真の命を生きられた方。マリアと神からの方。それゆえ、苦しむことのできた方であり、同時に苦しむことのできなかった方、私たちの主、イエス・キリスト」[4]などの言葉を残しています。

ユスティノス（一六五年没）は、キリスト教信仰の富をユダヤ人や異邦人哲学者たちに説明すること

に努めました。とりわけユダヤ人に対しては、マリアの処女性を、聖書の預言者の言葉、たとえばイザヤ書七章一四節から擁護しました[5]。この箇所は「それゆえ、わたしの主が御自ら、あなたたちにしるしを与えられる。見よ、おとめが身ごもって、男の子を産み、その名をインマヌエルと呼ぶ」であり、マタイ福音書（1・23）に引用されています。このイザヤ書の「おとめ」は、ヘブライ語では「若い女性（アルマ）」という表現ですが、ユスティノスはあえて七十人訳（ギリシア語旧約聖書）に従い「乙女（処女、パルテノス）」と読みました。

またユスティノスは、パウロの「アダム―キリスト（第二のアダム）」図式（ロマ5・12〜21）にならう「エバ―マリア」並行を初めて語りました。エバとマリアの並行は、子の先在と罪の克服に関連して語られます。「エバは清らかな乙女であったが、蛇の言葉を受け入れた後に、罪と死を生んだ。それに対して乙女マリアは、天使ガブリエルが彼女に福音をもたらした時に信仰と喜びにあふれた。神はイエスによって蛇と蛇に似たものとなった天使と人間を滅ぼし、反対に罪を悔い改めイエスを信じる者を死から解放された」[6]。この「エバ―マリア」並行は、後世のキリスト教の神学思弁に大きな影響を及ぼしました。とりわけ、ユスティノスに続く教父たちの神学は、神のコスミック（宇宙的）な救いの計画についての省察が主となり、マリアは「エバ―マリア」並行から語られるようになります。

エイレナイオス（二〇二年没）は、リヨンの司教でしたが、受肉におけるマリアの神母性と処女性について、それを否定するマルキオンやバレンティノスらのグノーシス派との論争にたずさわります。彼らの主張の基礎には、創造と救いに関する二元論的な思想がありますが、エイレナイオスは、霊肉を一つにとらえる聖書的な見方に基づき、古い契約に対する新しい契約の現実を語ります。それを示すのが「エバ－マリア」並行の図式であり、彼はこれを新たに神学的に強調しました。『異教徒反駁』において、救いの計画は、父なる神のもとではすべてが驚くべき調和にあり、この収斂は「再統合（recapitulatio, anakephalaiosis）」と「還帰（anakylesis）」という二つの根本原理を内容とすると述べました。キリストは「第二のアダム」であり、"recapitulatio"、すなわち「頭であるイエス・キリストのもとにすべてを従わせる」、「キリストが自分のうちにまとめる」[7]とされます。マリアはそこで、エバとは逆に、再統合による救いの原因となります[8]。

「エバ－マリア」並行についての最も有名で重要な言葉は以下でしょう。「エバは不従順の罪を犯した。それはエバがまだ処女の時であった。エバがアダムの妻でありながら、しかも処女であった時不従順であり、ついに自分自身と全人類の上に死を招いたように、マリアは婚約し、まだ処女であった時、従ったのでご自分と全人類のために救いを招き入れた。こうしてマリアからエバへの循環が示される。というのは、罪の根源にさかのぼらなければ、罪の絆は解かれないからである。同様に、エバによる結び目は、マリアの従順によらなければ解かれなかった。処女エバが、その不信仰によって縛ったものを処女マリアがその信仰によって解いたのである」[9]。エイレナイオスはこうして、最初にマリアを教会の表す者として描く者となりました。

テルトゥリアヌス（二二〇年没）は、エイレナイオスの伝統に従い、仮現説に対する護教を展開しました。マリアについては、エバとの対照において、主の処女母性について語りました。テルトゥリアヌスは、エイレナイオスよりもさらに強力に、教会が主の花嫁であること、またイエスの誕生後もマリアの処女性は続いたとします。

オリゲネス（二五四年頃没）も、マリアの処女懐胎と生涯の処女性を、哲学者のケルソスやユダヤ人たちに対して擁護しました。

四〜五世紀「テオトーコス（神の母）」論争における教父たちの思索

「神の母」という語は聖書には登場しません。それが歴史的に初めて確認できるのは、三世紀の「あなたのあわれみのご保護のもとに（Sub tuum praesidium）」という祈りです。それは次のように祈ります。「神のみ母よ。あなたのあわれみのご保護のもとに、私たちは逃れます。私たちが必要に迫られてささげる祈りをお見捨てにならず、私たちを危険からお救いください。ただひとり浄く、祝せられたお方よ」。オリゲネスの著作には、すでにこの祈りが登場しますし、エフェソ公会議前の幾人かの神学者においても、この語が使われています。[10] ローマ皇帝ユリアン（三六五年没）は、キリスト教についての論争において「あなたがたは耳にしていることでしょう。キリスト者はマリアを神の母と呼んでいることを」と言っています。

四〜五世紀の神学者たちのマリアについての主要な関心は「神の母」の救済史的現実を神学的に深める努力でした。それは、マリアとイエス・キリストの「受肉」との関係です。彼らの論争相手だった仮現説派は、イエス・キリストが地上を歩く霊的存在だったとしますが、これに対してアンブロシウス、ナジアンゾスのグレゴリオス、エピファニオスらの教父たちは、霊肉二元論的文化に対して、受肉の現実性とマリアの人間生理に則った母性を擁護しようとしました。彼らにとっては、マリアの処女性よりも、さしあたり神母性を守ることが先決でした。またアウグスティヌス、エフレム、エピファニオスは、マリアをイエスのへりくだり（ケノーシス）の観点から語り、そこからマリアが胎に宿した御言葉の真の人間性を証しようとしました。マリアの胎、マリアの生理的母性の強調は、御言葉が人間の本性にへりくだる場所として、人間の救いにとって根本的だと言うわけです。

この時代がこだわった「テオトーコス」は、神の救いの計画（オイコノミア）の基礎でした。マリアは、神の誕生において御子が人間本性、その苦難に結ばれる鍵だからです。ナジアンゾスのグレゴリオスは、エフェソとカルケドン公会議のキリスト論を先取りして次のように言います。「マリアを生神母（テオトーコス）と認めない者は、神性から引き離される[11]」。キリスト教の宗教性と倫理のすべては、マリアからのキリストの誕生に依っていると言うわけです。マリアから生まれたのでなければ、イエスは苦しまず、十字架とかかわりなくなるし、それは復活を否定することだからです。アウグスティヌスは「もし母であることが間違いであるならば、肉も、死も、苦難の傷も、復活の傷も間違いである[12]」と言います。

アウグスティヌスはさらに次のように続けます。「マリアは御父の意思を行った。大切なことは、マリアがイエス・キリストの母であったことよりも、彼の弟子であったことである」[13]。彼にとってマリアは、まず信仰者の典型です。それに基づいて母となります。そしてマリアは、イエス・キリストと信仰においてつながっているからこそマリアの肉性は価値があるのです。マリアとイエス・キリストには霊的な相似性があり、それゆえにマリアは教会と信徒の霊的母と見なされます。

エフェソ公会議におけるテオトーコス

エフェソ公会議が開催された理由は、四世紀の教会において「キリストの本性の交用[14]（communicatio ideomata）」の議論が持ち上がり、またマリアをテオトーコスと呼んでよいかどうかの激しい議論が起こったことです。四二八年に始まったこの公会議は、アンティオキア（シリア・小アジア）とアレクサンドリア（エジプト）の神学のそれぞれの特徴をめぐる論争を引き起こし、教会全体の問題となりました。

コンスタンティノポリスの主教ネストリオスは、アンティオキア学派の影響のもとにありました。この学派は、聖書的な霊肉一致の世界観・人間観に深く根ざしつつ、キリストの人間的本性の現実を守ることに傾きました。彼らは、イエス・キリストにおける神性と人性の一致は、神の御言葉の「住み込み」あるいは倫理的意志における一致として考えます。それゆえ、ネストリオスによれば「キリストの本性の交用」は不可能であり、またマリアを「神の母、テオトーコス」と呼ぶことも異端的であるとしました。マリアは一義的に「神の母」と呼ばれるのでなく「人間の母（アントロポトーコス）」も併せて使われるべきだとし、あるいはネストリオス自身は「キリストトーコス（キリストの母）と呼ぶべきだとしました。

これに対して、新プラトン主義の影響が強く、地上的なものよりも霊的なものの価値を重んずる伝統に立つアレクサンドリアのキュリロスは、肉を身に受けた「神であるロゴス」を強調する立場にあり、多くの教父たちから支持されている「テオトーコス」の呼び名は正しく、「キリストの本性の交用」は可能であるとしました。

このような問題状況に対して開催されたエフェソ公会議では、キュリロスが勝利し「テオトーコス」の呼称が正統キリスト教のしるしとされたのでした。

四世紀における「マリアの終生の処女性」問題

教父たちの著作の多くは、一つの問題を体系的に論じるために書かれたというよりも、偶然の機会の必要に応じて書かれたものでした。しかし、三八〇～四〇〇年頃、エフレム（三七三年没）やサラミスのエピファニオス（四〇三年没）、ヒエロニムス（四二〇年没）、アンブロシウス（三七七年没）らによって、しだいにマリアについての神学的な著作も現れ始めました。その際の主題は「マリアの終生の処女性」でした。二～三世紀の教父たちが、聖書に基づきマリアの聖霊による処女懐胎を語っていたことから、この時代の教父たちは、マリアの呼称に「処女」をつけることが通例になっていました。

徐々に広まり、浸透していった「マリアの終生の処女性」の教えは、やがて教会的な承認を求めることとなりました。すでにカルケドン公会議（四五一年）の信仰宣言（クレド）には「（イエス・キリストは）処女マリアより生まれ」と言われていますし、五五三年第二コンスタンティノポリス公会議では「（イエス・キリストは）聖なる、栄光の神の母、終生の処女なるマリアから肉を受けられた」との文言が定められました。単意説に対して開催されたラテラン教会会議（六四九年）では、教皇ホルミスダスとアウグスティヌスの影響のもと「聖なる終生の処女であり、けがれない生神母なるマリア」を信じない者は排斥されるとの規律をも定めました。[15] この会議は、公会議ではありませんでしたが、東西の司教たちが教皇からこの決定を認めるように要請されたこともあり、この会議で認められた「マリアの終生の処女性」は、教会公認の教えであると見なされるようになりました。この頃、トレドのイルデフォンス（六六七年没）は「マリアの終生の処女性」を擁護する著作を書いています。

マリア崇敬の始まり

最も古い信心のしるしは、二〜三世紀のものと思われるナザレの落書きだと言われます。[16] おそらくユダヤ人キリスト者らが集まっていた「家の教会」の遺跡と思われる場所に「恵まれたマリア」という意味の言葉が書かれているのが発見され、これは祈りの文句であったであろうと推察されています。またエジプトで発見された、三世紀のものと思われるパピルスにギリシア語で書かれていた“Sub tuum praesidium”という祈り（前述）も、この迫害下の時代の信心を証しています。[17] その祈りは「神のみ母よ。あなたのあわれみのご保護のもとに、私たちは逃れます」と、「神の母（テオトーコス）」という呼び名で始まっています。迫害の時代、危険が近づいたときに、マリアに助けを求める祈りが実践されていたことがうかがわれます。

四世紀のマリア崇敬は、マリアを賛美し（エピファニオス）、称揚し（エフラエム）、信頼に満ちた祈りをささげ、模範とする（アタナシオス、アンブロシウス、アウグスティヌス）というものでした。マリアがこのように讃えられることにおいて、テオトーコスと受肉のつながりは、単に神学上の議論のテーマであっただけでなく、典礼実践にもつながっていました。

なにゆえマリア崇敬が生じ、発展していったのでしょうか。それは信者が、とりわけ典礼において、マリアとともに祈る経験の慰めを共有していたことによるでしょう。アンティオキアのイグナティオス、オリゲネスらの神学者は、聖書の読解を深め、それを典礼的に讃美する霊性を養いました。そのために彼らは、マリアについて典礼で説教しました。そうしたマリアの典礼は、三世紀後半に東方で始まった「公現（エピファニー）」、三世紀にローマで始まった「降誕祭」、エルサレム、アンティオキアおよび小アジアで四世紀終わりに始まったイエスの「奉献」、四世紀後半に始まった「待降節」（アドベント）」など、主にキリスト論とかかわる内容の典礼から始まりました。そこで朗読されるイエスの幼年時代の聖書の言葉を祈る中で、マリアへの崇敬は信者と教会共同体に深く浸透していきました。マリアを讃美し呼び求める霊性は、ルカ福音書の「おめでとう、恵まれた方」（1・28）、「あなたは女の中で祝福された方」（1・42）、「なんと幸いでしょう」（1・45、48）から起こったと考えられます。これらの短い言葉は、典礼の祈りにもスムーズに取り込まれました。

女神崇拝とマリア崇敬

学者の中には、マリア崇敬はイシス（エジプト）、アスタルテ（メソポタミア）、デーメーテール（ギリシア）など古代地中海地域の異教女神崇拝とつながりがあったと言う人々がいます。

これについての反論として、まずキリスト者が異教の宗教儀式を行う場所に近づいたり、それに参加するということは考えにくいということがあげられます。しかし、人間の宗教的な感受性において「女性的」な神性というものは、ある程度、どの民族にも共通する普遍性が認められるとも言えるでしょう。またキリスト教が宣教された歴史において、ある時代、ある地域に伝統的な宗教的風習に基づく感受性、特に女神のような存在が利用されたということも十分に考えられます。

そうした宗教的「女性性」は「母」的な存在と結びつき、危険や不安の際にそこに助けと救済を求めるという人間に共通の心性にも適合しています。その意味で、地中海地域の「偉大な母（Magna Mater）」の宗教性とその行事の実践から、「テオトーコス」崇敬がある一面の影響を受けたことは否定できないでしょう。「神の母」の呼称は、おそらくエジプトのアレクサンドリア学派から起こったと考えられます。そこにはキリスト教のずっと以前から、イシスへの信仰が深く根づいており、三世紀にいたってもキリスト教と並行して信仰されていました。

とはいえマリア崇敬は、本質的にイエス・キリストの福音に結ばれたキリスト教的な現象です。アレクサンドリアのクレメンス（二一五年頃没）は、イシス宗教の倫理的低劣さと乱痴気騒ぎを批判しています。[18] オリゲネス（二五四年頃没）も、イエスの処女マリアからの誕生をギリシア神話と較べることを否定しています。[19] アレクサンドリアの人ペルジオンのイシドロス（四五一年没）も、異教の「神々の母」には、情欲と邪悪、ふしだらが満ちており、マリアの傷のない純粋な神母性とはまったく異なることを説きました。[20] キリスト教のうちでも、マルキオン派などは、マリアを女神のようにとらえましたが、エピファニオスは、これに対してただちに、マリアは私たちと同じ人間であり母であることを述べました。[21] マリア崇敬は、他の女神信仰とは常に一線を画していたと言えます。

マリアのイコンと第二ニケア公会議（七八七年）

マリア崇敬が浸透していくにつれて、当時の教会にはキリストと聖人たちの他にマリアを描く絵画やモザイク、像なども増えていきました。マリアのイコンは、二～四世紀のローマのカタコンベ、四三二年に建立されたローマのサンタ・マリア・マジョーレ教会、コンスタンティノポリスの多数の教会にも認められます。カイザリアのエウセビオスやエピファニオスは、こういう風潮に慎重でしたが、七二六年に皇帝レオン三世は、帝国を圧迫するイスラムからの影響もあり、とうとう聖像破壊令を公布します。これは大きな論争を引き起こしました。聖書の信仰によれば、唯一の神については、像をつくることや名を呼ぶことも禁止されます。それにしたがい、イスラム教では偶像禁止は徹底しています。しかしながら、キリスト教にとっては、聖像破壊令の問題はイエス・キリストの神性と人性の位格的一致を否定するというキリスト論の問題となります。聖像破壊令を受け容れることは、イエス・キリストにおける神性と人間性の分離を認めることになるからです。マリアも、イエス・キリストの受肉に深く関与するがゆえに、この問題に引き込まれます。実際、七四一年に皇帝コンスタンティン・コンプロニモスは、祈りにおいて「テオトーコス」の呼称を使うことを禁止し、七六一年には、聖母にとりなしの祈りをすることには、死刑すら課せられると威嚇しました。

これに対して、コンスタンティノポリスのジェルマノス（七三三年没）やダマスコの聖ヨハネス（七四九年没）は、聖像破壊令に反対しました。彼らは、次のように主張しました。「イエス・キリストの像を描くことを禁止するのは、受肉を否定することである。肉となった御言葉は目に見える方であり、それによって目に見えない神を見えるものにしている。神の子を目に見える方として描くことを禁止することは、イエス・キリストが人間となることを禁止することである」と。ネストリオスをめぐるキリスト論論争に続き、ここでもマリアは正統信仰の弁護の立場に置かれたのでした。結局、聖像破壊令は七八七年に開催された第二ニケア公会議において「像の尊さは、その原像（prototyp）の尊さによる」として廃止されました。八一五年に再び発布された聖像破壊令は、最終的に八四三年に撤廃されました。

2 中世（五～一五世紀）のマリア崇敬

西洋の中世とは、西ローマ帝国の滅亡（四七六年）からアメリカ大陸のヨーロッパ人による発見（一四九二年）、古代からルネサンスに至る千年間とされます。それはさらに、五世紀から一〇世紀の中世初期と十一世紀から十五世紀までの盛期中世と後期中世にも分けられます。

中世が暗く進歩の乏しい時代だったという見方はすでに廃れた見解であり、今日の歴史家は、中世は独自のダイナミズムをもった動きの豊かな時代だったととらえています。西方中世を特徴づけるのは、ゴチック様式の教会の天に向かう塔に象徴される「垂直性」でしょう。この世の秩序は、宇宙を治める神の神秘に包み込まれることで成り立つとする神中心の世界観は、トマス・アクィナスの『神学大全』に表されています。そこには、キリスト教信仰の神秘性とアリストテレスの哲学に基づく知的な明晰さの総合が見て取れます。

東方中世においては、八世紀にマリア崇敬の頂点を迎えます。前述したコンスタンティノポリスのジェルマノス、ダマスコの聖ヨハネス、さらにクレタのアンドレアス（七四〇年没）らが、テオトーコスであるマリアを新しい創造の始まり、イスラエルの導き手、人間の救いのための協働者、教会に常に同伴するとりつぎ手として描きました。続く時代においても、フォティオス（八九一年頃没）とニコメディアのグレゴリオス（八六〇年没）が、マリアがいかなる罪にも汚されていないこと、人間の救いのための協働者であることを強調しました。「新神学者」と呼ばれたシメオン（一〇二二年没）は、マリアは信仰者の母であることを強調しました。さらに十四世紀の東方教会には「体系的」な神学者が現れ、マリアについての神学を深めました。グレゴリオス・パラマス（一三五九年没）にとって、マリアはキリスト論にかかわります。すなわち彼女は、被造的な本性と非被造的な本性の中間に立つ者であり、「神を人間の子とし、また人間を神の子とする」役割を果たしたと説きました。[22] またニコラオス・カバシラス（一三九一年頃没）は、マリアは「新しい終わり」でもあると言います。「彼女は古い酵母は受け継いでおらず、パウロが言う（一コリ15・7）新しい種族の初めになったから[23]」。

修道院神学のマリア――栄誉ある女王、あわれみ深い母、キリストと教会を仲介する方

西方教会における学問の担い手は、大学神学部ができるまでは修道院であり、神学はそこで、日々の典礼によって養われました。修道院神学はマリアについて、神の御言葉の汚れなき聖性に基づく彼女の罪のなさを強調しました。

八世紀のトレドの司教エリパンドゥスはマリアを「主のはしため」として強調しましたが、カロンリング朝時代の神学者アルクイン（八〇四年没）は、マリアの尊厳を「栄誉溢れる神の母」であると称揚しました。そしてこうした展望が、この時代のマリア観の代表になっていきます。それにより多くの教会がマリアにささげられて聖別され、またそうした場所が巡礼地になるなど、さまざまの形態でのマリア崇敬が展開していきました。

修道院神学におけるマリア崇敬で最も注目されるべきは、何と言っても典礼でしょう。マリアについての神学も、聖母の祝日の典礼における説教から発展していきました。そのような説教家として、ベーダ・ヴェネラビリス（七三五年没）、ローザンヌのアマデウス（一一五九年没）、アンブロシウス・アウトペルトゥス（七八四年没）、そしてクレルボーのベルナルドゥス（一一五三年没）らが著名です。

南フランス出身のベネディクト会神学者アンブロシウス・アウトペルトゥスはマリアをほめ讃え、彼女を「教会の典型“typus ecclesiae”」と呼びました。それは、マリアがイエス・キリストの御言葉の宣布をたすける者であるがゆえに教会に象られるからです。(24) 彼は、従来の「母」「処女」「新しいエバ」に

加えて、マリアを「民々の母」「神の型」とも呼びました。ここからアンブロシウス・アウトペルトゥスは、西欧最初のマリア論神学者とも呼ばれます。他方、この時代の封建的な社会体制が反映して、マリアは「女主人」などとも呼ばれました。

クレルボーのベルナルドゥスもマリアについて深く黙想しました。彼は甘美な神学を語る「蜜の博士」と呼ばれましたが、それだけでなく「マリアの博士」とも称されました。彼は、マリアと教会を一つに見ることから、教会をマリアのもとに置くという見方をとりました。

典礼の祈りにおいても、修道院神学がまさに「祈る神学」であったがゆえに、交唱、讃歌、祈願においてマリアについての言葉が花盛りでした。神学の内容としては、修道院神学は概ね教父たちが提起した問題を受け継ぐというものでした。有力な神学者は、クレルボーのベルナルドゥス、サン・ヴィクトール修道院のフーゴーとリカルドゥス、ドイツのルーペルト（一一二九年頃没）です。

スコラ神学におけるマリア――受肉の尊厳の探求

大学の発祥とともに、神学が大学神学部で営まれるようになると、神学は「信仰の知識（scientia fidei）」とされ、厳密な知性的思弁が繰り広げられるようになります。知性が人間のもつ最高の能力、学問が最高の行為であると見なされます。そうした神学は、諸々の体系的な神学の教科書を生み出しました。最も代表的なものは、ペトルス・ロンバルドゥス（一一六〇年没）の『命題集（Libli quattuor sententiarum）』であり、そこでは他の神学諸科目と共に、マリア論についても、マリアの聖性について、御子の出産、神の母、マリアの典礼についてなどの項目が論じられています。これらの教科書を注解することで展開されたスコラ神学は、十三世紀のトマス・アクィナスにおいて頂点を迎えます。トマスのマリア論は、修道院神学がマリアの「霊的母性」について多く語ったのに対して、キリスト論、とりわけ受肉にかかわるマリアの役割が議論の中心に置かれ、マリアが全人類のあり方の代表であることが強調されました。(25)

中世後期神学のマリア――祈りの対象としてのマリア、霊性と批判の間

中世盛期が、カトリックの大分裂(「シスマ」、一三七八～一四一七年)とともに衰微し、教皇の権威に対抗する世俗世界の力も強まった十四～十五世紀は、教会に悲観主義が漂い、改革の必要が意識されるようになりました。理性と信仰、教会と世俗の中世的総合というトマス・アクィナスによる理念も、唯名論者オッカム(一三四七年没)によって解体されていきます。こうした神学のパラダイムの推移により、後期中世神学においては、神学と聖書学、霊性と倫理が別々の科目となり、その間に隔離が拡がります。この流れは、新たな霊性主義を生み出し、現実世界との接触から離れて、内面の修徳に集中する『イミタチオ・クリスティ』に代表されるような「新信心(Devotio moderna)」が勃興しました。他方で、迷信的な信心をも受け容れがちな大衆の間では、マリアは祈りの対象とされ、彼女の人間性にならうという態度は後退していきました。

この時代、マリアについて語った代表者は、ライムンド・ヨルダヌス(一三八一年頃没)、聖女ブリ

ギッタ（一三七三年没）、『イミタチオ・クリスティ』を書いたトマス・ア・ケンピス（一四七一年没）、シエナの聖ベルナルディン（一四四四年没）、フローレンスのアントニウス（一四五九年没）、ブスティのベルナルディン（一五一三年頃没）らです。これらの著者のマリアについての論述は、必ずしも神学的ではなく、むしろ聖書外典の伝説や神秘主義の影響のもとで書かれています。パリ大学のヨハンネス・ジェルソン（一四二九年没）は、そうした民衆信心の要素を大学神学に結びつけました。

以上のように、近代が始まる前の西欧では、マリアについては、一方で神学的な論議が深められましたが、他方、それと並行してしばしば素朴で迷信的な信心に邁進する神秘家や信徒グループが現れましたが、同時にそれらを総合して調和させようとの動きもあった時代でした。

3 近世（一四九二～一七八九年）におけるマリア崇敬

西欧の近世という時代は、一般に、ヨーロッパ人がアメリカ大陸に到達した一四九二年から、フランス革命が始まる一七八九年までとされます。この時代を特徴づけるのは、人文主義とルネサンス、宗教改革（プロテスタントの誕生）、大航海時代（新航路、新大陸の発見）という三つの大きな出来事であり、そこではヨーロッパ諸国がそれぞれ絶対王政のもとで国民意識に目覚め、重商主義、国王の常備軍を柱として栄えた時代でした。

まず十六世紀の人文主義とルネサンスが志向したのは、一千年間以上ヨーロッパが積み重ねてきた中世の神中心的な歴史伝統をまったく新たにして、生活と思考の新しい型を見出すということでした。ルネサンスはそこで、神よりも人間を中心とする精神をギリシア・ローマの地中海古代の古典に回帰することで求めようとしました。他方、神学者のニコラス・クザーヌスやエラスムスなど、ルネサンスの精神を福音と一致させようとするキリスト教的な人間中心主義を唱える者たちもいました。後者は、人間を宇宙の中心へ移すことで人間の可能性を肯定する者たちでした。こうして、ルネサンスの芸術・教育・哲学・倫理は、人間を対象にするようになります。ピコ・デラ・ミンドラ（一四九四年没）の『人間の尊厳について（Oratio de Dignitate hominis)』の思想や、ミケランジェロ、レオナルド・ダビンチ、ラファエルらの芸術はその典型でした。こうした人々においては、自由で調和のとれた人間像が模索されましたが、かといってそれで神を否定し非宗教的になるというわけでもありませんでした。

ロッテルダムのエラスムス（一五三六年没）は、聖書を原典言語であるギリシア語で読み、解釈する一方、マリアについても神の母の恵みという観点から考察しました。エラスムスのマリア崇敬への態度はさまざまに評価されています。彼は、民衆的なマリア信心の行き過ぎやそれを扇動する書物を批判しました。マリアがこの世の生においてすでに「至福直観」を得ていたとか、マリアとは関係のない「海」のイメージにおいて彼女を「海の星」「救いの港」と呼ぶことに異を唱えました。ルターと宗教改革者たちは、こうしたマリア崇敬への批判をさらに強調することになります。

宗教改革者たちとマリア崇敬

ルター（一五四六年没）の神学の根本的ヴィジョンは「十字架の神学」でしょう。これにより、彼は中世神学の理性による抽象、哲学に依拠する神学を批判します。神とその神秘は、そうした人間の被造的な営みによってではなく、ひとえに十字架につけられた神の御言葉の啓示から知られるものだとします。神は、自然本性の法や論理においてではなく、パラドックスにおいて、飼い葉おけのへりくだりと十字架における愚かさにおいて知られる方です。[26]

そうしたルターの展望においては、マリアもへりくだられた主のはしためであり、イエス・キリストのへりくだりに与る者としてとらえられます。[27]

とはいえ、ルターは生涯にわたりカトリックの伝統的なマリア崇敬を尊重していました。終生の処女性と罪のなさの教え、特にマリアの信仰の模範について擁護しました。マリアはルターにとって、キリスト教的徳、とりわけ信仰、謙遜、純粋さについて教える信徒の霊的母であり、祈りのとりつぎ手です。ただしルターは、人間の無力さを強調するがゆえに、マリアのキリストの救済のわざへの参与には否定的です。「被昇天」教義は聖書に基づかないゆえに退けられ、またマリアの図像は敬遠され、行き過ぎた民衆的マリア信心を改革者として批判し続けました。

ツヴィングリ（一五三一年没）とカルバン（一五六四年没）は、二人とも基本的にルターの立場に従いつつも、マリア崇敬には抑制的でした。マリアが処女なる母であり聖なる方であるとの教えは認めていましたが、マリアの図像を崇めることや彼女のとりつぎを祈ることは厳しく禁じられました。

聖母の祝日については、ツヴィングリは、聖マリアの奉献（十一月二一日）、「神のお告げ」（三月二五日）、聖母の被昇天（八月十五日）は認めました。これに対してカルバンは、マリアの祝日は認めず、マリアのための儀式も禁止しました。しかしカルバンは、ルカ福音書の注釈を推し進め、そこでは神の子の母マリアの神の言葉に学びつつ、彼女のキリストに向かう信仰にならうことを勧めました。

バロック時代のマリア——栄光を受けられた方、体系的マリア論の始まり

ルネサンスの文化は、新しい科学的発見による世界観の拡がりによって衰退し、宗教改革によってもたらされた厳格な宗教生活観に対する揺り戻しとして、十七世紀にはバロックの時代が訪れました。その文化の特徴は、たとえばガリレオが宇宙に眼差しを拡げて地動説に到達したように、人間のファンタジーや想像力を解放し、遠近法によって深い展望を得ることで、型にとらわれない明るい視野を芸術や文学にもたらすことでした。

こうしたバロックの精神は、カトリック教会にも影響を及ぼしました。トリエント公会議（一五四五～一五六三年）後の教会は、バロックの精神によって、意気揚々と新大陸と世界中に拡がっていきました。その勢いは、マリア崇敬の広範な盛り上がりにもつながっていきます。ロザリオの祈り、巡礼や行列などが民衆の間に拡がり、霊的なリーダーのもとにさまざまな兄弟姉妹的グループが設立されます。とりわけバロック時代にヨーロッパ中に数多くの学校を設立したイエズス会は、関係する人々のために「マリア会（Congregatio Mariana）」を組織し、それを通してマリア崇敬に基づく信仰養成を図りました。大学の神学部は「無原罪」教義を擁護することが必須となりました。そして、フランス（一六三八年）、ポルトガル（一六四四年）、オーストリア（一六四七年）、ポーランド（一六五六年）の諸国家は、自らを

マリアにささげられた国であるとしました。

こうした中で、マリアについての学問的な探求も始まります。イエズス会のフランシスコ・スアレス（一六一七年没）は、ローマのコレジオ・ロマーノ（現グレゴリアン大学）で教授した折に、マリア論を体系的に構想しました。プラチド・ニジード（一六四〇年頃没）は、スアレスに従いながら、初めて「マリア論」という科目名を使いました。これは、フランスのイエズス会神学者ディオニシウス・ペタヴィウス（一六五二年没）などの神学の教科書にも受け継がれ、キリストの受肉を扱う部分で、マリア論とその崇敬について述べられるようになりました。

啓蒙主義の時代——批判精神とマリア崇敬の抑制

十八世紀になると、西欧文化はバロックのファンタジーから「理性という女神」の時代へとがらりと転換します。文化の中心もバロックの都ローマから「哲学のメッカ」パリへと移ります。無知と神秘の霧が、今や理性への信頼によって打ち払われるという啓蒙主義の時代です。啓蒙主義の特徴は、目の前の現実を人間の経験を通して観察・吟味するという合理主義であるため、過去の知恵や歴史といったものはあまり顧みられなくなります。またこの時代の担い手として勃興してきた中産市民のために百科事典も編纂され、多くの人々が知識にアクセスできるようになりました。この時代を特徴づける人間像は、人文主義者や貴族ではなく、懐疑的な皮肉屋で、反宗教、反聖職者の立場をとるボルテールのような哲学者でした。

こうした時代背景において、マリア崇敬も一面で理性の批判主義を受け容れますが、他面で、啓蒙主義への反動として反合理主義的な色合いを帯びることにもなります。教父たちと中世神学者たちの権威においてマリア崇敬を守ろうとする書物が多数書かれ、また特に「無原罪」と「被昇天」の教義宣言を求める動きも始まります。

4　近現代（一七八九年～）のマリア崇敬

フランス革命により、それ以前の体制が「アンシャン・レジーム」（旧体制）として退けられました。この出来事から距離を置くのか、あるいはその価値を受け容れるのかが、中産市民階級に、そしてカトリック教会にも問われることになります。この出来事に続き、ヨーロッパには、マルクス、ニーチェ、フロイトなど、従来のキリスト教の存立を疑う諸思想も登場してきます。

十九世紀のロマン主義・復古的マリア像――無原罪の特権を与えられた救いの主人公

十九世紀の文化は、革命と復古、啓蒙主義とロマン主義、伝統主義と自由主義の間の振幅によって彩られます。そしてその中で、人々は個人として生きる主観と自律の価値を当然のものとしますが、共同体を基礎とするカトリック的、キリスト教的、宗教的な重心をヨーロッパが失っていく時代に入ったとも言えます。

「アンシャン・レジーム」との烙印を押されたフランスのカトリック教会は、革命のスローガンである「自由・平等・博愛」を受け容れるか否かで意見が分かれました。一部のカトリック信徒にとっては、これらは神を畏れぬ無神論の標語でした。この人々の思いに合致するのは、「無原罪」教義の説明に古くから用いられていた「特権」という言葉でした。その語は「無原罪」教義宣言の文言には取り入れられませんでしたが、同時期のルルドでの聖母の現れでは、顕現者は自らを「無原罪」の聖母であると少女ベルナデッタに告げたとされます。マリアの現れを熱狂的に受け容れる状況も、革命以後のフランス・カトリック教会のありさまを示しているのでしょう。

十九世紀のマリア崇敬はまた、教育や福祉的活動とも結びつきました。マリアの旗印は、カトリック的な祈りと隣人愛の精神に基づく奉仕事業への熱心さの指標になっていました。それらは、とりわけ修道会などのグループの活動を鼓舞しました。聖母マリアのしるしが、こうした活動に慰めと保護を与えました。

二〇世紀のマリア——新しいヒューマニズムのモデル

一八五四年の「無原罪」、一九五〇年の「被昇天」の教えの教義宣言の間の約一世紀間は「マリアの世紀」と呼ばれ、大衆的なマリア崇敬の熱が高まった時期でした。しかしながら、「被昇天」教義宣言がカトリック教会外で呼び起こした批判的な反応により、二〇世紀カトリック教会の大転機であった第二バチカン公会議によるマリア崇敬の扱いは、それ以前の熱狂的なマリア崇敬熱に比べれば抑制的なものとなりました。

とはいえ公会議において、六百人に及ぶ代表者が、マリアをテーマとする独自の護教的文書の作成を提案しました。これに対して、特にフランスの司教たちは、提案された文書案はあまりに西方教会の伝統に傾斜しすぎ、また近代の法治的、合理主義的な神学の色も濃く、現代にふさわしい司牧的、キリスト論的、聖書的、教会論的、そしてエキュメニズムへの配慮に乏しい、不十分なものであると批判しました。そのため、マリアについては、教会についての教令の内で述べるべきだとの新たな提案がなされました。これについての評決は、二一九三票の内、賛成一〇九七票、反対一〇七四票、無効五票という結果で、僅差ながらマリアは『教会憲章』の内で扱われることが決定されました。この評決結果は、過剰とも言えるそれ以前のマリア崇敬への傾斜の流れを変える、精神的な分水嶺を越えた歴史的な出来事であったと評価されています。カトリック教会の内側ばかりに向いたイデオロギー的なマリア論が、全教会の状況に開かれた新たなコースへと転換されたからです。

こうしてマリアは、第二バチカン公会議においは『教会憲章』第八章で扱われることになりました。この章の表題が「キリストと教会の神秘の中の神の母」であることに表れているように、マリアはイエス・キリストとその教会における神の救いの計画に位置づけられます。しかも序文に続く部分の表題は「救いの歴史の中での聖なる処女の役割について」とされ、「救いの歴史」がキーワードになります。それは多分にプロテスタントを意識して、聖書に基づく考察がなされ、その点で、従来のカトリック教会の伝統にのみ依拠しようとするマリア論の姿勢が正されています。マリアは、すでに旧約聖書においてその預言的な役割が暗示されていましたが「時が満ちて……救いの計画があらためて開始された」（55

項）方だとされます。

恩恵のオイコノミア（神の救いの計画）が、教会において成就されるという展望のうちに、マリアは終末論的にも見据えられます。こうして第二バチカン公会議のマリアは、神の神秘が顕れる教会の中心で、聖書に基づき、司牧的であり、エキュメニズムに配慮された焦点としてとらえられます。

第二バチカン公会議後のマリア論

そうした公会議の方向づけに沿いつつ、マリアをキリスト教の全神秘のイコンであるととらえようとの考察が続きます。そこにはしかし、二〇世紀後半の精神的状況が反映されて、人間論的、文化受容（インカルチュレーション）的な側面が付け加わっていきます。

すなわち、戦争により傷つけられた人間の状況を反省するハイデガー、ヤスパース、サルトルなどの実存哲学の影響のもと、ロマノ・グァルディーニ、カール・ラーナーなどの神学者がマリア論にも取り組みます。ラーナーは、マリアが誰であるかに答えるためには、まず信仰者自身が「人間とは何か」「キリスト者とは誰か」を考えていなければならないとします。人間論にたずさわることなしに神学を営むことはできないとし、人間論はキリスト論の裏返しであり、人間論とマリア論、そして信仰者が生きる場である教会は内的につながり合うとします。こうした立場を語ったのが、まさに本書『マリア、主の母』でした。ラーナーにとっては、とりわけ受胎告知におけるマリアの「御言葉のようになりますように（fiat）」こそが、キリストの恵みにおいて満たされるべき人間の歴史の焦点です。マリアは、救われた人間の典型、成就されたキリスト者、キリスト教的人間そのものだからです。また、キリスト教の神秘を美的な観点から観想するハンス・ウルス・フォン・バルタザールは、マリアに多彩にきらめく美的な宇宙的象徴性を見ました。

マリア論はまた、二〇世紀後半以後の世界の相互関連の深化、グローバル化の状況をも映していきます。南米の教会においては、一九六八年にコロンビアのメデリンで開催された南米司教協議会が、世界のある地域に社会的・政治的・経済的な不正義と不平等な「構造的な罪」が拡がっていることを認めたことにより、「解放の神学」の路線が大きな流れとなります。現代の教会は、貧しい人々、抑圧されている人々と共に歩む“Option for the Poor”を決断すべきであり、そこに救いの歴史の未来があるとされます。マリアはそこで「マグニフィカト」で歌われる「主はその腕で力を振るい、思い上がる者を打ち散らし、権力ある者をその座から引き降ろし、身分の低い者を高く上げ、飢えた人を良い物で満たし、富める者を空腹のまま追い返されます。その僕イスラエルを受け入れて、憐れみをお忘れになりません」（ルカ1・51～54）を体現する、解放の希望の保証人と見なされます。

同じく二〇世紀後半に各地域の独立が達成されたアフリカやアジアの教会においても、マリア崇敬は根強い人気があります。それぞれの民族の意識の深いところにマリアの姿は共通の慰めと希望を与える存在となり、さらに宗教を越えた諸宗教間対話においても共通の地盤を提供するものととらえられます。

フェミニズムのマリア論

キリスト教的ヨーロッパにとって、マリアは一人の女性というよりも、一つの文化史的な秩序だと言えます。彼女が西洋の女性像に与えた、一つの神話的で地下水脈的な影響は否定できないでしょう。しかしそれは、特に女性解放の視点からは、否定的な伝統でもありました。男性としてのイエス、あるいは教会において形成された男性中心のヒエラルキーに対して、カトリック教会のマリア像は、受動性と性差による抑圧、女性を謙遜で従順な母としての目立たぬ役割に留まる母性に閉じ込める役割をも果たしていたでしょう。

フェミニズム神学は、そのような女性の自画像をもたらした第一の要因は「エバ―マリア」並行構図だったと指摘します。女性はそこで、罪と誘惑の象徴であるエバ、それに対する「罪のない神聖な処女である母」マリアという極端な二者択一の前に置かれます。イエス・キリストが男性であり、マリアが女性であることが強調されることによって、女性像は、すでに男性の下位にあり、受動的、従属的なものとしてイメージされます。こうした定型が、さらに花婿と花嫁、父なる神とイスラエル、キリストと教会という二元性へと展開するパターンが、カトリックには満ちているとフェミニズム神学は指摘します。マリアについてのこうした象徴性は、現実の反映であり、教会における男女の立場が実際に対等のものにならない限り改まらないと言われます。

フェミニズムは、右のようなマリア像からの解放を求めます。マリアのうちに女性性のモデルを見るのではなく、むしろ一人の自律した信仰者、その意味で新しい人間のシンボル、終末論的な人間の代表

者が見られるべきだとします。(28)

注

(1) 新約聖書外典テキストについては、荒井献編『新約聖書外典』（講談社学芸文庫、一九九七年）を参照のこと。
(2) オリゲネス、Comm. In Evang. Matth. 10, 17: Patrologia Graeca（以下 PG と略記）13, 876–877.
(3) アンティオキアのイグナティオス『エフェソスの信徒への手紙』（Eph. 18, 2. PG 5.）『使徒教父文書』（講談社学芸文庫、一九九八年）参照。
(4) 同上 7, 2. PG 5.
(5) ユスティノス『第一弁明』（I Apol. 33. PG 6.）『キリスト教教父著作集1』（教文館、一九九二年）参照。
(6) ユスティノス『ユダヤ人トリュフォンとの対話』（Dial. 100, 4–5: PG 6.）『キリスト教教父著作集1』（教文館、一九九二年）参照。
(7) エイレナイオス『異端反駁』（Adv. haer.）III, 16, 6. PG 7.
(8) 同上 III, 21, 10.
(9) 同上 III, 22, 4.
(10) オリゲネス（二五四年頃没）においては、現在は失われた『ローマ書注解』で記していたことが、コンスタンティノポリスのソクラテス（四五〇年没）の“Historia Ecclesiastica” VII. 32（PG 67, 812）から知られている。またオリゲネスの弟子であるアレクサンドリア主教ディオニシウス（二六四年没）もサモサタのパウロス（二七五年頃没）に宛てた二五〇年頃の書簡で「テオトーコス」の語を使っている。
(11) ナジアンゾスのグレゴリオス『書簡集』101。PG 37.

(12) アウグスティヌス、In Joannem 8, 7.『ヨハネによる福音書講解説教』(教文館、一九九三年)。
(13) アウグスティヌス、Sermon 72 A, 7.
(14) イエス・キリストにおいて、神と人間の二つの本性が唯一の位格に結ばれているため、その一方の本性に属することは、他の一方の本性の担い手(神もしくは人間)を主語として述べることができるということ。たとえば「永遠の神の子がマリアから生まれ、苦しみ、十字架で死んだ」とも、「ナザレのイエスは永遠の神の子である」とも述べることができる。これが、新約聖書のイエスについてのさまざまなキリスト論的呼称の根拠となりうるかについてが議論された。
(15)『カトリック教会文書資料集』(以下 DH と略記) 503.
(16) アレクサンドリアのクレメンス、Protreptikos 4, 50, 3; 2, 13: PG 8, 141, 73.
(17) 一九六〇年に建物の修復工事中に発見されたイエスの時代の住居跡は、一九七〇年以後発掘調査が行われ、そこでギリシア語で "XE MARIA" (Ave Maria との意味) と記された落書きなどが発見された。
(18) この祈りが記されているのは、ギリシア語の「パピルス 四七〇」。この資料は、マンチェスター大学図書館の前身、ジョン・ライランズ・ライブラリが一九一七年に購入したエジプト由来の資料群に含まれる一八×九・四センチメートルの断片であり、「スブ・トゥウム」の最古の資料である。
(19) オリゲネス、Contra Celsum 1, 37; 6, 73.
(20) ペルジオンのイシドロス『手紙』1, 54; 3, 176. PG 78.
(21) エピファニオス、Panarion 79, 5. 7. PG 42.
(22) グレゴリオス・パラマス、Hom. In Dormitionem: PG 151.
(23) ニコラオス・カバシラス、Hom. In Dormitionem, 4. PG 149.
(24) アンブロシウス・アウトペルトゥス、In purification s. Mariae, PL 89, 1293–1294, 1297. 1301.
(25) トマス・アクィナス『神学大全』(STh) III, 30, 1 ad 4.
(26) マルティン・ルター、"In Christo crucifix est vera theologia et cognition Dei", WA 1, 362.
(27) 同上、Serm. 1514–1520, WA 4, 649.

(28) R. Radford Ruether, New Woman, New Earth, 1975. エリザベート・ゴスマン他編『女性の視点によるキリスト教神学事典』(日本基督教団出版局、一九九八年) 参照。本書解説⑨を参照。

神の母、マリア──『主の母、マリア』第五章

〔導入〕「マリアは神の母である」、これがこの章のテーマです。マリア教義の根本に位置するものです。マリアがイエス・キリストの母として「神の母」であることは、マリアについての最も古い信仰項目です。それはキリスト教のごく初期の時代から、信者の自然な信心によってマリアに呼びかけられた称号でしたが、これはやがて、キリスト論についての古代教会を揺るがす最大の教義論争のうちに巻き込まれました。すなわち「イエス・キリストが神であり、同時に人間でもある。これはいったいいかなることなのか」という「受肉」の意味をめぐる論争です。ネストリオスは、イエス・キリストとは受肉者として神と人間との間に立つ方であるのだから、その母マリアは「神の母」よりも、むしろ「キリストの母」と呼ばれるべき方ではないかと考え、排斥されました。……けれども、もしかしたら私たち現代人も、このように合理的に考えはしないでしょうか。

「受肉」の意味をめぐるキリスト論論争とは、神と人間という二つの極の間のどこにイエス・キリストが位置づけられるのかを論じる図式的・形式的な問題なのではありません。それは、イエス・キリ

ストを信ずることによる救いが何であるのか、その核心を確保するための信仰の生命にかかわる必死の論争でした。ですからそこで、マリアがどのような受肉者の母なのかも切実な論争の対象となったのです。

マリアは、神が人間のすべての現実を受け取られ、そこに人間としての最高の可能性を目に見えるものとされた「受肉」の神秘を、イエス・キリストの最も身近で最も深く身につけられた方でした。しかし、受肉についての長く激しい論争を通して人々が徐々に悟っていったことは、マリアが「神の母」であるとは、彼女が何か超人間的な特別な能力をもつことを意味するのではなく、むしろ彼女が受胎告知を受けたその日以来、絶えず神の呼びかけに「はい」を応え続けた信仰のゆえにそう呼ばれるということでした。そこからラーナーも、マリアが「神の母」であることの根本的な意義とは、彼女がイエスの肉身上の母であることではなく、むしろ私たちの「信仰の母」であることなのだと述べます。結局、ラーナーは、マリアのことを語りつつ、イエスの受肉という神秘がもたらす救いの意味についての黙想へと私たちをうながします。

知られていないマリアの生涯の詳細

前章で私たちは、教会の信仰の教えにしたがって、聖なる乙女の祝福された初めについて考察しました。彼女は、神の恵みに包まれて、救い主の母であるとあらかじめ定められ、初めから、私たちが「義化の恵み」と名づける神からの生命に満たされており、それによってアダムより引き継がれた原罪から守られていたのでした。教会の教えは、マリアの誕生から天使が天からのメッセージを彼女に伝えた受胎告知の日にいたるまで、彼女の人生の歩みについて何も知りません。この乙女が、その祝福された初めから恵みにより天使の挨拶を受けた日まで、何を行い、何に苦しんだかは、神の秘密であり続けます。神の恵みは、人間による虚飾に現れるのではなく、むしろほとんど意識されることもない、日常の当たり前の事々のうちに起こっているというのが普通のことでしょう。人生は、神によって成就されていることをごく日常的なこととして、そうなる他はありえなかったものとして進みます。信仰と愛において人生を歩むとき、神は、そうした事々のうちに、そうあらねばならぬことであるかのように働きます。この日常性は、天からの恵みの賦与の本来の現れなのです。

神の母と成られたマリア

さてそこから今や私たちは、この聖なる乙女が、私たちの主であり救いであるイエス・キリストの母と成られたということについて考えてみなければなりません。「マリアは神の母である」、これがこの章のテーマです。教会は、その信仰意識に応じて、主であり救いであるイエスが神の子であることについて神学的に省察してきました。すなわち、イエスのうちには人間性と神性の二つの本性がありますが、それが神的なペルソナとして一致しているということをはっきりと把握し、また公言してきました。まさにそれに応じて、教会の信仰意識には、初めから次のことが確信されていました。すなわち、イエスの母なるマリアは、この神人の母であり、したがって神の母であるということです。教会は使徒たちから受け継いだ信仰として、「乙女マリアから生まれ……」と初めから信仰告白してきたことを、同様にすでに伝統となっていた「神母性」の概念をもって四三一年のエフェソ公会議で荘厳に教義規定したのでした。(1) そこから今日にいたるまであらゆる教派のキリスト者たちは、十六世紀の宗教改革者たちをも含めたキリスト教全体の伝統とともに、この聖なる乙女の神母性を告白するのか否かを問われています。そして、この最も古いマリア論の信仰項目が有効でないとか、無視して避けて通ろうとするのは、もはや人間の肉のうちへの神の到来をこそ信仰する真のキリスト教だとは言えないとされています。私たちがここで考察するのはもちろんごくわずかなことですが、この信仰の神秘は、本来にはキリスト教信仰の現実性全体を一括して語るものなのです。

私的な肉親上のことではない信仰と救いの歴史における出来事

さて、私たちが考察しようとしている「マリアが神の母である」という神秘について聖書にあたってみれば、次のことに気づかされます。すなわち聖書は、マリアの尊厳が、彼女が肉体的にイエスの母であったという事実に基づくとは、そうはっきり語っていないということです。すなわちマリアが神の母であるのは、肉親上の出来事であるとはさほど強調されていません。そうではなく、聖書は私たちに、マリアの行為を直接に報告しています。そこでこそ彼女の意味と尊厳が伝えられるというわけです。

そのようにルカは、聖なる乙女の偉大さと意義を、彼女が神の母であるという事実から見ようとはしないようです。彼はむしろ、聖なる乙女の従順による「はい」に注目し、それを通して彼女がいかにすべての婦人たちの中で最も祝福された方と成られたのかを示そうとします。もちろんこの信仰の「はい」は、「神の母と成るか」と問われてそれに答えたことに、その偉大さと救済史における意義をもつのは確かです。

しかしながら、神の母と成ることは単なる肉体上の出来事としてではなく、自由になされた人格的な出来事、つまり恵みに満ちた信仰の行為として語られます。すなわち、この神秘的な出来事のすべては、初めから単なる私的な運命とは別のこととして、マリアが彼女の息子イエスに対してもつ生理学上の関係にではなく、信仰と救いの歴史のうちに置かれます。こうしてマリアは、アブラハムやその他の人物たちと同様、神と人類との間の対話の歴史である救済史上に一つの役割を担った人として登場しているのです。私たちの救いは、彼らの正しい決断に多くを負っており、この基礎に支えられて存在しています。そのことが、聖書においてはまったく率直な言葉で語られます。

聖書は、「ともかく見なさい、その一人の人を」と私たちを促します。天使がこの人に向かって、一つの不思議なメッセージを携えて現れ、そしてこの人は無条件にただ「お言葉の通り、われに成れかし」と言われたのです。この乙女の応答によって、永遠なる御父の子はこの世界のうちへ、私たちの肉のうちへ、また私たちの歴史のうちへと降臨されました。御父は、それによって私たちの世界を御子の肉において永遠に受け取られたのです。これらすべてが、マリアが彼女の信仰によって神の母と成られたことを通して実現したと言われます。マリアはこうして、この神の母についての聖書の物語において、永遠の神とこの世界の人類との間に演じられる、想像を絶した、驚くべき偉大なドラマの幕開けに引き込まれます。

マリアが神の母であること、すなわち永遠なる御父の受肉した御言葉の御母であるとの信仰が何を意味するのかを把握したい、あるいは少なくともこれについて何らかの予感を得たいならば、私たちは、この「母であること」を単なる肉体上のこととしてではなく、救いの歴史において彼女の信仰がなした自由で人格的な行為であると見なさなければなりません。

あるいはまた、私たちが信仰のうちに膝を折って告白する「そして御言葉は肉と成られた」との言葉が、いったい何を言おうとしているのかについて考えてみなければなりません。

神と人間の間に起こる自由の出来事

神は、世界を創造されました。世界は、神のみわざです。すべての物事は、神に属します。天にあるものも地にあるものも、神ご自身以外のものはすべて神の全能の御旨のわざであり、また神の永遠の本質がおぼろげに現れたものです。この神の世界は、神から離れたところに立ち尽くすのか、あるいは神によって神ご自身の生命のうちにまったく引き込まれるのか、どちらかの可能性があります。どちらに入るのか、このすべてのものの最終的な存在意義を左右する二つの可能性の行く末は、しかし世界創造という出来事からだけではいまだ判然と見分けられません。すなわち下から、世界から見られるかぎりでは、どちらの可能性がとられるのかを読み取り、決することができないのです。それは、歴史の経過を待つうちにようやく明らかにされるでしょう。

すなわち神は、天使や人間という人格者からなる一つの自由なる世界を創造されました。それゆえそこでは、神と世界の間に一つのドラマが展開されます。その際、神は、この世界史のドラマをただお独りで、つまりいわば人形を操るように導かれる方ではありません。神の把握しがたい全能とは、むしろ被造物たちをまさにそれら自身の自由のうちへ据えることができるということのうちにあるのです。そうであるからこそ、この世界史のうちに、自由なる神と自由なる人間たちの間で、驚くべき対話が実際に起こるのです。そして、この対話に独特なことは、神の側から見ても、対話がどうなりゆくかが不明だということです。人間は、自由において行為することができます。彼らは、自分の歴史が続く限り、有限的な可能性から神に向かっていつも一つの新しい、神のみわざに応答する立場をとりうるのです。

未定であるドラマの行く末

しかしながら神は、人間がその限られた可能性のうちで自分の自由を使い尽くしてなした一つの行いに対しても、幾千もの仕方で応答することができます。それは神が無限なる方であり、その全能は無限の可能性をいくらでも使用しうるし、私たちの側からは決してつかむことも測ることも到達することもできない仕方で、被造物たちの行為に応答なさりうるからです。ですから私たちの側からは、この無限なる神が私たちに対してどのようにふるまおうとなさるのか、本来、予想できません。私たちには、自分が経験したある特定の神のわざから、それと同じ仕方で神は次の瞬間にも働かれるはずだと一般原則を引き出すこともできません。神が私たちに対して過酷な審判をお望みになるのか、あるいは測り知れないいつくしみをお望みになるのか、それがどうして私たちにわかるでしょうか。あるいは、神によって無から引き挙げていただいた私たち被造物は、自分自身から無限に離れ去って、遠く離れたいわば原太陽のごとき現実のまわりをそれぞれの軌道をたどっているものなのか、あるいは神がこれらの被造物を心のうちに受け取られ、神と共に神の最も内的な生命にあずかるべきものなのかを知ることも私たちにはできません。これらすべては、世界の側からは本来いつも未定であり、どのような結末を迎えるのかもわからないことなのです。世界がこの創造主とすでに長い間かかわっているにしても、対話の結末、最後の言葉はその初めと同じく、なお未定なものなのです。すなわちこの永遠なる神は、終わりにおいても初めにおけるのと同様になお無限に多くの可能性を自由に行使なさりうるからです。神はこの終わりのないドラマ、果てることのない対話において、最後の決定的な言葉を一度も語らずとも済んだでしょう。神は、人類がその歴史において無の深淵から神に向かって挙げる讃美や嘆きの言葉に対して、いつでも幾千もの新しい驚嘆すべき答えを与えることができたことでしょう。

語られた神の最後の言葉

しかしながら事態はいまやまったく別となりました。神は最後の決定的ですべてをしめくくる言葉、もはや決して後戻りできない言葉を語られてしまったのです。その言葉を世界の内へと本当に発話してしまったので、神は、もはやその言葉を取り戻すことも、他の言葉によって新たに解釈することもできないのです。神は、ご自分のすべてを全面的に言い表す永遠の「御言葉」をこの世のただ中に語り入れてしまわれたのです。そのような仕方で神ご自身が、人類の肉においてこの世界の一片と成られたのでした。この神の言葉は、そのものとして神の言葉であり続けますが、しかしながらまた自らこの世界の一部分と成られました。それゆえに、もはや元に戻すことのできない、撤廃されえぬ一つの事実が、神によって創造されたのでした。こうして永遠の神ご自身が決心なさり、自らをこの世界のうちに置いたことによって、世界は神の永遠なるいつくしみのうちに最終的に連れ入れられたのです。これによって世界は、自らを無限に越えつつ、同時に自分に最も固有な一つの目標、すなわち神ご自身そのものを持ったのです。

マリアによって開かれたいつくしみの門

私たちが跪いて「御言葉は人と成られた」を言うならば、そこで私たちは同時に次のようにも語っているのです。すなわち、神の最後の言葉は「裁き」ではなく「いつくしみ」であり、果てしのない遠さではなく言い尽くされぬほどの神の間近さであること、そしてそれは近づきがたい聖性ではなく、神が神でない者どものうちにご自分自身を手放された、その名状しがたい愛であるということなのです。

その言葉はしかし、私たちの同胞なる一人の乙女が、天使の訪れの前に膝をかがめ、自分の存在すべてを余すところなく献げる自由な心において、「御言葉のごとく我に成れかし」と言ったことを通してこそ肉となったのでした。神は、このご自分の被造物なるマリアの自由な愛が、それを通して父の永遠の御言葉が世界のうちに到来し、それによってこの世界が永遠に神の固有の生命のうちに受け入れられるために、そのための門と成ることを望まれたのでした。それゆえマリア、すなわち私たちと同族であるこのひとりの人間は、永遠のいつくしみへの門、それを通して私たちが真に救い出され贖われ、そして神の生命のうちに受け取られるための天国の戸口なのです。

人間の自由を包み込む神の恩恵

もちろんこの乙女の自由、彼女の信仰の従順によって発せられた言葉、そしてこの世界自身がマリアにおいてなしたとも言いうる救いと神の間近さへの同意自体が、再び神の贈りものとしての恩恵なのであるということも確かです。なぜなら神は到来したいと望まれ、それによってマリアの信仰の従順が神のいつくしみの尽きざる御心に基づくこと、そしてまたその信仰の従順、すなわち神ご自身がこの世界に到来するために、その被造物たるマリアの自由においてつくられた前提なのではなく、むしろ恩恵に従順に従った働きであるからです。

神は、他の何ものによっても動かされない自由な、不羈《ふき》なる主権において、あらゆること、すなわち聖なる乙女の存在、彼女の愛、自由、そして彼女の自由な「成れかし（fiat）」そのものをも与えられたのですが、しかしながらこの「フィアット」、すなわち神が自らの到来の前提を自らつくることとしてのマリアの従順が、聖なる乙女自身の言葉ではないのだ、というわけではありません。もし神がご自身の自由な提供として賜物をお与えになるのなら、神が無限で全能の方として与えておられるのですから、それらのものは私たち自身の固有のものとなるのであります。神の賜物は、それが高度なものであればあるほど、ますます（人間の立場から言えば、逆説的に）全面的に神に依存するので、ますます私たち自身の固有な所有物となるのです。自然からであれ、両親から、外的状況や友、そして偶然からなど、神以外が与えるすべてのものは、永遠なる神がその聖なる恵みによって私たちに与えるものほどには私たちの自分自身、その本質の深み、人格そのものとはなりえないものです。神が何ものかをお与えになるならば、それこそ真に私たちに属するものとなり、そして与えられた人間の現実的で具体的な本性を成り立たせるものとなるのです。それは、神から与えられたものが、いつも神の自由ないつくしみによってのみ保たれる純粋で究めがたい神の恩恵だからです。神の恩恵にもかかわらず、私たち自身のものとなる、というのではないのです。したがって、この聖なる乙女が母と成るという、世界を神の永遠のいつくしみに開かせることとなる彼女の同意が神の賜物であるならば、その同意の言葉は、彼女の言葉と行いの最も深い真実の本質でもあるのです。その同意の言葉は彼女に属するのであり、彼女から引き離されることはできません。そして彼女は、いつも私たちのため、私たちの救いのため、その意味で私たちの名において、神の御言葉が肉と成るよう「フィアット」を語る方であり、またそうあり続けるのです。

私たちの信仰の母マリア

ですから聖なる乙女の神母性とは、神の純粋な恵みであり、また彼女自身の行為でもあるのです。この二つは一つになっています。その神母性は、ただ身体的な母性であるだけではなく、マリアの本質のすべてを身体と魂をもってなされた、人類に向けられた神の救済するいつくしみへの奉仕に献げられた彼女への恵みであり、また彼女の行いなのです。

この神母性が、信仰による人格的な出来事として、救済史そのもののうちに属するのならば、マリアはこの神母性によって私たちと真実のかかわりをもつこととなります。私たちはこのかかわりの中で、マリアによって決定的に方向づけられた救済史のうちに生きる者だからです。そこでマリアは、私たちの信仰宣言（クレド）と私たちの敬虔のうちにも属する方です。私たちがマリアの神母性を讃美するとき、それは彼女の私的な生に属する特権をほめ讃えることではありません。そうしたことは、ただ身体的な出来事に基づいて、しかも何かしら法的な名誉称号であるかのように話されていることです。つまりそれは、彼女自身の［信仰に基づく］ことであるよりも、神の御言葉の一つのペルソナにおける二つの本性の一致［という形式的な教義的観点］から語られていることでしょう。

私たちがマリアの神母性をその包括的な意味において、すなわち彼女の生の現実すべて、および救済史に属する役割をも把握するならば、この神母性が私たちに関係するのは、マリアが真実に「私たちの母」であるということ以外ではないのです。私たちは、マリアが「世々にいたるまで、幸いな方である」と祈るべきことを知っています。それはまさに、このほめ讃えられる方、また彼女の祝福された胎に宿られた子、そしてマリアのこの聖なる母性が私たちの救いであるからなのです。私たちはいつも繰り返し、エリサベトと共に、感謝に満ちた心でマリアに呼びかけるでしょう。「わたしの主のお母さまがわたしのところに来てくださるとは、どういうわけでしょう」（ルカ1・42）。私たちはまた「主がおっしゃったことは必ず実現すると信じた方は、なんと幸いでしょう」（ルカ1・45）とも繰り返し言うでしょう。

そして私たちは、これに加えて、私たち自身について「信じた私たちは幸い」との言葉を付け加えることができるのです。「神の母聖マリア、罪深い私たちのために、今も、死を迎えるときも祈ってください」と私たちが繰り返し祈るのならば、そこで私たちは祝福された乙女マリアの聖なる神母性を告白しながら祈っているのです。そしてそのように私たちは、私たち自身の救いによって慰められるのです。それはマリアが信じたから、またその信仰において身体と魂、心と祝福された胎において、私たちの主であり永遠の救いであるイエス・キリストを受け取られたからなのです。アーメン。

注

(1) 訳注。「乙女マリアから生まれ……」の文言は、第二回コンスタンティノポリス公会議で採択されて今日までキリスト教諸教会の信仰の規範とされる「ニケア・コンスタンティノポリス信条」(三八一年)のうちにすでに見出される。エフェソ公会議(四三一年)では、マリアを「キリストの母(キリストトーコス)」と呼ぶべきだとしたネストリウス派に対して破門宣言が出された。これにより、乙女聖マリアは、伝統にしたがい「神の母(テオトーコス)」と呼ばれることとなった。

解説③——「神の母マリア」教義

マリアはなぜ「神の母」と呼ばれたのか？

「神の母」教義は、マリアについての最初の教義です。そしてこれは他のすべての教義の基礎となっています。いかなる意味で、この教義はキリスト教にとって重要なのでしょう？

四三一年、エフェソ公会議での決定により「神の母」の称号はキリスト教会に定着しました。特に東方教会ではマリアは「テオトーコス、生神女《しょうしんじょ》（神を生んだ女）」として大切に崇められています。他方プロテスタントでは、聖公会においても、この表現は今日さほど一般的ではないようです。この呼び名はどのような歴史と背景をもっているのでしょう？

福音書

この語のルーツは、本書ラーナー黙想集の題名ともなったルカ福音書の「主の母」（ルカ1・43）でしょう。マリアの訪問を受けたエリサベトが「わが主の御母がおいでくださるとは、いったいどうしたことでしょう」と声を上げた箇所です。このほかマリアが「イエスの母」であるとは、マタイ福音書一章一一、二三、二五節、あるいはルカ福音書の一章三一、三五、四二節でも言われます。しかしルカ福音書は、受胎告知の部分（1・26〜38）で、マリアから生まれる子が「いと高き方の子」（1・32）であり、その「生まれる子は聖なる者、神の子と呼ばれる」（1・35）とも言います。マリアは単に後に神の子となる人間を生んだのではなく、神の子である御言葉を宿したとされ、これによりルカは、キリストの神性に対する信仰を告白しています。

宗教学者に言わせれば、マリアは他の多くの宗教に認められる女神の系列に属するとされるかもしれません。十九世紀プロテスタントの宗教史学派も、マリアの神母性への信心をギリシアの女神ディアナへの儀礼と関連づけようとしました。実際、二世紀のエフェソでは、この女神への儀礼が盛んであったようであり、それゆえ四三一年のエフェソ公会議で「神の母」の呼称が公認されたのは、その地域では大いに歓迎されたでしょう。

けれどもマリアが「神の母」であるということには、異教の神話的女神像とは異なる神学的な内容があります。ルカ福音書第一章が示すマリアには、生まれてくるイエスの神的な由来への注目があります。起こっているすべてのことの第一の主体は神であるということです。マリアはそこで、超人間的な特性を帯びた女神のように描かれているわけではありません。ヨハネ福音書「カナの婚礼」（2・1以下）の場面における、イエスのマリアへの「婦人よ」との呼びかけにも、マリアとの間にある種の距離を置くイエスに、その神性が示されています（ヨハ1・4。19・26も参照、十字架上からもマリアはイエスから「婦人よ」と呼びかけられます）。

パウロ

『ガラテヤの信徒への手紙』では、マリアの名前こそ告げられませんが「神は、その御子を女から（生まれさせた）」（4・4）と言われます。これは「神の母」について聖書が語る最も初期の証言です。同じパウロは『ローマの信徒への手紙』では「肉によればキリストも彼ら（イスラエルの民）から出られたのです。キリストは、万物の上におられる、永遠にほめたたえられる神」（9・5）と書き残しました。そこでも着目されるのはまず「神」であり、永遠にほむべき方である神の御子キリストが自らへりくだってマリアを通して人間となられたということです。

以上のように新約聖書は、ラーナーが言うように、マリアとイエスとの関係を単なる人間の血族的な結びつきで見るのでなく、イエス・キリストの神性を強調することで、後の「神の母」崇敬への道を開いていると言えます。

初期の教父たち

「神の母」（テオトーコス）という表現は、新約聖書以後の護教家の著作にも見当たりません。けれどもその思想が存在したのは明らかです。それは、イエス・キリストとは誰なのかをめぐる誤解を解くためでした。たとえば仮現説《ドケティズム》という異端は、キリストの真の人間性を否定し、彼がいわば地上を徘徊する亡霊のようだとします。これに対して護教家たちは、イエス・キリストが正真正銘の人間であることを証せねばなりませんでした。そのために、純粋に人間であるマリアからの誕生が参照されます。初期教父の一人アンティオキアのイグナティオス（一一〇年没）は、神であるキリストが人間マリアからお生まれになったことを次のように強調します。

「神である聖霊から、マリアがその真の胎において、私たちの神であるイエス・キリストを身ごもれた[1]」。

「我々の医者は一人です。彼はからだがあるが霊であり、造られそして造られざる者、人でありながらまた神でもありました。死すべきからだにあってもまことの命をもって、マリアと神から生まれ、まず苦しみを受けられ、今は苦しむことのない我々の主イエス・キリストである[2]」。

「永遠の昔から存在する神の御子……、その同じ方が神の定めに従って聖霊の介入により、ダビデの子孫としてマリアの胎内にやどったのである[3]」。

ユスティノス（一六二年頃没）は「イエス・キリストは第一に神の子であった。次に人としては処女から生まれた神である[4]」と語り、さらにエイレナイオス、ヒッポリュトスなどの初期教父も同様の証言を断片的に残しています。

キリスト論論争

このようにマリアが「神の母」であるということは、イエス・キリストが神でありかつ同時に人間でもあるという「受肉」の理解にかかわります。これはキリスト教の最も根本的な教理です。古代のキリスト論論争は、この「受肉」の理解をめぐっていました。

仮現説《ドケティズム》に従うならば、イエス・キリストは真の人間性をもたないので、イエス・キリストと私たちとの人間としての同等性は棚上げされてしまいます。そうなると、肉の弱さのうちにあえぐ私たちに救いをもたらす源であるはずの彼の神性も、私たちと関係ないものになってしまいます。それゆえ初期教父たちは、イエス・キリストが真に人間になられたということを守るために、神の御子のマリアからの誕生を強調したのでした。

しかし仮現説とは逆に、イエス・キリストをあまりにも人間の方に引きつけ、イエスは神性とかかわりをもたない単なる被造物だとする異端もありました。このアレイオスの異端説によって古代教会は大混乱に陥り、これをめぐってニケア公会議というキリスト教史上たいへん重要な第一回全地公会議が開催されました。アレイオスに従えば、神の御子の神性が否定されますから、当然マリアが神の母であることも否定されます。

アレイオスに対して正統信仰擁護の先頭に立ったアタナシオスは、彼の本拠地エジプトではすでに

ずっと以前から定着していた「テオトーコス＝神を生む女＝神の母」を唱えました。(5)

ネストリオスの「キリストの母（キリストトーコス）」

しかしこの「テオトーコス」が、次のキリスト論論争、ネストリオスとの摩擦を引き起こしました。ネストリオスが属する小アジアのアンティオキア学派の伝統は、アタナシオスを輩出したエジプトのアレクサンドリア学派とは基本的な考え方が異なっていました。すなわちアレクサンドリア学派にはプラトンのイデア論などギリシア哲学の影響が強く、それゆえ神学においても超越的・観念的なヴィジョンを好みます。それに対してアンティオキア学派は、聖書の世界観により近く、ものごとを人間的に、具体的・肉感的にとらえる傾向が強くありました。

神の受肉について、アンティオキア学派は、神の御子がイエスという人間の中に、ある意味で内在すると考えました。「神」でありまた「人間」であるキリストの二つの本性も、二つの異なるペルソナであるとはっきり区別され、それゆえ世界に生まれ、そこで苦しみ、死んだのは「御言葉」ではなく人間イエスであると考えられます。

コンスタンティノポリスの主教ネストリオスは「マリアが生んだのはただ人間イエスであり、被造物が創造主を生むことなどできない」と述べたと言われます。彼によれば、キリストにおける「神」と「人間」という二つの本性は、二つの異なるペルソナに分けられています。この二つのペルソナはたしかに倫理的絆により一種の結合体をなしてはいます。一方の神の本性を担う御言葉は生まれず、苦しまず死ぬことはありません。それに対して、生まれ、苦しみ、死ぬのは人間イエスです。それゆえイエスはマリアから生まれましたが、そのとき神性を担う御子はマリアを通っただけであり、御子は決してマリアの子と呼ばれるような方ではないとされます。そこからネストリオスは、マリアの呼び名は「神の母」ではなく「キリストトーコス（キリストの母）」と呼ばれるべきだとします。

しかし、彼のキリスト論はエフェソ公会議（四三一年）で排斥されました。教会は、キリストがマリアの胎内で生を受けたことと御言葉と一致したことは同時に実現したと宣言しました。

「神のひとり子である我々の主イエス・キリストは完全な神であり、理性的霊魂と肉体を備えた完全な人間である。神としては、この世の前に父から生まれたキリストは、終わりの時に我々のため、我々の救いのために乙女マリアから人間性を受けて生まれた。神性においては父と同質であり、人間性においては我々と同質である。こうして我々は唯一のキリスト、唯一の子、唯一の主を宣言する。この混合することのない一致のために、我々は聖なる乙女が神の母（テオトーコス）であると宣言する。神である御言葉が受肉し、人間となって、受胎の瞬間から、マリアから受けた神殿を自分に一致させたのである(6)」。

すなわち、神の御言葉が人となったのは、前もって造られ、存在していた身体と合わされたからではなく、すでに存在していた霊魂と合致したからでもない。神の御言葉と一致したそのとき、霊魂も身体も存在し始めたのである。キリストの身体はそのものとして存在していたのではなく、御言葉において存在したということが言われました。

これについてナジアンゾスのグレゴリウスは次のように述べました。「もしマリアが『テオトーコス』

であることを信じない者があれば、その者は神から離れている。もし、キリストはマリアの中で神的にまた人間的に形造られたのではない、水路のようにマリアを通過したと言う者があれば、その者は、前者同様無神論者である。男の介入なくして生まれたことで神的に形造られ、懐胎の通常の法則に従ったから人間的に形造られた（というのが真実である）。もし誰かがキリストはまず人間として生まれ、後に神がキリストの中に入られたと言う者があれば、その人は異端者である。そうだとすれば、もはや神が生まれたとは言えなくなるからである」。

ところで「キリストの母」という呼び名は、神の方にも偏らず人間（被造物）の方にも偏らない中庸をとった立場として、むしろ合理的で正しいようには思われないでしょうか？　これについては、背景となる当時の信仰意識において、イエス・キリストは被造物であるとするアレイオス派への警戒心がいまだ根強く、ネストリオスのキリスト論では、神性と人性との両極へのバランスがまだ人性の方に傾きすぎていると思われたようです。そこから、マリアの尊称として信仰者の間ですでに長らく親しまれていた「神の母」という呼び名は、教会の中で支持され続けました。

エフェソ公会議後の「神の母」マリア

「神の母」への生きた信心が存在した証拠は、一九一七年に発見されたパピルスに記されていた古い祈り「あなたの保護と守りの傘のもとに」の祈り（Sub tuum praesidium）に現れています。

「あなたのあわれみのもとに、私たちは逃れます、神の母よ。私たちの困窮のときの願いを軽んじられることなく、どうか私たちを危険からお救いください。ただひとり浄い方、ただひとり祝福された方よ」。

これは、おそらく三世紀の終わり頃の迫害下の殉教の危機の時代のものです。マリアがイエス・キリストと神への特別の門であることが語られています。「マリアを通してキリストへ」という道筋が「神の母」の信心には含まれていると言えるでしょう。しかしながら中世になると、神とキリストの同一視の中で、キリストが恐ろしい裁きをも与える主であるのに対して、マリアはその子の前で罪びとをとりなすという意味で神の母とされたという側面も否定できません。

その後、マリアが神の母であるという教義は冒されることはありませんでした。プロテスタント諸派も、理論的にはマリアは神の母であると認めています。すなわち一五八〇年のルター派の信仰宣言では次のように言われます。

「位格的一致のゆえに、キリストのペルソナにおける二つの性の一致と交流により、ただの人間ではなく、まさにいと高き御者の子であるひとりの人間をこの世に生んだマリアは讃えられるべきである……すなわちマリアは真に『テオトーコス』、神の母であり、終始、処女のままであった」[7]。

プロテスタントで「神の母」という称号に反感を感じている人々は、それがマリアに対する必要以上の信心業を呼び起こす原因となるのを厭うのでしょう。マリアがイエス・キリストにおける神と人間の唯一の媒介の役割を侵害すると考えるわけです。これについて「アブラハムが信仰の父である」（ロマ4・13〜22）とのパウロの言葉に並行して、マリアが「信仰の母」であるとは、あるプロテスタントの神学者も認めることです[8]。マリアは特別の権限を神から超人間的な力として与えられたのではなく、信仰という恵みにひたすら生きたがゆえに、つまりいわば「信仰のみ」を生き抜いた方であったがゆえに、私たちの信仰の母として「神の母」と認められた、と考えるのであれば、マリアへの崇敬は今日のプロテスタントの人々にも受け取りうるのではないでしょうか。

「神の母」教義の意味

ラーナーは、マリアが「神の母」であることの意義を、イエスの受肉の神秘がもたらす救いの意味から黙想して、それは結局、彼女が私たちの「信仰の母」であることだと述べました。しかも「母であること」は、肉体上のこととしてではなく、救いの歴史において彼女の信仰がなした自由で人格的な行為、すなわち人類の初めの母エバの不従順を神の招きへの「はい」という従順に転換させたことだと言います。これは、新約聖書以後、教父たちと教会の伝統が語ってきたことと一致します。

「受肉」の意義　救いにとって「受肉」は何を意味するのでしょうか？　これについて、教父たちはさかんに語ります。エイレナイオスは、次のように言います。

「人間と神の間に立つ仲介者は、両者の本性を身に備えることによって、両者を友情と和睦へ導き、神が人間を受け容れ、人間が神に身を委ねるようにするのであった。……罪を打ち砕き、死を宣告された人類をあがないにくる者は、自ら罪の奴隷となり死に支配される者となった人間になることが必要であった。そうしてこそ初めて罪は人間によって打ち砕かれ、人類は死から自由になることができたのである」[9]。

「不死不滅のお方と一致する以外に、我々が永遠の命を得る方法はありえない。しかし、その不死不滅のお方が先に我々に等しい状態にならなければ、どうして我々は彼と一致することができよう」[10]。

人間は、神の神聖さに触れることにおいてこそ「救い」に達することができるのですが、それは決して自力でできることではありません。それゆえにこそ、救いのために「受肉」が不可欠でした。そして受肉は、アダムから受け継いだ罪の状態にある私たちの肉をキリストがそのまま受け取り、罪の状態と救いの状態の交換を果たさねばなりません。これについて、アンブロシウスは次のように言います。

「(キリストは)我々が持っているもので我々をあがなうために、自分のものとしてご自分を我々のために捧げようとして、我々のからだを受けられたのである。人間からはいけにえを取り、神からは報いを受ける。……罪を犯したその肉が自分をあがなうことができるためにキリストは受肉なさったのではないか」[11]。

こうして、キリストが真に受肉した神と人間の仲介者になるために、人間の母から生まれなければならなかったからこそ、神はあがないの実現にあたって一人の母を求められたことになります。アタナシオスは言います。

「アダムの子孫が神の子となるように、神の子は人の子となられたのである。おん父から……天において永遠に……生まれる御言葉は、この地上で『テオトーコス』の処女マリアから生まれたお方と同一である。それは、まずこの地上に生み出された者たちが、やがて天上から、すなわち、神から生まれる者となるためである」[12]。エイレナイオスも、「なぜ神は土からでなく、マリアからキリストのからだを造られたのだろうか。それは何か新しい被造物とか他の違った人間ではなく、アダムの子孫そのものがキリストにあって一つに集められるためであった(13)」と言います。

不従順の「神の娘」から従順の「神の母へ」

救いは神からの一方的な恵みであるのは確かですが、他方でこれは人間の救いですから、人間自身の協力があることにおいてにこそ、神の救いは真に人間の救いとなりうるでしょう。創世記の第三章は、人間が罪を犯した後、神が最初の太祖たちに救いを約束し、女の子孫が蛇の頭を踏み砕くことを告げますが、それは神は罪を犯した人間が、自ら人間のあがないを実現することを欲しておられることをいうのでしょう。それゆえ、不従順のエバに代わって、心からの自由意志において人間のあがないのための神のわざを受け容れる人間が必要でした。マリアこそ神のその望みを「わたしは主のはしためです。おことばどおり、この身になりますように」との応えにおいて受け容れた人でした。マリアのこの受諾は、まさに神の計画を実現させる要件でありましたし、それゆえにこそマリアは高く崇められます。

この「フィアット（おことばどおり、この身になりますように）」に示されたマリアの母性の神秘の核心は、神のみ旨へのエバの不従順に対置されるマリアの従順の信仰でしょう。マリアは「従順によって不従順をあがなう」（エイレナイオス）ことによって「不従順と死」に対する「信仰といのち」を救済史にもたらす担い手となることを承諾したがゆえに、「神の娘」から「神の母へ」、すなわち「人類の母」へと変貌したと言えます。これについて教父たちはいろいろな表現で語っています。

「キリストは神の子であり……人の処女から人となられた。それは蛇にそそのかされて不従順が始まったその道を経て、その贖いが始まるためである。エバはまだ処女であったとき、蛇のことばを宿し、不従順と死とを生んだ。処女マリアは、喜びにあふれて信仰を受け、良い知らせをもたらした天使ガブリエルに『おことばどおり、この身になりますように』と答えた。（すなわち、信仰といのちを生んだ）」[14]（ユスティノス）。

「エバがその不信仰で縛ったものを、処女マリアはその信仰で解いた」[15]（エイレナイオス）。

「全人類は一人の処女によって死に服させられたように、一人の処女によって死から解放された」[16]（同上）。

「エバは蛇のメッセージに耳を貸し、敵のすすめを聞き入れ、偽りの快楽をほのめかされ、たぶらかされて、悲しく苦しい宣告を受け、生みの苦しみに服すものになった。アダムとともに死を宣告され、地獄の深みに追いやられた。しかし、いとも恵まれた処女は、神の言葉に耳を傾け、聖霊の力に満たされ、父のみ旨のままに天使の声で懐胎した」[17]（ダマスコの聖ヨハネス）。

「マリアは承諾し、協力した。この両者はともに、私たちの救いに不可欠なことであった。これらが欠けていたら、他の可能性は人間に残っていなかったであろう。マリアが覚悟されていなかったなら、神はマリアをいつくしみ深く顧みられることもなく、神を受け容れ救いのわざに奉仕する者がないために世に下ることを望まれることもなかったであろう。もしマリアが信ずることも承諾することもなかったなら、私たちを救おうとの神の望みは実現されなかったであろう。……神はアダムの肋骨でエバを創造される前に、アダムに予告もされなかったし、アダムを説得もされなかった。……しかしこの感嘆すべき初子をこの世に介入させ、第二のアダムを造ろうとされるときには、ご自分の決定に処女マリアをあずからせられる。たしかに神がこの重大な決定をされるが、処女はこれを承諾する。御言葉の受肉は父と子と聖霊とのみわざであるだけでなく……処女の意志と信仰のわざでもある」[18]（ニコラオス・カバシラス）。

こうしたマリアの「神の娘」から「神の母へ」への変貌、一人の敬虔な信仰者を救済の歴史全体に影響を与えるキーパーソンと見ることへと視点を変えたことが、この後、カトリック教会におけるマリア信心を質的に大きく変えていくことになります。

注

（1）アンティオキアのイグナティオス『エフェソスの信徒への手紙』7, 2. PG. 5.
（2）同上6。
（3）同上18。
（4）ユスティノス『トリュフォンとの対話』43, PG. 6.
（5）アタナシオス、Oratio contra Arianos, III, 29.
（6）DH 272.
（7）「両性のこの位格的一致と交わりのゆえに、ほめたたえられるおとめマリアは、単なる純粋の人間を生んだのではなく、単にいと高き神の子である人間を生んだのであって、天使が証しするとおりである。彼は母の胎にいるときから神的な尊厳を示されたから、その処女性を傷つけることなく、おとめから生まれたのである。それゆえ彼女は真に神の母であり、また同時におとめでありつづけたのであった」（『和協信条』第八条、『一致信条書』信条集専門委員会、聖文舎、一九八二年、七三〇頁12、八八二頁24参照）。

（8）H. Vogel, Gott in Christo, 1951 S. 619.
（9）『異端駁論』（以下、Adv. Haer. と略記）III, 18, 7. PG. 7.
（10）Adv. Haer. III, 19, 1. PG. 7.
（11）アンブロシウス、De Incarn. Dom. 54; PL. 16.
（12）アタナシオス、De Incarn. Verbi Dei, 8. PG. 26.
（13）エイレナイオス、Adv. Haer. III, 21, 10. PG 7.
（14）ユスティノス『トリュフォンとの対話』1000, PG. 6.
（15）同上、Adv. Haer. III, 22, 4. PG 7.
（16）同上、Adv. Haer. III, 19, 1. PG 7.
（17）ダマスコの聖ヨハネス、Hom. II in Dorm. B. Mariae V. 3. PG. 96.
（18）ニコラオス・カバシラス、Patrol. Orient, Graffin-Nau, 487–488.

乙女なるマリア——『主の母、マリア』第六章

〔導入〕前章で扱った「神の母」教義と本章の「マリアの処女性」は、直接つながっていると言えるでしょう。マリアを「神の母」としてとらえることの帰結、あるいはその意味を拡げていくのがこの「マリアの処女性」です。そこには「不思議と思われることも含めて、すべては神がなしていることだ」との信仰が貫かれています。またマリアが乙女であるということは、旧約聖書においてイスラエルの信仰の精華として示される「イスラエルの処女」「シオンの娘」の思想を引き継いで、それを新約的に満たす信仰の宣言でもあります。「シオンの娘」で前表された処女性は、新約の「教会」に受け継がれていきます。

最も古くからの信仰内容

私たちは、イエスの聖なる母の神母性について考察してきました。最も古い時代から教会に伝承され

てきた「使徒信条」と呼ばれる信仰宣言は、このマリアの神母性への信仰を「乙女なるマリアから生まれ（"ex Maria virgine"）」と、はっきり表明しています。

教会の最も古い時代、すなわちルカが報告する使徒たちの時代以来、信仰告白は、母なるマリアは同時に乙女であったと明らかに宣言しているのです。教会は、それが信仰内容の一部であるとしてきたし、またマリアは彼女の子イエスを地上的な父親の協力なしに受胎し、そしてその子の誕生以後も乙女のままに留まったと告白して、異説を退けています。この信仰の教えは、その文字通りなので、そこにさらに付け加えられるものはありません。どうしても何かを言うべきなら、マリアが主の誕生の前と後に処女であったのみならず、主の誕生においても処女であったとは何を意味するか、ということでしょうか。

無垢であることと原罪

このたいへん古い信仰伝承の一部だとされる教えが何を意味するのかを明確に、そして具体的に言うのはそれほどかんたんではありません。意図されていることをはっきりさせるために、次のことから始めてみましょう。すなわち、これは一方で人間の自然本性と直接結びつく身体にかかわる出来事だと言えます。それはしかし同時に、より深く見るならば、人間が一つの超自然的な生命と神的な目標に向けて呼ばれた存在であると見なす信仰の眼差しにとっての身体的な出来事です。そこで具体的な人間に現れるこうした身体ともかかわる出来事の結果とは、原罪の結果として認識されねばならないものです。すなわち、たとえば死、苦難と痛み、身体的な存在とのかかわりで目がくらみ非人格的となってしまった欲望、あるいはまた聖書の証言によれば（創3・16）、母であることに伴う幾多の出来事などがそれに当たります。そこからすれば、マリアは罪のない方であり、無垢なる仕方で懐胎された方であるがゆえに、私たち人間が負う原罪の結果とその現れの諸相から免れているなどと、単純に言い切ってしまうことはできないでしょう。なぜなら彼女は、その子、すなわち私たちの救い主の運命に最も深く関与しておられたからです。御子は、罪の身体的な現れとも言いうる痛み、闇、そして死におけるこの世の罪を苦しみ抜くことによってこそ、私たちの救いとなられた方であったからです。それゆえ私たちが、マリアをまさに最も苦しんだ方として敬うのは正しいことです。とはいえ、これからさらに考察していかなければならないことですが、マリアは罪を免れた方であり、欲望からも自由な方であって、苦しみに満ちたこの世の生存からの圧迫を、私たちのようなもろい者とは別の仕方で、信仰と愛のわざのうちに統合されるので、母であることにおいてこの方に起こるさまざまの出来事も、私たちのような原罪による諸々の煩悩に喘ぐ人間の場合とは異なるのです。このことが具体的に何を意味するかを正確に語ることはむずかしいし、またおそらくこの聖なる乙女の誕生の特徴を描こうという目論見はしばらく置いておいたほうがよいと思われます。しかしながらそうした考察から、ともかく私たちは、マリアの母性とは彼女の本質と罪のなさとに応じて、他の場合とは多くの点で異なったものだったということについては、ある程度感知することができるでしょう。主の誕生におけるマリアの処女性について語るためには、さしあたってそれで十分だと思われます。

結婚生活の無価値化？　マリアが永続的に処女であるという信仰告白の内容について長い説明は不要

であるとしても、キリスト者の信仰は、それが何を意味するのか、なぜに主はこの人を導く恩恵の介在において、マリアがいつまでも処女であるということをお望みになったのかについてなお考えることをうながします。マリアが処女であり続けたということは、当たり前のことではありません。聖母には処女性が当然だと言う人は、むしろ結婚生活における純粋な愛の尊厳を知らないのでしょう。神に祝福された処女性そのものが、どんなときにも通用する自明の理想だとされたり、またそこから乙女なるマリアがこうした処女性の一つの典型としてほめ讃えられることは無意味なことです。というのも、そのように考えるのならば、結婚とその生活における愛の意味と価値が引き下げられ、特にキリスト者にとっては結婚生活とその愛、その実りがキリストの秘跡の一つとして聖別されているということが忘れ去られてしまうからです。

神母性に結ばれる処女性

私たちが神の聖母の処女性、さらにそこからキリスト教における童貞性一般が、本来何を意味しているのかを理解しようとするならば、私たちはまず次のことに注意しなければなりません（訳注。以下においては、原文の"Jungfräulichkeit"と"Jungfrauschaft"を文脈に応じて「処女性」「乙女性」「童貞性」と訳している）。すなわち神の聖母の処女性は、聖書において、常に彼女の神の母としての尊厳に結ばれて語られているということです。聖書はマリアについて、そもそも乙女でありかつ神の母である、この二つのことの一致においてのみ彼女について語っているのです。聖なる乙女が、はっきりとは知ることとなく神の母であることの恵みを生涯の初めからすでに得ており、そしてそれが生涯を通して形成され、そこから童貞を貫く決心が、すでに天使のお告げ以前に自覚されていたのか、あるいは、天使のお告げの後にメシアの母であることの課題とその運命が意識されて初めて成長していったものなのか、この問いはしばしば保留してもよいでしょう。ともかくマリアは、神の意思への信仰の従順に全面的に貫かれた無条件の自己奉献において、童貞を貫く尊厳ある意志を保持されたのです。それは、天使のお告げ以前には、彼女が旧約聖書の精神世界にあったがゆえに、彼女の永続的な処女性が神の意思であることをまだはっきり見届けられていなかったにしてもそうなのです（訳注。旧約聖書の人々にとっては、富裕・長寿・多産など目に見える善こそが神の恵みである。そこでは、結婚せずに子のない女性は不幸であり、独身が神の意思であると考えることは不可能であった）。いずれよせよ、明白なのは次のことです。すなわちこの童貞の恵みは、マリアにおいては一つの心の内面における輝き、神の母であることへの召し出しの帰結、そうした彼女の生の核心となる課題と尊厳のための内的契機として理解されなければならないものです。そして童貞へのこうした意志の真の意味は、「乙女」のもつ現実に対する姿勢のうちにこそ十全に認められるものだと言えます。すなわちそれは、マリアが「わたしは主のはしためです」と言ったときに彼女の自由と愛のうちに込められていた、自らを神の聖なる意思に対していつもどこでも余すところなく無条件に開いて応えようとする心です。

なぜに地上の父親を持たないのか？

さてこうしてマリアの処女性を彼女の神母性、およびそれを受け取る彼女の意志という観点から見ていくならば、「この処女性の意味はいったい何なのか?」という問いは「なぜ神の御子、永遠の御言葉は、一人の地上的父親を持つことなしに人間になろうとされたのか?」という問いへと転換します。この問いも人を困惑させるものでしょう。そしてこの新しい問いに対して「神の御子は、お一《ひと》方なる御父を天に持っておられたから」とかんたんに答えて済ますこともできません。つまり、マリアから生まれたお方が永遠なる神の御子であるという事実は、イエスという人が地上における父親を持たなかったことから帰結されるのですが、御父なる神と御子との両者にかかわりをもつ永遠の御言葉が、人間としての自然本性を受け取られ、そこで神の御子のペルソナ性に基づいて天に御父を持たれたことから結果することなのです。ですからここで、生まれた方の人間としての自然本性の成り立ちがいかにあったか、またあるべきはずであったかということは、問題の中心ではありません。それゆえ、神の御子が地上的な父親を持つことなく人間になりたいと望まれたということは、ただ彼が天に御父を持っているからではなく、もう一つ別の理由からそうされたのです。その理由は、予想されるほどむずかしいことではありません。

天からの恵みのゆえに

御子の受肉は、恩恵そのものです。この恵みは、受肉において、もはや世界の歴史と離れたものではありえなくなりました。しかしながら、世界の歴史、その諸々の自然存在が、自らこの恵みに何らかの前提を置くことはないのです。すなわち神の御子の受肉の事実は、絶対にあらかじめ予測することのできない神の恵みの自由な神秘でした。この恵みは、下からのものではなく、もっぱらただ上から与えられたものです。この世界、その諸条件と要求、そこに内在する可能性は、永遠なる神ご自身がこの歴史のうちに自らを沈めるということに対して、何らかの強制力ある保持点を下から提供することはありえません。この意味で神の御子は、人間の意志、肉の意志、すなわちこの世界自身のダイナミズムにしたがって到来した方ではありません（ヨハ1・13参照）。「わたしは下からのものではない」（ヨハ8・23）、すなわち世界の内在的な力によるのではなく、また最も尊く聖なるものであったとしても人間的な愛からのものでもなく、ただひたすら「上から」という仕方で人間になることを望まれたのでした。このゆえにこそ、人となられた御子は人間の父親を持つことをお望みにならなかったのです。そうして、この世界の手にとりうる現実のただ中に「わたしはまったく神の意思から来たのである、この世界からのものではない」ということが目に見えるようになることを望まれたのです（ヨハ5・30、6・38参照）。もちろんそれはこの世が悪いからとか、あるいは人間の結婚は神ご自身が望まれたものではないから、などから言われるのではありません。あるいは、一人の人間の普通でごく自然な成長が、避けがたく何らかの欠如や胡乱《うろん》さにさいなまれるものだから、と言うのでもありません。そうではなく、これはただひとえに、御子が神から到来されたということによって、世界の地上的な出来事の織りなす進行が、たとえそれがこの世の存在のうちで最も高貴なものによって編まれたものであったとしても、「中断されうる」ということが明らかになるためだったのです。私たちには、予測されえない神の慈しみが、垂直に上から突入してきたのです。御子は、ご自身がそうなろうと思われたこととして、私たちの肉と人類という種族を受け取られました。けれどもそれは、御子の人間性においても、永遠なる神による上からのまったく自由な行為による働きなのです。

恵みへのマリアの応答

そしてマリアは、この神の行為にご自分を提供されたのでした。すなわち、私たちとまったく同じ人間であるご自分において、まったく上からの神の賜物そのもの、私たちの肉をとられた主が現れることができるように、ご自分を提供されたのです。主が、この世からではなく、上からの方であるがゆえに、マリアは処女であるのです。最も高貴で重要なもの、人類を発展させ、諸民族を起こし、人間生活をつくり出す、そのようなこの世の諸力の外に、なおそれらとまったく異なるものがあるということがマリアにおいて目に見えるものとして現れ、提供されたのです。こうした良きものすべてによっても地上に引き下ろされ得ないものとは、すなわち恩恵です。そしてそれは、永遠なる神の自由な行為によってのみ生起し得たものなのです。

マリアの処女性、そして主の父親なしの誕生は、同じただ一つのことを指し示しているのです。そしてそれは次のことをただ言葉によるだけではなく、人間の生において明らかにします。すなわち、神とは自由なる恩恵の神であり、私たちがあらゆる努力を尽くしても、私たちと同次元に引き下ろすことはできないということ。そして私たちは、神御自らが言い表しがたい自由において恵みとして与えてくださることをただ受け取ることができるのみであるということです。このことがマリアにおいて、単に心の思いとしてのみ生きられたのではなく、身体性にいたるまで彼女の全存在を刻印し、さらにその彼女の身体的な実存において現れ、提示されるべきだったのです。このゆえにこそ、マリアは霊と身体をただひたすら神の御旨に献げる乙女であるのです。

「乙女」的な精神の態度

マリアが自分自身であるところ、すなわち彼女の全実存を、誕生から最期にいたるまで、全生涯を余すところなく貫いて向かっていた課題とは、主の母であることでした。そしてマリアはこれ以外の何者でもなく、これ以外の課題を何一つ持ちませんでした。彼女は、その全存在、すべての力、あらゆる状況において、ただこの唯一の目標へと聖別されていました。そのゆえに、マリアは永遠の乙女であったのです。すなわち彼女は、いつでもどこでも恩恵に従順に、神の母であることを生きられたのです。そしてこのことは、ただ彼女の神なる子の受胎以前のことだけではなく、それ以後も引き続くことでした。彼女は、そのように一人の人間であり、またそうあり続けるからです。つまりこうして、彼女は上からの自由な恵みを純粋に受けとめる方であるのみならず、教会のための典型としてこの実り豊かな模範を提供した方であり、さらにこうした生の様式を教会における一つの立場として創設した方でもありました。彼女は、心の中の思いだけではなく（それがたとえ最も重要なことであろうとも）、地上的な生成に働くこの世の力ではなく、ただ神の恩恵をのみ受け取るということを、この世の生の実存において、目で見、手でつかみうるように示す以外のことからは、もはやこの世と何のかかわりもない方であるのです。

マリアの乙女性と私たち

さて、以上考察してきたことは、果たして私たちにもかかわりのあることなのでしょうか？　あるいはこうしたことは、もっぱら神の母の特権に他ならず、彼女の最終的な課題とその尊厳が放つ輝き、帰結なのであり、それはただ一回的でユニークなものなのだから、私たちにはかかわりのないことなのでしょうか。いいえ、そうではありません。マリアは、すべてのキリスト教的な乙女性の一つの模範となられたのです。救済の歴史において、神から聖別された童貞性が、聖なる乙女マリア以後に存在し始めたということは、右のことからして、偶然ではないのです。マリアはしかし、彼女の処女性において、天の国のため、また主の勧告にしたがって神への愛と教会への奉仕において、結婚の値高い善を断念する人たちの模範であり、またその証人であるというだけではないのです。マリアの処女性は、二重の意味ですべてのキリスト者に重要なことを語るのです。

まず第一は、各々のキリスト者が、上からの恵みを期待する態度、これに備える受容的な態度、また最終的なものは恵みであり、いや恵みのみであるということを意識して、それを教会の中で、童貞性を目に見える形で組織化し、具体的な生活様式として表現するのではなくとも、ともかくこうした精神の態度を生きなければならないということです。私たちは、最終的に誰も自分の力で救いにいたることはできません。この世を正当化するだけでは天国を勝ち取ることはできません。人間が、自分の力と可能性を天に届くまで徐々に積み上げていくバベルの塔をつくりうることはできないからです。そうではなく、私たちは地上が提供する諸力をすべて利用して、可能なことをすべてなした後に、なおもう一度貧しい物乞い、無益な僕であり、本来に必要なもの、また最終的なものを神から、神のみからいただかなければならない者なのです。そうして私たちが、世界の側からすれば、もちろん不妊であると見えるであろうこうした精神の処女的な態度で神に向かうとき、そこでこそ、私たちは真にキリスト者なのです。私たちはそこでこそ、正しく神の意思に従い、いやそれどころか、神の恵みに祝福されたこの世の結婚とその愛を受け取り、感謝しながらそれを生きることができる者なのです。

こうしてキリスト者はだれでも、どこで何をしていても、人生においてこの聖なる乙女の処女的な態度と一致することを体験し、またそれを身に負わねばならないのです。これが第二のことです。キリスト者にとっては、単なる心の思いだけでマリアのこの処女的な態度をまねるのでは足りません。キリスト者はたとえ結婚生活を営む者であっても、その外面に現れる実存の具体性において、マリアの全生涯を包んだ彼女の処女性によって一つの典型として明白に現れたものを繰り返さなければならないのです。すなわちそれは、「この世のものを断念しうる」ということです。この世にある、罪深く、愚劣で暗黒なものばかりでなく、いや美しく高価で聖なるものをすら断念しうるということです。そうすることができるのは、単に抽象的で安易な理論としてではなく、実際に具体的に神の恵みとして、上から与えられた以外のものはすべて第二義的なものであり、最終的に無価値なものだとの理解を人がもちうるからこそです。もちろんそうとは言っても、キリスト者はこの世の美しいもの、値高きものすべての前をただ通り過ぎなければならないというわけではありません。だがしかし、キリスト者はやはり、美しく力強く生き生きとした世界がいかに心そそるものと見えてもなお、マリアがそうであったように、それら善きものに別れを告げる勇気を持ち、何にもまして真の救いとなるもの、こちらからは予期せざるものを上からの恵みとして受け取り生きる者の表徴《しるし》にならないならば、本当のキリスト者だとは言い得ません。恵みは上から到来するものです。そのために聖なる乙女が現れたのであり、また教会における童貞性が存在します。そのためにまた、真の信仰において上からの恵みを受け取り、たとえ聖なるものであってもこの世に属するものを献げ物にする心の思いと行為が、それぞれのキリスト教的な生活のうちにも存在するようになるのです。アーメン。

解説④——処女母性

ラーナーは「聖書はマリアについて、乙女でありかつ神の母であるという二つのことの一致においてのみ彼女について語っている」と述べます。マリアの処女性と神の母であることは一つに結ばれるとのことです。

「マリアの処女性の意味は何か？」との問いは「神の御子、永遠の御言葉は、なにゆえ地上的父親を持つことなしに、人間になろうとされたのか？」の裏返しです。その際、イエス・キリストの受肉は、恩恵そのものです。それは、人間には予測することすらできない神の恵みの神秘であり、この恵みは、ただ上から神の自由により与えられ、私たちは、これを受け取ることができるのみです。このまったく一方的に差し出された神の慈しみの出来事により、世界の通常の進行は一時中断されます。

その際、マリアが「乙女」であったこととは、彼女の全実存が、余すところなく主の母であることに向かっていたことを示します。「乙女」とは、初々しく一つの課題に一途に取り組む姿を示します。マリアがそのように、主の母であるという、このただ唯一の目標に向けてあらゆる状況において聖別されていたというのが「処女性」の意味することです。

そしてこれは、マリアが受肉においてのみならず、その生涯すべてにおいて恵みと共にあったからこそ全うされ得たことです。常にイエス・キリストの神の呼びかけにのみ心を開き、それに専心するマリアとは、恵みの人であり、マリア論は常に恩恵論と共にあります。マリアの童貞性が信者の間でほめ讃えられるのは、神の母であることという一生の課題の尊厳と、それに応えようとする彼女の内面の輝きのゆえでしょう。その課題と成就が結晶するのが「わたしは主のはしためです。お言葉どおり、この身に成りますように」（ルカ1・38）との言葉です。マリアは、神の呼びかけに無条件に応えようとする心において、キリスト教的童貞性の模範であり、その愛と自由において、すべての信仰者のキリスト教的体験の原点を示します。

最も古くからの信仰内容

ルカが報告している使徒時代以来、教会は、神の母マリアが同時に乙女であるとの見方で一貫しています。三世紀の「使徒信条」と呼ばれるローマ信仰宣言の中では、すでに「聖霊により乙女マリアから生まれ（“ex Maria virgine”）」と宣言されます。[1] この古代教会の教義は、三八一年のコンスタンティノポリス公会議の信仰宣言で全教会において確定され、その後は、宗教改革の『シュマルカルデン条項』[2]でも受け容れられ、さらに二〇世紀の第二バチカン公会議にまで受け継がれます。[3]

この宣言には、二つのことが言われています。まず、マリアから生まれるイエスはただ人間の自然本性だけに限定されない存在であること。そしてイエスは、聖霊の働きにより受胎した方であることにおいて神に由来する者だということです。

マリアの処女母性は、一方で身体とかかわることとして、他の人間と同じ自然本性に結ばれますが、同時にそれは、人間は超自然的な生命と神的な目標に向けて呼ばれた存在であるとの、信仰による人間観を示唆します。古代教会における教義論議の中心にあったキリスト論論争は、イエス・キリストが神性と人性を兼ね備えることの意味をめぐっており、乙女マリアが聖霊によりイエスを生んだというこの教えは、キリスト論論争に巻き込まれていきます。

神の御言葉が人間となったという受肉の神秘は、聖霊による神の働きにおいて、神が人間イエスとしてこの世界に生まれたことです。神はイエスの誕生を世界の法則や歴史に従ってではなく、新しい創造として実行しました。他方で人間は、救いを自分から生み出すことはできず、神から受け取る以外のことはなしえません。この受肉の神的起源とイエスが人間であるという事実の間のつながりにマリアの処女母性はかかわるのです。

そしてマリアは、人間の介在なしの受胎という出来事を「御言葉の通りなりますように」において受け容れます。このマリアの「なれかし（fiat）」にキリスト教信仰の核心が表現されています。それは、人間の限界を超える出来事を起こす神のわざすべてが恵みであり、自分はその恵みに包まれていることへの全面的信頼です。

使徒教父と呼ばれるアンティオキアのイグナティオス（一〇七年頃没）とユスティノス（一六二年頃没）は、マリアの処女性を当然のこととして受け容れました。イグナティオスにとって乙女マリアがイエスの母であることは、一方でイエスが完全に人間性を備えることのしるしです。と同時に、この受胎は神による出来事であることのしるしでもあります。この両面を確保することにおいて、イグナティオスは、仮現説に対して受肉の意味を擁護しました。彼は次のように述べます。「その方（イエス）は医者であり、肉からと同時に聖霊から、お生まれになり、また生まれなかった方。肉においては現れた神、死においてはまことの生命。マリアと神から、苦しまれると同時に苦しまぬ方、イエス・キリスト、私たちの主であられる」[4]。「私たちの神、キリストであるイエスは、神の救いの計画によりダビデの種より、しかし聖霊からマリアの胎に孕まれ、生まれ、その苦しみを水により浄めるために受洗された」[5]。

またユスティノスは、ユダヤ人たちに対してイザヤ書「見よ、おとめが身ごもって、男の子を産み、その名をインマヌエルと呼ぶ」（7・14）の「おとめ」が、ギリシア語訳旧約聖書（七十人訳）に記されている通り「処女」の意味であると受け取りました。

永生の処女性

さらに教会の伝統は、マリアの処女性について、次の三重の処女性を主張し続け、異説を退けてきました。すなわちそれは、

① “virginitas ante parte”（出産前の処女性。聖霊の働きによる人間の男性の介在なしの妊娠）
② “virginitas in partu”（出産中の処女性。救いの始まりとしてのイエスの誕生）

③ “virginitas post partum”（出産後の処女性。マリアはその後もずっと処女であった。したがってイエスには兄弟もいなかった）

こうして「永生の処女性[6]（aei-partenos）」（第二コンスタンティノポリス公会議、五五三年）は、三世紀初めに東方より、四世紀には西方教会にも拡がり、五世紀には全教会の伝承になります。「永生の処女性」が言わんとすることは、受胎と誕生においてだけでなく、イエスの誕生後もマリアの生涯は常に聖霊の働きのもとにあったということです。この言い分に対して「イエスの兄弟たち」（マコ3・31）との聖書の記述は、たしかに矛盾します。これを意識していた古代の教会は、それゆえ思弁をめぐらします。二世紀に成立したとされる外典『ヤコブによる原福音』は、この点について、ヨセフは年長で前妻との間に子どもがいたがマリアと再婚したとの物語をつくることで「イエスの兄弟姉妹」問題を解決しようとします。あるいは、東方のエピファニウス・モナクス（九世紀）や西方のヒエロニムス（四二〇年没）は、「イエスの兄弟姉妹」を必ずしも文字通りに受け取る必要はなく、聖書の言葉づかいにおいては、いとこのような親戚関係にある者同士の間で使われる表現であると解釈しました（創13・8、14・16、29・15、レビ10・4、代上23・22）。歴史的に、イエスに肉親上の兄弟姉妹がいたかどうかは不明です。

しかしながら「永生の処女性」の意味は、「神の母マリア」教義を拡大することにあります。すなわちマリアの生涯の時間すべては、神とイエスのみに留保されており、そこに彼女の召し出しと課題・使命があるということです。身体も魂もすべて、マリアの生涯は主の母であることに向けられ、そこに専従されたということです。

ニュッサのグレゴリオス（三九四年没）は、エバ以来の出産が苦しみであったのに対して、乙女マリアのイエス・キリストの出産は、からだを伴った救済の始まりとして新しい喜びのしるしだとします。「罪によって死をこの自然に導き入れた方（エバ）は、悲しみと痛みにおいて出産せねばならぬと定められていましたが、いのちの母は喜びのうちにそれを担い、喜びのうちに産むのです」(7)。またシリアのエフレム（三七三年没）は、マリアは母であり、姉妹であり、キリストの乙女なる花嫁だと歌います。

処女性とキリスト教

こうした古代からの教義が、その言葉の通常の意味からは、現代において、なかなか受け入れられないのは致し方ないことでしょう。今日の人々の価値観、結婚観、家族観から「処女性」がポジティブな意味で受け取られることはまれです。フェミニズムの立場は、これを父性原理の社会から解放された自律した女性の意味で受け取るかもしれませんが。

しかしそれは、古代社会、あるいはキリスト教的中世においては、事情がいささか違っていたかもしれません。修道生活による童貞は結婚生活に勝るというのは、ある意味そのまま受け取られていたことでもありました。パウロの書簡は、キリスト者が肉欲や快楽主義を野放しにすることを非難します（ロマ1・26〜27、一コリ6・9など）。またキリスト教の教えや霊性をリードしていた者の多くが修道者であったがゆえに、彼らからは婚姻の問題がさしたる関心にならなかったこともあるでしょう。修道生活における「伴侶」は神であり、全身全霊をあげて神を求めることが望ましいキリスト教的生活であると受け取られる傾向が強かったでしょう。

しかしながら、ラーナーも強調するように、処女母性は、結婚生活の価値を引き下げるものではありません。キリスト教的処女性は、イエス・キリストの神とのかかわりへのひたむきさを意味します。それが観ている地平は「復活の時には、めとることも嫁ぐこともなく、天使のようになるのだ」（マタ22・30）でしょう。

そしてその信仰の展望は、旧約聖書が「イスラエルの処女」「シオンの娘」という呼び名において、神との契約に忠実であるイスラエルの民を意味していたこと受けて、新約においては「シオンの娘」で前表された処女性が「教会」に受け継がれます。イエス・キリストの「神の国」は、結婚披露宴にたとえられ（マタ22・1）、イエス自身もその花婿に見立てられます（ヨハ3・29）。教会がイエス・キリストの花嫁です。マリアにおいて始まったキリスト者の信仰の一途さは、信仰者の共同体である教会に拡げられます。アウグスティヌスは、これについて以下のように述べます。「キリストが教会のために精神的に形づくろうと望んだ処女性は、まず最初にマリアのからだのうちに保たれた。教会は、身をささげる花婿が処女の子でなかったら、処女ではありえなかったであろう」。

注

（1）DH 10, 150.
（2）『シュマルカルデン条項』I3。
（3）『教会憲章』52、69項。
（4）アンティオキアのイグナティオス『エフェソの信徒への手紙』7.2 PG 5.
（5）アンティオキアのイグナティオス『エフェソの信徒への手紙』18.2 PG 5.
（6）DH 422, 427, 437.
（7）ニュッサのグレゴリオス、In Cant. XIII; PG 44, 1053 BC.

「無原罪の御やどり」――『主の母、マリア』第四章

〔導入〕ラーナーが本章で扱う「無原罪の御《おん》やどり」教義は、これまでのキリスト論との関連にあるマリア論テーマから、それとはもう一つ別のマリア論テーマにつながります。すなわちそれは「罪」と「恵み」の問題、すなわち現代の名称で言えば「神学的人間論」の問題です。

「無原罪の御やどり」教義は、一八五四年十二月八日に、教皇ピウス九世により以下のように教義宣言されました。「聖にして不可分の三位一体の栄誉のため、乙女であり神の母である方の称賛と盛名のため、またカトリック信仰の称揚とキリスト教の成長のため、我々は、主イエス・キリスト、使徒ペトロとパウロ、および我々自身の権威によって、次の教えを説き示し、告知し、そして定義する。人類の救い主キリスト・イエスの功績に鑑み、至聖なる乙女マリアは、全能の神による唯一無二の恩恵と特典により、その懐胎の最初の瞬間において、原罪のすべての汚れから前もって保護されていた(1)」。

この教義は、ピウス九世が全世界の六〇三人の司教たちに質問状を送り、五四六人から賛成を得たことによって宣言されたものです。この「無原罪の御やどり」教義とまた一九五〇年に教義宣言され

た「乙女聖マリアの被昇天」は、公会議の決議によるものではないし、カトリック教会の党派性を強調しすぎる教えだとして、他教派からはしばしば是認しがたいものと見なされます。

この二つの「教義宣言」の背景には、さまざまな反キリスト教・反教会的な近代思想からの攻撃を受けていたカトリック教会が、荒波を克服するために自分たちの結束を固めることを必要としたという時代の要求もあったと思われます。

内容的に、マリアの「神母性」と「処女性」というマリア論の他のテーマが「キリスト論」との関連の中に置かれるのに対して、この「無原罪の御やどり」と「乙女聖マリアの被昇天」の教義は、ともに「恩恵論」あるいは「神学的人間論」にかかわるものだと言えます。すなわちこの二つの教義は、恩恵に伴われた神への歩みとしての「信仰」における人間を焦点とします。

「無原罪の御やどり」と聞くと、私たちは、人間のうちで唯一原罪から免れた稀有なる方、汚れなく理想的に聖なる方としてのマリア像をイメージしますが、その方向が行き過ぎると、「カトリックは、イエス・キリストを差し置いて、マリアを神格化して女神のように崇めている」とプロテスタントの人々が批判する通りのこととなってしまいます。ラーナーはそれに対して、この教義のメッセージを、私たちが本来あり得べき姿のモデルとしてのマリアに注目することから、すべての人間にそなわるキリストの救いに開かれた可能性への明るい見通しを語るものだとします。

「無原罪」の教義宣言

これまで私たちは、聖なる乙女について一つの全体的な像を示そうとつとめてきました。ここから私たちは、この乙女について語られる個々の信仰の真理を順次明らかにしていきましょう。まず第一には、彼女の生涯の時間的な順番から、一番初めの部分についての黙想です。これは、キリスト教の信仰では「マリアの無原罪の御やどり」と呼ばれ、神の御母が初めに得た恵みの特典であると言われています。

カトリックの公教要理をある程度心得ているキリスト信者ならば、聖なる乙女の「無原罪の御やどり」なる表現が何を意味しているのかを多少なりとも心得ているはずですが、しかし聖なる教会のこの教義については、カトリック信者以外の人々においてばかりでなく、カトリック信者の間にもしばしば奇妙な誤解が見受けられます。つまり「無原罪の御やどり」は、聖なる乙女の処女懐胎と混同されがちです。さらにまたこの聖なる乙女の「無原罪の御やどり」からは、ふた親から生まれたマリアの身体的な成長が、他の人間たちの成長と別のものであったということだと誤解されることもあります。この教義は、二人の男女の結婚における愛から生まれた人間の誕生が何かしら汚点をもつものであったとか、そうした汚点ある誕生を避けえたがゆえにマリアが何らかの特典を得たなどと言うのではありません。人間がある家庭で自分の存在を受け取り、そこで成長していくことは、もとより神から望まれた一つの聖なる出来事だからです。聖なる乙女の「無原罪の御やどり」の教えは、これらの誤解とはまったく無関係なことです。

それではこの「無原罪の御やどり」は、いったい何を意味するのでしょうか。教会のこの教えは、もっぱら次のことを述べようとします。すなわち、「最も聖なる乙女であり神の母であるマリアは、彼女の息子であるイエス・キリストが成し遂げた救いのゆえに、そのイエス・キリストの功績のゆえに、彼女の実存の最初の瞬間から、神による成聖の恩恵に伴われてお生まれになったのだということ、それゆえ彼女には、私たちが原罪と呼びならわす、歴史の初めに最初の人間が犯した罪によって人間たちの間にもたらされた恩恵の欠如状態が存在しなかった」ということです。ですから聖なる乙女の「無原罪の御やどり」とは、彼女が神の恵みによるいのちをその生涯の初めからもって生まれてこられたことを語ろうとしているのです。恵みのいのちは、神の溢れる愛顧によって、功績の見返りとしてではなく無償で与えられますが、マリアは、この恵みに満ちた生涯の始まりを通して、神がご自分の御子に望まれた通りに救い主の母となることができた、というわけです。マリアがその生涯の初めから、救いかつ聖化する神の愛に包まれておられたということ、これこそがピウス九世により一八五四年に、カトリックの信仰の真理であると荘厳に定義された「無原罪の御やどり」の教えの内容そのものなのです。

以上、いささかスコラ神学的な言葉づかいで述べました。次にこの信仰の教えが、個々の点で何を意味するのか、もう少し立ち入って考えてみましょう。

愛に包まれて据えられた創造の「始まり」

この教義は、まず一般に、精神をもつ存在者の各々にとって「初め」が重要なものであり、そしてその「初め」は、神によって据えられたのであるということを表明します。神が「初め」をお与えになるというわけです。神がお与えくださるこの「初め」のうちには、そこから働き出す自由と責任、人間のすべての創造性、あらゆる予期せざるもの、驚嘆されるべきものとして展開される全体が、すでに含まれているのです。神が、生命の現れを、その知恵と計り知れない愛において企てられたのです。私たちは、神によって据えられたこの「初め」より以前にさかのぼっていくことはできません。私たちが自分の存在をいかに理解し、またどのように形成していきたいのかを自由な決断において問い始める前に、すでに私たちは創造主なる聖なる神による抗いがたい全能の意志によって、ある特定の初め、出発点をもって存在へと呼び出され、そこに据えられているのです。私たちはこの始まりの措定に対して、罪によって抵抗することができます。私たちはまた、この初めによって定められた可能性の枠内で、神に自分を与えることも、それを拒むこともできます。しかし私たちはともかく、私たちの初めに神が据えられたものとのかかわりから逃れることはできません。

無原罪の御やどりとはそこで、この人間の生を神が救いの愛で包んでくださっているということを意味します。神は畏怖すべき輝きのうちに存在しておられます。この神に対して人が訴え出る法廷などはありません。人間とは、この神に余すところなく自分を引き渡してこそ存在しているものです。私たちは、神が私たちのいのちを設計してくださったときに、その場にはおりませんでした。だれもこの計画を、それが実行される以前に見た者はありません。その唯一の企画者である神は自由な方であり、いかなるものにも従属しない独立した方です。私たちのために取りはかられることは、その決定の威厳に満ちた妥当性において常にすべて正しいのです。神は私たちを、正義にかなって虚無へと失われ行くままに任すこともおできになります。さらに神は、創造された現実のあらゆる調和と、また時にその多様性において自己矛盾に陥り分裂するすべての不協和をも貫いて、神が神であることの常に変わらぬ輝かしい有効性において御自身を映し出し、啓示されます。私たちが時間のうちに変化するときも、まだ無であったときにも、あるいは虚無のうちに失われてしまっても、神は神として留まるのです。そして被造物たちは、ただ無よりも死に近いかのごとき無言の沈黙においてのみ、彼らにとっていのちに至るか死に至るかの審判である、かの「成れ」（創1・3「光あれ」など）との呼び声がいかに発せられるかを聞きうるのです。人はこの呼び声を、それがくつがえしえぬものとして発せられた後に悟ります。たとえ私たちがその呼び声を神に帰することがまったくできないようなときにも、その呼び声は私たちの自由に向けられ、その自由を突き抜くように発せられます。この呼び声は、初めであり、終わりでもあり、ご自身のうちにご自身を直観され、しかも私たちにはなおいつも計り知れないままに留まられるその唯一なる御方から、またこの方を通して発せられるのです。そうであるならば、またその把握しがたい神の言葉が愛の言葉であり、しかも私たちのために与えられて理解しうるものとなった真の愛の言葉、恵みの審判、聖性をつくり出す一つの行為、滅びではなく救いをもたらす一つの奇跡であると私たちに言うことがゆるされ、そうでき、またそうすべきならば、そこで被造物たちによって永遠まで残る聖なる叫びとしてなされる応答は、一つの最も厳かな出来事です。私たちは、この呼びかけの言葉が、私たちに向けて発せられているのかどうか、もちろんそれを固く希望すべきではありますが、確かには知りません。けれどもその言葉はすでに発せられました。この事実だけでも、すべての約束の満たしに価するでしょう。祝福をもたらす慈しみにおいて、初めからあらゆる存在を包んでいるこの言葉がマリアに語りかけられたのです。私たちはこれを信じることができ、いやそう信ずべきだからです。万象は、はかりがたく神秘に満ちた永遠なる神性の深みから立ち上がるものです。その神性は、たしかに神を照らしてはいますが、私たちにとってはいまだ貫き見ることのできない闇です。私たちはそこをこそ見つめましょう。御父が、真理において、ご自分の御言葉の運命を起こされるその場を。そこからこそ、深遠にして最終にましまし、すべてを包括なさるこの神性の意志に何ごとかが立ち起こり、湧き出るのです。立ち昇るものは、しかしただ絶対的な神性の栄誉を照らす無の空なる領野に光る火山の炎のごときものではありません。そうではなく、それは優しい聖性、聖霊の甘美さ、いのち、ひかり、和らぎ、そよ風、あわれみ深さ、慰め、そして美です。それは永遠の愛によって包まれた、根っから善良な一人の人なのです。その方は、私たちがうれし泣きをしたときに、人とは本来そうあるべきだと夢見るようなお方です。私たちは、この方について、自分自身がそうなるべきだとわかっているがゆえに、何ごとかを理解できます。

そして、一人の人をこれほどまでに愛することを望まれた神こそが私たちの神であるということがひとたび真であるならば、それはまたすべての人にも真として妥当するでしょう。マリアの存在を初めから包んでいたその神の愛に、私たちもまた包まれているのです。神が御子を人間として、私たちもそこに属している人間の交わりのうちに、神の恵みが私たちの罪よりも力強いものであることの真の保証として、人類の救い主であることを望まれたからこそ、神はマリアをこれほど愛されました。それゆえ、聖なる乙女の「無原罪の御やどり」の教義には、神が人間すべてを愛しておられるということが啓示されているのです。神は、ご自分自身のことを思いながら、人間とはいかなる者かを思いました。それゆえ神は、ぞっとするようなことも起こり得る、ご自分自身以外はすべてが疎遠である世界という場所にあえて入られて、そこで「愛された人間」の姿とはいかなるものなのかを自ら示す者になろうと決心されました。この愛された人間が、その疎遠な場所に宿るためには、しかしもう一人の別の人間が必要です。その別なる方の名前が、「母」でした。その方は神ではありませんが、しかし神に自分自身を与える方だったのです。

「終わり」も神の愛に包まれている

「無原罪の御やどり」はまた、神がこの人間の生を愛に満ちた忠実で包み込んでいるということをも意味します。無原罪の御やどりとはすなわち、単に祝福された浄い始まり、つまり人間の起源が澄清な無垢であるということだけでなく、その始まりは神という忠実な方からのものであることをも言うのです。すなわち、「終わり」が聖なるものとなるべきなので、そのように始まるのだと言われます。そこで始まるものが、神ご自身を源とするように始まったのです。「初め」は聖なるものです。なぜなら、愛である全能の神は、幸いなる「終わり」からその全体を掌握されるからです。「神がお与えくださる賜物には後悔がない」ということをこのドグマは語ります。この信仰の神秘は「初めをお与えになった方は忠実な方であり、その初めを自ら終わりまで全うされるでしょう！」と語るのです。神は、常に全体を思い描いておられ、その完成された終わりからご計画を立てられます。このことが、まずマリアに当てはまるのです。そしてそれがこの一人に当てはまるのなら、すべての人のためにも豊かな約束となります。どこかで光が灯されていながら、その光が私たちにも照りわたっていることを把握できないなら、それはただ私たちが鈍くてエゴイスティックだからです。そうであるから、同様にすばらしいことがマリアに語りかけられたのに、私たちは、自分自身にはそれほど多くのことは言われていないと思ってしまうのです。しかし私たちがそうした個人主義を止め、エゴイスティックなありさまを棄ててマリアを敬遠しなくなるのなら、その瞬間に彼女に当てはまったすべての真理が私たちのうちにも拡がっていくでしょう。そのときに、私たちも神の忠実さの聖なる虜となるのです。この者たちは、もはや神を離れ去ることはできません。彼らは、どこに向かって行っても、いたるところで神と出会います。彼らはいつも、神ご自身の可能性の無限の拡がりの内へと走っているからです。そうです、神がご自身のはしためであり、御子の母なる方に忠実であり、それゆえ彼女の生涯の聖なる始まりが失われることなく、その聖なる終わりをご自分のうちに抱いておられるということは、すでに一つの聖なる慰めです。もちろんその際、この始まりの至る終わりは、マリアが自由な責任において、一つひとつ勝ち取っていかねばならぬものであるにしてもです。

聖母が受けた恩恵

以上、無原罪の御やどりとは、マリアが恵みを初めからもっておられたことを意味します。とはいえ、ある人が「成聖の恩恵」をもつとは、いったいいかなることなのでしょう。この概念は硬いスコラ神学の表現です。そこでは恩恵があたかも何らかの物体であるかのように見なされていました。しかしこの「成聖の恩恵」という概念、またそれをマリアが保持しておられたということは、抽象的に、私たち人間の経験世界から遠く離れた彼岸で、私たちの魂が何らかの高揚された神秘的な状態にあるなどを意味するのではありません。「成聖の恩恵」とは、根源的に神ご自身であり、この神が私たちの被造的な精神に分かち与えられることであり、神ご自身そのものが賜物として与えられるということを意味するのです。恩恵とは、人間の精神的―ペルソナ的ないのちが、神の無限の拡がりのうちへと入っていく、その光・いのち・ひらきを意味するのです。恩恵とは、自由・力・永遠の生命の手付金であり、神のペルソナとしての精神が人間の深みを支配すること、子であること、そして永遠を遺産として受け取ることを意味します。

マリアはこれらの賜物のすべてをもっておられたわけですが、そのことが、彼女と私たちを隔てるのではありません。そうではなくて、彼女がこれらの賜物を「初め」から、そして比較できないほどのスケールで保持しておられたということだけが、彼女と私たちを分けるのです。この賜物の内容について言えば、それは永遠なる御父が人となられた御子の母に与えられたものの本質とその本来の意味であり、私たちが義化の秘跡において受けるものと異なるものではありません。そうです、私たちもまた、初めから永遠性においてこの永遠の救いを神から受けているのです。もちろんそれは、私たちにおいては、この地上的・時間的な始まりの後にようやく実現されるのですが、これによって、すべてが神の恵みであり、私たちの救いにかかわる何ごとも私たち自身から生じるのではないということが明らかになるのです。神は、ご自身の永遠性のうちに、その永遠の愛を私たちのためにもご準備くださったのでした。つまり私たちが洗礼と名づけるあの瞬間に、私たちの内、私たちの心の深みに、御自ら沈み入るために。それは、私たちもまた救済された者だからです。私たちは、神から消すことのできない救いの証印を押していただいた者なのです。神の聖なる神殿とされた者であり、私たちのうちに三位一体の神がお住まいになるのです。私たちもまた、油注がれた者、聖なる者、癒された者、神の光といのちに満たされた者なのです。こうした始まりをもって、生の内へと送り出された者なのです。それによって、暗闇に満ちた世界を貫き、私たちが本来属しているところに向かって、神の永遠の光のみ前で、信仰の光と愛の炎を携えて行くよう派遣された者なのです。

そうであるならば、私たちは、かの汚れなく受胎されたマリアとそれほど異なったものなのでしょうか。あるいは、こう言えるでしょう。マリアと私たちの間にある相違とは、神がより少なく愛したがゆえに、私たちには神ご自身である恵みの賜物を初めからは贈らなかったというのではなく、むしろいわばこの相違において、恵み全体の意味の充実がより明らかに現れてくることを望まれたがゆえであった、と。マリアと彼女の子らであり罪人なる人類を初めから包み込んでいること、それゆえ神は私たちを捨て置かないということなのです。この教義は、初めには恵みを知らずにこの世に現れてきた者である私たちに、次のことを知らせます。すなわち、私たちがこのように多く愛された子たちであるのは、私たちに与えられたものがたとえいかに幅広く高貴なものであろうとも、それは自分自身の力によることなのではなく、ただひとえに罪人なる私たちにいかなる要求も功績も求めず贈られる神の純粋な恵みによってである、ということです。

恩恵は私たちの人生に自由な創造性を与える

そして最後に、無原罪の御やどりとは、神は、私たちが最も私たち自身であるところに呼びかける、ということを語ります。神の呼びかけが、始まりを据えます。すなわち、その始まりを愛のうちに、また神ご自身の計画への放棄されざる忠実のうちに据えます。その呼びかけは、マリアに、そしてまた私たちにも、「恵み」を私たちの本来の包括的な「初め」としてお据えになるのです。しかしながら、この神のご計画は、まさに人間の自由と歴史、人間が自らなしたこと、挑戦したこと、戦ったこと、忍苦したこと、つまりその人間の自己自身を生起させるものです。神はそこで、私たちを取りのぞくのではなく、むしろ私たちに私たち自身をお与えになるのです。神は私たちの生涯を、私たちによって私たちがなしたものとして、設えてくださるのです。すなわち、神は死んだ彫像をつくられたのではなく、神からのみ据えられた初めから出発し、自らを創造していくことのできる人間を創造されました。それがおできになるからこそ、神は自ら創造主であることを喜ばれます。そうでないならば、神はご自分の計画をただ自分自身のうちだけに保持されて、ご自身の内的ないのちのうちでそれ眺めるだけで満足されたでしょう。しかし神は、ご自分の自由を、もはやご自分ではない御言葉において差し出して使うことをお望みになられ、その御言葉を自由なる人間の姿をとらせて有限性の内へと語られたのです。それゆえに、神は、この被造物という木に実ったいのちを、神に供える御母の存在をお望みになったのでした。そして神は、この一人の母をお望みになられたがゆえに、ご自身の言葉《ロゴス》そのものを望まれたのと同じく、神の前で自由であったマリアをお望みになりました。こうして、この母の生涯の初めは、人間がそこで自分自身を初めて見出すべき一つの真の道の初めであるのです。この栄誉溢れる始まりは、すべてを愛と、干からびることも後悔することもない忠実において包み込む始まりです。それは一つの歴史、一つの冒険の始まりであり、自分がもっていたよりもさらに多くを生み出し始める初めです。またその始まりは、けれどもまったく素朴な始まりでもあります。それがもともと持っていたよりも多くを与えることができるからです。この初めは、常に深みへといたるものです。神の無限なるいのちの充実へと開かれ、そしてまた法によって支配されるものでも有限的なものでもない始まりから、ただ新しいもの、新鮮なるもの、予期せざるもの、本来に自分自身なるもの、一回的なものを受け取ることができます。こうした初めからの進行は、困難で把握しがたいものであり、神ご自身と同様に見極めがたいものであります。すなわちそれは、神の無限性を写す一つの像であり、涙と忍耐の時、危機と失敗の苦しみ、死の苦しみと死そのものであり、と同時に喜びと光、勇気と偉大さです。つまり長い、そして常に一回的である人間の生涯の全体であるのです。しかし、疲れた人間の心には把握しがたいことですが、この進行は何か永遠に価値あるもの、あるいはむしろ永遠性なるもの、神ご自身を永遠に観想しているもの、つまり自分がすでに永遠に属しているがゆえに、この永遠においても尽きてしまわない何ものかです。

今、私たちは、マリアについて語るよりも多く人間一般について話してしまったかもしれません。それを聖なる乙女がゆるしてくださいますように。話したかったことは、彼女についてのことでした。私たちが神について知るのはいつも、ただ神ご自身が自らの行為によって私たちに語られたことを通してです。私たちが神を認識するのは、その御業を見ることにおいてのみですが、そのうちに私たちは、神が私たちにいつも向かってきてくださる方であるとして認識しています。神の一つひとつの行いは、自由であり前もって計算しえないものであっても、それらはなお意味と連関をもっているからです。だから神がなされた業の一つは、神がさらになさるであろう次のことの一つの約束でもあるのです。マリアの「無原罪の御やどり」の神秘が言わんとすることを、神が彼女においてなさったのならば、私たちは神がご自身の言葉《ロゴス》の被造物への受肉でなされたことが、人類のあらゆる者たちに拡がっていくということを知っています。すなわちそれは、神の愛と忠実、恵み、神のいのち、永遠にわたって私たちが私たちであってよいことの保証として私たちに実現するでしょう。もちろん、私たちがなるべきものになること、恵みのうちに私たちへと発せられた呼びかけを聴くこと、神によって据えられた初めを、恵みによる自由において、それにふさわしい終わりをもって全うすること、それらが達成できるか否かは、なお私たち自身に懸かっています。ともあれやはり、私たちは神から呼びかけられた者です。そのような者として私たちは、初めから終わりにいたるまで、神の力、愛、私たちの最も深い自己自身のうちにまで入ってこられる神の忠実によって包まれた者なのです。願わくは、その生涯の初めが祝福され、まったく純粋であった聖なる乙女が、私たちのためにも祈ってくださるように。私たち自身も、彼女のようになっていくことができるようにと。アーメン。

注

（1）DH 2803 参照。

解説⑤――「無原罪の御やどり」教義の展開

マリアの「無原罪の御やどり」は、彼女が「神の母」であることへの召し出しの尊厳のもう一つの帰結です。教会の伝統は、マリアが「神の子のふさわしい住まい」つまりキリストのふさわしい母となれるように神が彼女のうちで行われた準備をマリアの「特権」という言葉で語りました。キリスト教的信仰のセンスが「神の母はまったく浄く、罪から解き放たれているはずだ」との教えを求めたと言えます。

聖書には「おめでとう、恵まれた方」（ルカ1・28）と言われますが、聖母マリアが天使から告げられたことには「原罪」とは逆の状態、すなわち神がともにおられるとの「恵み」がマリアに特別に与えられていることが示されており、マリアが初めから神と一致していることが暗示されていると言えるでしょう。

初期の教父たちも直接には語られていませんが、マリアの聖性を感じているようです（エイレナイオス、エフレムなど）。もっとも、オリゲネスなどは、マリアも普通の人間であるのだから、原罪から浄められる必要があると考えていました。

では、そもそも「原罪」とは何なのでしょう。

原罪とは何か

最近、教皇フランシスコは、回勅『ラウダート・シ』[1]において、人間には「神との関係」「人間相互の社会関係」そして「自然・大地・被造物との関係」「私自身との関係」において和解をえるべき課題があることを語りました。

これらの関係が断絶することで、人間のいのちと世界に歪みと悪が生じます。そしてそれは、根本的に罪の問題です。エデンの園で、エバは蛇から「(この実を食べたら) 神のように善悪を知るものとなる」(創3・5) と誘われ、罪が始まります。神の言いつけを破り、第一の神の存在を捨てることができるという人間の可能性を選んだこと、それが「神のように善悪を知る」ことであり「罪」の原点です。そして人間は、神をその本来の場所から追い出し、自分がその場に君臨しようとします。この底知れぬエゴイズムの始まりが罪の根源、原罪です。あらゆる犯罪、争いや分裂、戦争、そして環境破壊という人間社会の悪と不幸は、この罪の果てしない連鎖の姿でしょう。

これに対して、創世記冒頭の「天地創造物語」(1・1〜2・4前半) は、神の創造が、混とんとした無と闇をいのちの秩序へと整えていく七日間を描きます。神は世界をカオスからコスモスへ、すなわち意味と価値あるものに向けて創造しました。神はすべてが「善し」とされるように、創造を続けていきます。世界は「いのちの力」である神の霊により「いのちの家」につくりあげられていきます。人間にはそこで「神の像」「神の似姿」（創1・26〜28）として、「エデンの園に住まわせ、人がそこを耕し、守るようにされた」（創2・15）という特別の役割が与えられます。人間は、被造物を守り育てることで祝福と安らぎを得る者です。

聖書において、人間（アダム）は、そもそも土（アダマー）の塵から形づくられた者です（創2・7）。神の最初の戒め「善悪の知識の木からは、決して食べてはならない」（創2・17）は、人間の自然の支配と利用の限界を示しています。人間がその戒めを踏み越え、まるで自分が創造主であるかのように振る舞うなら、世界は人間にとって敵対と苦しみの場となります。こうして原初の罪は、兄弟殺し、洪水、バベルの塔、言葉の混乱という災いの雪崩を引き起こし、本来、祝福の物語であった創造は、死の力に脅かされることになります。

「原罪」についての伝統的な定義

「原罪」についてカトリック教会は「このアダムの罪は起源が一つであり、模倣によってではなく、遺伝によって伝えられて、すべての人に一人ひとり固有のものとして内在するのである」（トリエント公会議『原罪についての教令』DH 1513）だと言います。

これに対してプロテスタントは次のように厳しい言葉で語ります。「我々は次のように教える。アダムの堕罪以後、自然の理によって生まれるすべての人間は、罪の中にはらまれ、また生まれてくる。すなわち、すべての者は母の胎にいる時から悪への傾向と欲とに満ちており、生まれながらには、神に対する畏れをもたず、まことの信仰をもたない。そしてこの生まれながらの疾病、すなわち原罪（遺伝的罪）は、真の罪である。それゆえこれは、洗礼と聖霊によって生まれ変わらないすべての者に、神の永遠の怒りに至る罰をもたらす。それとともに、原罪は罪ではなく、したがって自分たちは自分の力によってその本性を神に喜ばれるものとなしうると主張し、キリストの受苦と功績とをあなどるペラギウス派とその他の者たちを斥ける」（『アウグスブルグ信仰告白』一五三〇年、第二条）。

両者に共通なのは「罪は相続（遺伝）されるものであり、人間が生きる現実にはすでに罪がしみこんでいる」とのことです。これを受けてドイツ語では原罪のことを「Erbsünde（相続・遺伝された罪）」と言います。もっとも、もともとのヘブライ語聖書がこうした見方をもっていたとは言いがたく、これらはキリスト教において形成された教会的原罪論です。

ペラギウス論争

そこで問題となったのは、原罪が「遺伝」なのか「模倣」なのかとの議論です。それは、アウグスティヌスとペラギウスとの論争に根があります。この論争により、教会は原罪と恩恵の概念の明確化を迫られました。

ペラギウスは、考え方としてギリシア教父に親近性をもつアイルランド人であり、ストア哲学の禁欲・苦行主義的影響も強く受けた、道徳的合理主義者です。彼にとって人間は、いわば堕罪以前のアダムと同じ状態にあり、徳も悪も伴わない中立的に生まれてきた者です。すなわちアダムの堕罪と子孫の罪は無関係であり、人は罪を避けることができうるとされます。

これに対して『告白録』で有名な回心者アウグスティヌスは、猛然と反発します。彼は、パウロがローマ書七章で吐露するような分裂したエゴに悩み、そこから苦しい回心を経た人であったので、ペラギウスが言うような、いわば自力救済論にはがまんがなりません。しかし、恩恵は内的な分裂への解放の働きであるとするアウグスティヌス説は、その後の西方キリスト教を代表するものとなります。

二人の主張を対比させてみれば、「人間とは何か?」の問いに対して、ペラギウスは「人間は、合理的・自然主義的な道徳に従うべきもの」だと言うのに対して、アウグスティヌスは「人間は、すべてを包みこむ神秘に満ちた力である恩恵の前で魅了されうる存在である」と言います。「恩恵とは何か?」について、ペラギウスは「人間の意志と知力の欠陥を秩序づけ直すための助けである」と言うのに対して、アウグスティヌスは「罪を克服するために神から与えられる人間の意志に浸透する『内的な』力である」とします。「罪」について、ペラギウスは「アダムの単なる悪い模範によって生じた『罪の習慣』は、自由意志を強めることで克服しうる。神は善であり義である方である。それゆえ神は(イエスの教え・さとし・模範によって端的に示される)人間に神の要求を常に満たしうる可能性を与えられる」と考えます。しかしアウグスティヌスは「人間は、罪の悲劇の前で戦慄せざるをえない。罪によって、人間の意志は正しい方向性を失い、さらに罪を犯さざるをえなくなっている」とします。

アウグスティヌスの立場は、長い論争のすえペラギウス派に勝利し、カルタゴ教会会議(四一八年)と第二オランジュ教会会議(五二九年)の決定により、西方教会の主流になりました。

アウグスティヌス的な原罪論は『ローマの信徒への手紙』の五章一二節がギリシア語からラテン語へ

の誤訳により、さらに根強いものとなりました。すなわち、現行の聖書では「このようなわけで、一人の人間によって罪がこの世に入り、その罪によって死が入り、こうして、すべての人間が罪を犯したので、死がすべての人間に及んだ」と訳されている部分が、ラテン語聖書においては「こうして、すべての人間が彼（アダム）において罪を犯した。死がすべての人間に及んだ」と訳されました。そこから、アダムを起点として罪が伝達されるという教会的な原罪論がますます根づくこととなりました。

原罪教理の解釈問題

また原罪の理解については、古代教会における幼児洗礼の問題もからまりました。そもそも聖書に従えば、洗礼とは「罪のゆるし」（使2・38、一ペト3・21、ロマ6）をもたらすものだとされ、それはニケア公会議やコンスタンティノポリス信条にも受け継がれています。

洗礼は初代教会においては、大人の自主的な判断により授けられるものとされていましたが、時代がくだるとともに幼児洗礼の習慣も生まれてきました。そこで起こった問いが、幼児に洗礼を授けることの意味であり、それは「生まれたばかりの幼児にも罪があるのか？」という問題です。

これについて、三世紀前半のテルトゥリアヌスは、幼児は無垢であり罪はないと言います。しかし同時代のカルタゴのキプリアヌスやオリゲネスは、幼児洗礼は必要だと考えました。オリゲネスによれば「幼児洗礼が必要なのはすべての者に水と霊によって洗い浄められねばならぬ実際の『罪のしみ』があるからである」ということです。

こうして「一人の人間アダムの悪い意志を通して、すべての者が彼と一つになり、すべての者が罪を犯した。彼らは、この一人の者から『根源罪』を相続する」との原罪論は教会のドグマになっていきました。ところがこれは、以下の点において問題をはらんでいました。すなわち、①原罪がアダムとの血縁的つながり（遺伝）においてとらえられる。②人間のもつ「欲情」と原罪が同一視されがちである。③「原罪」と個人の罪（「自罪」）の区別が不明確である。

このため、後の神学者たちは「原罪」解釈に苦慮しました。十一世紀のアンセルムスはこれを「アダムにおいて、我々人間はすべて罪を犯した。当時、我々自身が罪を犯したからではなく、我々は彼から我々の存在をもつから」と解釈し、また十三世紀のトマス・アクィナスは「殺人を犯そうとする者（アダム）の手（我々）は、行為者の意志に基づいて行為をなし、その罪にかかわる。各個人のうちの不秩序は、アダムの意志が動かしている」としました。

さらに、アウグスティヌス的な原罪理解を極端に受容したのがマルティン・ルターでした。彼によれば「原罪とは、義しきことをつくり出すことすべてと、体と魂、内面・外面的な人間全体の働き出す能力の欠如である。原罪とは、悪への傾向・善への嫌悪である」[2]、また「原罪の本質とは、欲望、すなわち『自己義化』あるいは『人間の自己内への歪曲』である」[3]と言われ、これが先に見た『アウグスブルグ信仰告白』につながっていきます。

現代のカトリック神学においては、「原罪」について、新しい表現方法を見出す必要が強調されています。原初の男女がアダムとエバであるという、創世記の記述を字義通りに受け取ることもできませんし、そこで「原罪」が「相続（遺伝）される罪」であるとすることにも矛盾があります。すなわち「罪」

とは、個人としての人格的な自由決断の行為であるので、それが原罪として「相続される」のはおかしなことです。「相続される」なら、それは「罪」とは言えないことになります。この矛盾を説明するために、「原罪」とは「類比的な罪概念」なのだと言われます。

人格的行為である罪が生理的に伝達されるととらえられたことから、誕生したばかりの赤ん坊は、いまだまったく罪を犯してはいないが、すでに罪過の重荷を負っていて「汚れて」いるとのイメージが広まりましたが、これは撤廃されるべきものとされます。原罪と生殖行為の関連は神学的には何の意味もないですし、人格的な自由決断である自罪が遺伝するわけもありません。原罪における「遺伝」が物理的・生理的に解釈されるのは誤りです。

しかしもちろん原罪の教えには、今日もなお有効な内容があることは忘れられてはなりません。それは、①罪の人類に及ぶ影響が根源的であり、かつ普遍的であること。②人類すべてが「救い」を必要としており、イエス・キリストのわざの普遍性においてその救いがもたらされることでしょう。それゆえ、「原罪」に代わるよりよい術語として、この事態を「罪へのとりこ・しがらみ状態」であるとか「人類としての（連帯的）罪責」などという概念で言い表すとの提案をしている神学者もいます。

無原罪の御やどりの教義の歴史

さて、原罪と聖母の関係に戻りましょう。

「無原罪の御やどり」の祝日の典礼の祈りは、マリアの特権（第一の恵みである無原罪の御やどり）を、

「神の子のふさわしい住まい」つまりキリストのふさわしい母となれるように、神がマリアのうちで行われた準備として表しています。

「聖母マリアの無原罪の御やどり」の教えは、中世の長い論争を経て、ピウス九世の教義宣言によって意味が明確になりました。それまで信徒のキリスト教的センスは、神の母がまったく清く、罪から解き放たれているはずであるということを求めましたが、この教えは初代教会の初めからあったにせよ、的確に意味が規定されていたわけではありませんでした。ルカ福音書は「おめでとう、恵まれた方」（ルカ1・28）というマリアへの天使の挨拶とエリサベトの賛辞（「マリアの挨拶をエリサベトが聞いたとき、その胎内の子がおどった。エリサベトは聖霊に満たされて、声高らかに言った。『あなたは女の中で祝福された方です。胎内のお子さまも祝福されています。わたしの主のお母さまがわたしのところに来てくださるとは、どういうわけでしょう。あなたの挨拶のお声をわたしが耳にしたとき、胎内の子は喜んでおどりました。主がおっしゃったことは必ず実現すると信じた方は、なんと幸いでしょう』」ルカ1・41〜45）がこれを明らかにしています。

初期の教父たちも直接には語られていませんが、マリアの聖性を感じているようです。エイレナイオス（二〇二年没）は「キリストが浄い方であり、浄い方法で処女の浄い胎、神のために人々を新たに生まれさせる胎から出られた」(4)と述べました。シリアのエフレム（三七三年没）も、諸天使に勝るマリアの浄さを讃えて「主よ、あなたひとりだけが、またあなたの母だけがまったく浄い方です。主よ、あなたには汚れがなく、母にもいささかの汚れもありません」(5)と言います。アンブロシウス（三九七年没）は、創世記三章で蛇の頭を踏み砕く者をマリアと認め、無原罪への信仰をほのめかしました。

ペラギウス論争により、教会は原罪と恩恵概念の関係について明確化を迫られ、ギリシア教父とラテン教父のいく人かは、無原罪の御やどりについて述べました。

エクラヌムのユリアヌス（四五五年没）は、アウグスティヌスがあらゆる人が原罪をもって生まれてくると主張したことにより、マリアをもその存在の初めから罪の奴隷にしてしまったと原罪の普遍性を批判しました。これは、当時の教会にマリアの無原罪の信仰がすでに広まっていたことを示すでしょう。これに対してアウグスティヌスは「我々は、マリアがその誕生によって罪に隷属したとは言わない。その誕生は罪の法に服しているが、しかし新たに生まれる恩恵で癒されている⑹」と、あまり明瞭でなく語りました。彼はマリアがキリストによってあがなわれたと考えていたのでしょう。それゆえこうも言います。「至聖なる処女のことは除外しましょう。彼女については、主へのふさわしい誉れのために、罪にかかわることで論争したくありません。私たちは懐妊し、生むに値する方であったからには、罪に絶対的に打ち勝つための恩恵が彼女に与えられたことを知っています⑺」。

アウグスティヌスと同時代にイタリアのラヴェンナで司教を務めたペトロ・クリソロゴは「マリアは母の胎に宿ったときから、キリストのために約束されていた⑻」と言い、アレクサンドリアのキュリロスも「建築家が自宅を建てて、それをまず敵に譲りそこに住まわせ、所有者にするなどということはありえない話だ」と述べたそうです。

キリスト教的詩人プルデンティウス（四一三年没）は、次のような聖母讃歌において「無原罪」の教えが、すでに当時のキリスト者たちに受け容れられていたことを示しています。「人間と蛇の、古くからの憎しみと和解しがたいいがみ合いは、結局、地獄の蛇があの女（マリア）に踏みつぶされて足もとに横たわることとなりました。神をさえお生みになったあの処女によって、毒はすっかり力をなくし、消されてしまっています。そこで邪悪な蛇は処女の足もとから抜け出そうといたずらにもがき、ききめのない毒を青草に吐き出しているのです」(9)。この五世紀中頃の詩のイメージが、後世の芸術家にとって、無原罪の教義の造形的表現の素材となりました。

七世紀後半から八世紀前半に活躍した司教・神学者クレタの聖アンドレアは、マリアにおいて原罪以前の人祖の状態が回復されたとして、次のように言いました。「人間のうちで最も美しい方の母がお生まれになるとき、彼女のうちで人間性はいにしえの特権を受け、まことに神にふさわしい完全な型にはめられたものになった。この新しい造形は完全な復元であり、この復元は原始の状態と同じになることである」(10)。

こうして「聖母マリアの無原罪の御やどり」は信徒の信仰のうちに定着し、西方教会においては、イタリアでは九世紀に、イギリスでは十一世紀半ばに「無原罪」の祝日が導入されていきます。その一方で、十二世紀に活躍したクレルヴォーのベルナルドゥス、十三世紀のボナヴェントゥーラ、アルベルトゥス・マグヌス、トマス・アクィナス(11)などの著名な神学者たちは、この教えに対して懐疑的でした。その理由は、これについてまず聖書の明白な証言がないこと、また霊魂に対する肉体の軽視という観念が当時の世界には抜き去りがたかったからでした。すなわち、懐胎は性欲に基づく夫婦の結合によりますが、その際に母胎に宿る胎児は、親の身体の汚れを身に帯びていると考えられました。霊魂は神に造られ浄いものですが、それが肉体に入るときに、原罪で汚されるということです。そうであるならば、汚れない処女の母胎にやどったキリストの場合以外は、マリアの場合といえども、その懐胎は汚れを免れえないと考えられるわけです。

また聖母崇敬を支えるマリアの浄さは、万物の救い主であるイエス・キリストのあがないによるからであると説明されてきましたが、そこで「無原罪」の教えによりマリアがいかなる瞬間も罪に汚されなかったとされるならば、マリアはあがなわれたがゆえに浄い方であるとの従前の説明が言えなくなってしまうという事情もありました。そこで神学者たちは、マリアは懐胎により一度は原罪の汚れを被ったが、母の胎内においてすでにキリストによる聖化を得ていたのだと考えました。

この論理矛盾を解決するものとして登場したのが、トマス・アクィナスに続く時代のフランシスコ会神学者ウェアのウィリアムやドゥンス・スコトゥスらによる「予防的あがない」の説です[12]。それは「キリストのあがないは完全であるからこそ、あがないのわざの協力者として選ばれたマリアが罪に陥ることのないよう予防された。これにより、マリアにも完全な仕方であがないが与えられた」と説きました。

こうして「無原罪」の教えは問題のないものと一般に受けとめられ、バシレアの公会議（一四三六年）では、次のような教義決定がなされるにいたりました。「栄光ある処女マリアは、神から賜った特別な先行的恵みにより、決して原罪に現実的に服すことなく、常にあらゆる原罪と自罪とから免れた聖なる汚れない者である」[13]。もっともこの決定がなされたときに、この会議は教皇への従順から離れてしまったため、合法的でないと見なされています。ともあれ、中世末期以来ヨーロッパの諸大学は、教授資格または学位授与の条件として無原罪の教えを擁護すると誓約を要求しました。また、「予防的あがない」の説を唱えたフランシスコ会出身の教皇シクスト四世は、一四七六年にマリアの無原罪の御やどりの聖務典礼を認可するとともに、この教えへの反対を主張する者を破門すると宣言しました[14]。

トリエント公会議（一五四五～一五六三年）において、スペインの枢機卿ペドロ・パチェコは、無原罪の教義が決定されるように求めましたが、会議に参加していた教父たちはすでにこれを当然のこととして受け容れており、あえて教義決定する必要を認めなかったことに加えて、会議の本題であるプロテスタント問題についての討議のために多くの時間が必要であったため、その議論は中断されました。これについて公会議は『原罪についての教令』において「この教令の中の原罪についての項において、神の母マリアを含める意図はないと宣言する」と言い、シクスト四世の宣言を確認しました。[15]

その後十六世紀後半にも「キリスト以外だれひとりとして原罪のない者はいない。したがって、幸いな処女マリアはアダムのもたらした罪の罰のうちに死んだ。マリアの一生の嘆き悲しみは、他の義人たちのそれと同じく、原罪と自罪との罰であった」と主張するミカエル・バユスが現れましたが、ピウス五世教皇は、一五六七年にこれを排斥しました。[16] さらに十七世紀後半にヤンセニズムを譴責したアレキサンデル七世教皇は「神は特別な恵みと特典をもってマリアの霊魂を創造し、それが体に注入されたその最初の瞬間から人類のあがない主であるその子イエス・キリストの功績によって、原罪の汚れを免れるように前もって保護した」と、教会の伝統を再確認しました。[17] そして無原罪の信仰は、長い時間をかけてさまざまに考察されつつ、一八五四年十二月八日にピウス九世によってついに教義決定されたのでした。

「無原罪の御やどり」教義の意味

一八五四年のピウス九世による教義決定の核心は「マリアは原罪のいかなる汚れにも染められなかった」ということです。マリアが原罪を持たなかったということは、マリアが母の胎内におやどりになったときから聖化され、神の友愛のうちに造られたということです。すなわち、この教義は、否定的にはマリアが罪を持たなかったということ、肯定的には最初から恩恵に包まれて生まれてきたということを語っています。それはまた、マリアは生涯のあらゆる瞬間において恵みに包まれていたということです。これを言い表そうとするのが「マリアは罪を免れるよう『予防』される『特権』をもって生まれた」という硬いスコラ的表現です。

無原罪の御やどりの教義の基礎として挙げられるのが創世記三章一五節「原福音」と呼ばれる「お前と女、お前の子孫と女の子孫の間にわたしは敵意を置く。彼はお前の頭を砕きお前は彼のかかとを砕く」です。原罪は最初の女エバから始まりますが、第二のアダムなるイエス・キリストに連なるマリアにより克服されると教父時代から解釈されてきました。エイレナイオスなどが述べたように「エバの不従順によって結ばれた絆は、マリアの従順の信仰によって解き放たれた」というわけです。

しかもマリアはまた教会のかたどりであるととらえられてきました。マリアはイエス・キリストのあがないのわざに協力し、教会の蛇との戦いに積極的に参加する方です。教会に蛇を踏みつける聖母像があるのはこれを意味するでしょう。「しみ」や「しわ」のないマリアは、この罪とのたたかいに勝利する教会を人格化します。それがまたマリアに対する天使の受胎告知についての教父たちの解釈にもさきかのぼります。「おめでとう、恵まれた方。主があなたと共におられる」（ルカ1・32）との天使のあいさつは、マリアが、あらかじめ恩恵に満ちあふれた者であることを示すと解釈されます。罪のあがない主の母というマリアに託された使命にふさわしい恩恵が、常にあらゆる罪を必ず斥けるということにあるとの無原罪の御やどりの教義につながります。マリアは新しいエバとして全人類の救いのためのキリストの協力者となり、全キリスト者の母となるために、キリストによってあがなわれた者の初穂となったことが無原罪の教えによって表されるのです。

注

（1）『ラウダート・シ』（66項）。
（2）ルター『ローマ書注解』WA56, 312.
（3）同上、WA56, 275.
（4）エイレナイオス『異端反駁』（Adv. haer.）IV, 33, 11; PG 7, 1080.
（5）シリアのエフレム、The Nisibene Hymns of Saint Ephrem.
（6）アウグスティヌス、Contra Julianum, IV, 122. PL 45, 1417–18.
（7）アウグスティヌス、De Nat. et Grat., 36, 42, PL 44, 267.
（8）ラヴェンナのペトロ・クリソロゴ、Serm. 140, PL 52, 576.
（9）プルデンティウス、Cnthemerinon. III, PL 59, 806.

（10）クレタのアンドレア、In Nat. Mariae. I, PG 97. 812.
（11）トマス・アクィナス『神学大全』（STh）III, q. 27, a3.
（12）スコトゥスはこれについて『オルディナチオ（Ordinatio）』第3巻第3区分第1問「至福なる処女は原罪のうちに懐胎したのか」において論じている。
（13）Mansi, XXIX, 183.
（14）DH 1400, 1425.
（15）DH 1516.
（16）DH 1973.
（17）DH 2015–2017.

罪なき方マリア――『主の母、マリア』第七章

〔導入〕「マリアが原罪ばかりでなく、その生涯の間、常に罪から守られた方であった」という古くからの信仰は、今日の私たちには信じにくく、そのような教理に果たして何の意味があるのかとも思われるでしょう。人間であるかぎり、自分を罪人であると認めないなら、正直ではないというのが私たちの実感です。しかし「恵みあふれる方、マリア」が真に救われた人間であると言うのなら、それは逆から「マリアには生涯罪がなかった」とも言わなければならないというのがこの教えの意味であるとラーナーは述べます。

もちろんそれは、マリアを崇めたてまつるがゆえに彼女に超人間的な聖性を帰すことではありません。彼女の生涯とは、むしろ日々の小さな罪との戦いを一つひとつ克服していった毎日でした。その忍耐強い信仰が、私たちの日常とも無縁でないのなら、彼女に与えられた最終的な救いへの道も私たちの前に開かれているというのが、この教えの私たちへのメッセージでしょう。その意味で、マリアは私たち罪人の真に身近な慰め深いとりなし手なのです。

マリアの生涯の個々の出来事

教会の信仰は、マリアの生涯を構成する個々のことについては、聖書に記されていることを知るばかりです。それ以外に歴史的に信頼のおける伝承が教会にあるわけではありません。そこから人々は、彼女の生涯の個々の出来事はそもそもさして重要ではないとか、あるいはマリアが主の母であるという一つのことだけを知っていればよいのであり、その他はすべて神の神秘のうちに隠されているのだと思っているようにも見受けられます。しかしながら教会の信仰はやはり、マリアの生涯についての個々の出来事を要約する決定的なことを知っており、それを語っています。それはマリアが天使のお告げを聴いたり、あるいは世の救いのために永遠なる御父の御言葉を受胎されたりという特別に偉大な時に関するものではありませんが、マリアの全生涯を真に総括する知です。すなわち教会は、一五四六年にトリエント公会議において、教会の信仰として公に表明された「マリアが常に罪を免れた方であったこと、また原罪ばかりでなく、そのつどの個人的な罪からも完全に、そしていつも守られていた」(DH 1573)という知を堅持しているのです。

罪のない人間?

このような信仰は、まず私たちを困惑させるかもしれません。この信仰の確信についての歴史を調べるならば、すでに古代教会において、それも第一世紀において、この信仰の神秘を疑い、あるいはそれが眩しすぎるがゆえに、真理の明るさ全体を受けとめることのできない神学者たちが一人ならず存在したという事実が見出されます。ですから、私たちがこの信仰の教えについて密かにとまどうのは、特別なことではありません。

私たちは「人間が罪人でないということが果たしてありえようか?」と問いうるのです。また「人間とはそもそも弱く脆くて不完全な者である。神の赦しとあわれみからこそ、その人間なるものがいかなるものであるかが明らかになる。それゆえ、人間が罪人であるということが正しく把握されないならば、神がこの人間を救おうとされる神の意志の真理にも達しえないのではないか?」と問うこともできます。「自分に罪がないと言うなら、自らを欺いており、真理はわたしたちの内にありません」(一ヨハ1・8)と言われる通り、「人間とは嘘つきである」とされるべきではないでしょうか? 人間は救いにいたるために、余すところなくひたすら恵み深い神の永遠で測り知れない無償の慈しみにのみ信頼しなければならぬことを自分の状況の上に認識しなければならない者であるというのは、人間としての真実、誠、表裏のなさではないでしょうか? キリストに従ってこそ真に「人」である方、また「女」と名づけられるこの方が、どうしてこの真理の例外でありえましょうか?

さてマリアについてですが、彼女は救われた方であり、またまさに救い主の母であるがゆえに、その子にかかわらぬ何ものをも持とうとされないお方でした。またマリアは、御父が愛と好意のうちに娘として受け取られ、御子の母、聖霊の宮とされた方であり、すべてをその永遠なる御父の究めがたい恵みからのみ受け取っておられる方です。すなわちマリアとは救われた方、しかも完全に救われた方であり、主の恵みからすべてを受け取る以外の何者であろうともしなかった方です。そのようなマリアにまったく罪がないというのは、いったいどういうことなのでしょうか？

恵みのための罪？

こうした問いに対して、反対側から「人は罪を犯さないならば、より少なくしか救われないのではないか？　人は罪の赦しを得、また恩恵を経験するならば、そのとき罪を犯さないために、より多く神の慈しみをいただくのではないか？」とも問われねばなりません。これに対して次のように言うべきでしょう。すなわちこの世の闇のうちに生きている一人の人間が罪から自由となることこそが、その人がかつて愛した闇から引き出されて神の光のうちに入れられることよりもさらに大きな恵み、救い、より広く根源的な救いなのだ、と。つまり自由によって罪に陥ることから自らを防いでいることの方が、闇から引き出されるよりもより栄えあり、輝かしく、純粋で完全な救いなのです。もちろんそこで自分を罪から守る人は、自分で自分を救い出しているわけではないし、罪からの自由を自らの力で得ることができるわけでもありません。人が義を得ることとは、常に神の無償の恵みであり、またその義のうちに堅く留まることも、人間が最終的に自分自身では稼ぎ出すことのできない恵みです。罪科の赦しのうちに発揮される神の慈愛は、人間がいつまでも罪に陥っていることを許容することにあるのではありません。それは、赦しを要求することもできないその人間自身の罪の負い目にすぎません。神の慈愛とはそうではなく、人間に義化の恵みが与えられることにあるのです。そしてこの義化は、再び純粋な恵みの賜物であって、罪から自分を守り続ける者にも与えられる賜物なのです。

「罪のなさ」は「救いの完成」を意味する

教会の信仰と聖書の証によれば、マリアのうちにイエス・キリストにおける神の救いが最も見事に、完全、根源的、そして包括的な仕方で現実となったとされます。そしてその救いは、マリアの神母性を通して救済史のうちに現れたのですから、私たちはこれを「マリアこそがまさしく罪なく恵みに溢れた乙女であり、また神の母であるはずだ」と告白するのです。こう言うために、私たちは彼女の生涯の個々の出来事すべてを知らなければならないわけではありません。教会は、マリアが彼女の全生涯を通して神の恵みが真のキリスト者に贈る諸徳を英雄的な仕方で本当に行っていたのかどうかを、苦労の要る列聖調査を行って確認する必要はありません。いいえ、教会はただ一つのことを知ればよいのです。つまり、このマリアにおいてこそ救いが根源的に完成され、完全な勝利の姿で出来事となったということです。そしてこのことを教会は、「マリアは彼女の全生涯を通して罪のない方であった」と告白する他はないのです。

救済された人々の共同体としての教会

教会は、右のことを告白しなければなりません。なぜなら教会は、自らを、復活されたお方と共に始まった終わりの時の勝利した神の恵みが、歴史的に把握されうる出来事となったものであると宣言せねばならないからです。教会とは、神の掟と恵みの提供の単なるメッセンジャーではありません。それを人間が自由に肯定すれば本当に勝利にいたるものなのかどうか、人は知り得ません。教会とはそのようなものではなく、恵みの勝利が救済史的に把握されうるようになったその現存であり、真に救済された人々の共同体、すなわち聖なる教会なのです。もちろんそこで教会は、いまだ主から遠く離れた巡礼の途上にあるものですから、すべてのメンバーについて右のことを確言しうるわけではありません。教会のうちには、死んだようなメンバーもいるでしょうし、また教会は、この地上の闇にまみれた時を歩むうちに身に負わねばならなかった苦く悲しい歴史の傷跡をも担っているからです。

しかしそれにもかかわらず、教会が聖なる教会、決して破滅で終わることのない聖なる教会であるべきならば、あるいは自分自身をシナゴーグのようにではなく、終わりの時の教会として、常に神の恵みからすべてを受けているもの、諸国民のもとで信仰を促進しまたそれを基礎づける神のしるしであるべきならば、その教会は単なる抽象的な要請をなすものではなく、具体的な目に見える仕方で聖なるものであるべきはずのものです。そこから教会は、少なくともその歩みを完遂した幾人かのメンバーに対してはまったく明白な確実性をもって、自分を「この場において聖なる教会であったし、またキリスト・イエスにおける神の恵みはあいまいな約束ではなく、勝利に満ちた力であるとの証を世界の前になしてきた」と言うことができます。こうしたことが、教会の教導職による不可謬の列聖において現されるというならば、それはまず第一に神の聖なる母にこそふさわしいでしょう。教会は、このことをまったくユニークで特別の仕方でなしうるはずです。なぜなら右の認識の出発点は、一人の聖人の生涯をまったく実証的に捉えた倫理についての全体印象や奇跡や殉教といったものではなく、教会が告知せねばならぬ中心的な真理、つまり私たちが先に考察した包括的な意味での神母性についての信仰の真理であるからです。ここから教会は、少なくとも一度は「神の恵みによる救いは、完全に全うされた」と言うことができるはずです。そしてこの完全な勝利は、私たち巡礼者にも「神が〝霊〟を限りなくお与えになる」（ヨハ3・34）との約束として、明らかとなるのです。

日常のうちに隠されたマリアの聖性

こうして教会はマリアの罪のなさをほめ讃えます。教会はしかしまた、その罪のなさが自らの力によるものであり、それゆえ神に権利を主張しうる特権を彼女に賦与するものだとは言えないことは、もちろんわきまえています。教会はそこでただ神が与えてくださった明るく輝きわたる慈しみをほめ讃えるのみです。

以上から私たちはもう一度、聖書自体としては、ささやかに個別のことを物語っているにすぎない、この聖なる乙女の生涯に眼差しを向けねばならないと思います。そこで明らかになることは私たちをいくらか困惑させますが、同時に慰めを与えるものです。すでに述べたように、教会の教父たちの幾人かは、聖なる乙女の生涯についての聖書の記述だけから見るなら、彼女に罪がないと主張しうるとは、必ずしも言いがたいとしました。しかし、彼らはやはり正しくないのでしょう。つまり教会が、いかに聖霊から照らされ愛されているものなのかをはっきり見ていないからです。もちろん彼らは、何かしら正しいこと、私たちが今日よりはっきり見届けるべきことをも感じ取っています。抽象的な道徳主義は、これをたやすく見過ごします。そうした立場はしばしば、私たちが泣いたり笑ったりして過ごすこの地上の普通の生活が、聖性や罪のなさとは一致しないものだと思い込んでいます。つまり、聖性というものが実際に与えられるなら、それは一つの「天上的」でエーテルのような姿をとるもの、あるいは少なくとも普通の人間の具体的な日常生活からは遠くかけ離れ、たぶんおそらく修道院の壁の中でのみ花咲きうるものだと考えてしまいます。しかしながらこの祝福された乙女マリアの聖なる生活は、驚くべきことに、私たちの生活と同じものなのです。彼女は、外的に見れば、偉大な歴史や文化、政治などとは無関係な小さな国の片すみに生きた一人のごく目立たぬ婦人であり、慎ましい生活習慣や仕事のうちに隠れて、ごくありきたりの生涯を送った人でした。彼女はそこで、何かを捜し求め、不安を抱きながら、また自分に起きた出来事の意味すべてがわかったわけでもなく、泣くときもあり、他の人と同様に人生の途上の節目から次の節日へと移るにあたって問い続け、答えを捜し求めて歩んだ人でした。

彼女は、自分に与えられた神の子に対して「なぜこんなことをしてくれたのです……お父さんもわたしも心配して捜していたのです」（ルカ2・48）と言います。聖書には、彼女が「イエスから言われたことの意味が分からなかった」と二度も記されています（ルカ2・33、50）。彼女は、まずは多くのことを心のうちに受けとめ、それをそのまま思いめぐらし心のうちに守り、後で洞察と照らされた同意の実りが結ばれるように、その言葉の正しさを受けとめました（ルカ2・19、51）。彼女には、イエスが何をなさろうとしているのかわかりませんでしたが、それでもしかし「この人が何か言いつけたら、その通りにしてください」と言うことができました。しかも彼女は、イエスから「婦人よ、わたしとどんなかかわりがあるのです」（ヨハ２・４）との言葉を聞かねばならなかったし、また母として息子を訪ねようとしたときにも「わたしの母、わたしの兄弟とはだれか。……神の御心を行う人こそ、わたしの兄弟、姉妹、また母なのだ」（マコ３・33〜34）と言われねばなりませんでした。さらに彼女は、息子が架けられた十字架の下にも立たねばならなかったのです。彼女は、使徒たちの教会において、何ら目立った役割を果たしたわけでもありません。彼女はたしかに、主の母として、聖霊を待ち望んで祈る初代教会の共同体の真ん中におられたでしょう（使１・14）。しかし聖書は、そのことを「他の婦人たちやイエスの親類たちと一緒にいた」と一言触れるばかりであり、彼女はまわりの状況のうちに目立たず溶け込んでいます。

時間をかけて悟られた奥義

そこに神の栄えと恵みが与えられていることを了解するためには、ある程度の距離が必要だったのではないでしょうか。ヨハネ福音書の著者は主の意志に忠実に従い、おそらくマリアと長い間一緒にいたであろうと思われますが（ヨハ19・26〜27）、マリアの生涯の個々の伝記的な出来事を述べることには、まださしたる興味を示していないようです。ルカ福音書の著者は、彼自身の経験としては、イエスの出来事と歴史的にすでにかなりの隔たりがあったにもかかわらず、源泉から史料を集めて、小さな敬虔なグループのうちに伝わっていたマリアとイエスの幼年時代についての報告についてもう少し多くの関心を示しています。つまり教会が、自分のうちに自覚された信仰のはっきりした表明として「見よ、ここにまったく美しい方、まったく罪のない方がおられる」と最終的に言うにいたるまでには、なお何世紀間もマリアの生涯について黙想せねばならなかったということなのでしょう。教会が、喜びに溢れた心で信仰による歓喜の声をあげうるまでには、なお時が必要だったのです。この地上にとうとう本当の人間、真の人間、小説の中の架空の人物ではなく、あるいは何らかの倫理的な観念論の求める理想の人間像でもなく、肉と血と涙と労苦、惨めさと闇を生きながらも、なお純粋さ、好意、愛、忠実、忍耐、あわれみ深さ、十字架への愛、すなわち神だけにすべてを寄り頼む人間が現れたのです。教会はこのことを、マリアが救い主の母となることをかちとった、と言います。この「功績」はもちろん、まったく神の恵みであり、他のどんな功績もそれに勝ることのない、マリアに与えられた第一の恵みなのですが。マリアに帰される栄誉のすべては、こうして私たち自身もその一人であるので、それをよく知り、ときにそれを苦しむ、人間のごく当たり前の日常のうちに隠されてあるのです。

真剣に受けとめるべき私たちの罪

他方で私たちは、罪を真剣に受けとめ、「人間とは嘘つきである」と聖書が言っていることを忘れてはなりません。そして繰り返し正直に、私たちの良心がすでに嘘つきになっていないかを問いただされねばなりません。「私は、自分が重罪人であるということにもはや気づかないように、心の内で神の基準を切り捨ててはいないか」と。そうして「隠れた罪から私を救ってください。あなたの聖性を行えるように霊の明るさと自分自身に対する勇気と証をお与えください。それによって自分が罪人であることを知り、私がこの世の嘘に浸り込んで、自分の罪を偽ることがないようにしてください」といつも繰り返して祈るべきです。

「罪人の逃げどころ」であるマリア

これまでマリアについて黙想してきたことは、私たちが自分だけの真理ではなく、神の真理のうちに本当に留まりたいのなら、次のように言うことのできる勇気を与えてくれるでしょう。すなわち、「私たちのうちにあるものは、神の恵みの光に対してしばしばそう見えるほどには、すべてが曲がっているわけでも、悪いわけでも、反抗的でもない」と。私たちが行う徳には、そのうちに悪が隠し持たれていることもありえましょう。

しかし反対に、外見上は悪く見えても、私たちのうちに神の恵みが実は勝利し実現していることもあるものです。人は、この闇と弱さとみすぼらしさ、無知と疲労と涙に満ちた人生においても、なお神を愛し、また神から愛される人間、神の子、霊の生命を生きる人間、神の慈しみによって担われ、そのうちに包まれ、間違いなくそこから捉えられた一人の人間であることができるのです。私たちが神を仰ぎ見るときに、裁きの神が私たちの惨めさについて断罪するかもしれないと動揺するのではなく、神ご自身とその恵みの証に信頼する（私たちは当然そうできるのです）ならば、私たちは次のように信じることもできます。すなわち、私たちの生命、私たちの弱さは、根本的に恵みから形成されていること、私たちの本質の最も深いところは、闇により霊と無関係にされているのではなく、まばゆい神の光を生きていること、さらにそこから、私たちの歩みは神にいたる途上にあり、また私たちのこの生涯は、すでに今、祝福された突破口をもっている、と信じることができるのです。

マリアの信仰にならって

以上のことは、自明でしょうか？　そうです。もし私たちが「親愛なる神」と、愛情のこもった言葉で（それはまた、たやすく不遜さとして誤解されがちですが）呼びかける神が、私たちに対して、自分の人生を自分の考えで生きることを自明だと見なしてくださるのなら、そしてその神ご自身が、この私たちの人生の足りないことの負い目を自ら取り去ってくださるならば、おそらく自明となりうるでしょう。しかしまた、神が三重に聖なる方（三位一体の神）であり、また焼き尽くす情熱と、そのうちに引き寄せる唯一の愛において私たちの心すべて、力すべて、感情すべてをご自分のものとなさろうとお望みになることを知ったならば、私たちは再び戦慄して、自分自身に問わねばならなくなるでしょう。「私たちはもともと臆病で、自分の罪を認めようとせず、その罪ではなく親愛なる神の御摂理を嘆いてしまう惨めで迷った罪人に他ならないのではなかったか」と。しかし、私たちがそこでマリアに、すなわち罪人の逃げ所なる方へと眼差しを注ぐなら、「この方こそは、ともかくこの世においてただ一人まったく罪のない方であった」と言わねばならないでしょう。彼女の貧しく慎ましい、そして辛い人生が、私たち哀れな罪人たちに慰め、勇気、希望をもたらすのです。すなわち、私たちはただの罪人より以上の者である……、神の恵みはマリアになしたと同じことを私たちにもなしてくださる……、私たちは恵みを受けた者、愛された者であり、心の深みにおいて自分の力ではなく神の慈しみから忠実を貫く者であること……。明日になって、まだ力があるのかわからないこともあるけれども、ともかく人生が私たちに求めること、また神が分を越えるまで私たちに求められることをなし続けることのできる者であること……。聖なる乙女と同様に、神を、この闇の多い生涯を通して、私たちがすでにそうあるものが最終的に明らかになるまで、神を愛し続ける者であること……。そうして私たちは、三重に聖なる神が、ご自身の罪のなさと聖性のうちに受け入れ解放してくださったものなのだ、と言われうるのです。アーメン。

解説⑥——罪なき方マリア

ラーナーは、マリアのうちにイエス・キリストにおける神の救いが最も完全に現実となったがゆえに、教会は「マリアこそが、まさしく罪なく恵みに溢れた乙女、神の母である」と告白してきたと言います。すなわち「罪のなさ」は「救いの完成」を意味すること、またマリアの聖性は日常のうちに隠されていたこと、しかしその涙と労苦の闇を生きながらも、なお純粋さ、好意、愛、忠実、忍耐、あわれみ深さ、十字架への愛、すなわち神だけにすべてを寄り頼む人間であったマリアが、救い主の母となることをかちとった、と言います。

彼女の貧しく慎ましい、しかしその中に栄光が顕れる人生は、私たち罪人たちに慰め、勇気、希望をもたらします。なぜなら、私たちもマリア同様に恵みを受けた者、愛された者であることを思い起こさせることにおいて、マリアは「罪人の逃げどころ」だからです。

信仰の人マリア

一五四七年、トリエント公会議は「マリアが常に罪を免れた方であったこと、また原罪ばかりでなく、そのつどの個人的な罪からも完全に、そしていつも守られていた」（DH 1573）と宣言しました。この教えは、「神の母」であることの尊さとそれを一途に守り通す歩みを表す「処女性」、そしてそのマリアの歩みが、初めから神の恵みに包まれたものであったことを言う「無原罪の御やどり」教義の帰結としめくくり、あるいはその前提を語るものです。

神の母が処女であることは、マリアが徹頭徹尾、神に向かい続け、その召命に自らをささげ尽くしたことを語るものでした。新約聖書がマリアの人格の優れた点としてみているのは、彼女の「信仰」です。信仰とは、神の意思への従順であるとともに、神から示された出来事について、理解のむずかしさに悩み、その解決を探し求めて努力することをも含みます。マリアは、まさにその道を歩んだ人でした。彼女は神の示しを「思い巡らし」（ルカ1・34）、「心配し」（ルカ2・48）、ときには「不忍耐」（マタ12・47、ヨハ2・3）のような反応まで示しています。イエスが家を出て、各地を巡り歩いていた公生活の間、息子と母との関係は、まったく円満だったわけではなく、ときに緊張をも帯びていたことでしょう。マリアは、イエスから追い返されたりもしています（マコ3・31〜35）。そんな母をまわりの人々も心配したのではないでしょうか。

第二バチカン公会議は、その意味でマリアを「信仰の旅路を進まれた方」（『教会憲章』58項）と呼んでいます。マリアの信仰の巡礼は、人類がイエス・キリストの神と出会い続ける接点です。

信仰と聖性の結びつき

また、マリアを特徴づける、一途に神に向かう「信仰」は、彼女の「聖性」と結びつきます。というより、信仰と聖性は表裏一体です。第二バチカン公会議で「神のみことばの受肉とともに永遠から神の母となるべく予定されていた聖なる乙女」(『教会憲章』61項) と呼ばれるマリアは、教父たちからも聖霊により新たに創造された、聖であり、汚れのない方であると見なされていました。マリアは心全体で、罪から妨げられずに御父の救いの意志を抱きしめ、主の「はしため」として子の人格のあり方と業への協力に自らを与え、神の恵みのうちに、イエスのもとで、イエスとともに救いの神秘に仕える者となった方です。その意味で、マリアの「聖性」は、神の選びと彼女の信仰の交差点です。

教父たちの時代から、教会は、マリアが自罪を免れていると確信していました。すでに見た「無原罪の御やどり」の教義決定にいたる長い道のりは、マリアの生涯の罪のなさという教えに光を当て、それをトリエント公会議が認定したのでした。しかしながら、歴史的にみれば「マリアの生涯の罪のなさ」という教会のセンスス・フィデイ(信仰の感覚)は、「無原罪の御やどり」教義に先立っていました。むしろ「マリアの生涯の罪のなさ」が、「無原罪の御やどり」を人々に意識させ、その教義決定に貢献したのでした。

「マリアの生涯の罪のなさ」と「聖性」

「マリアの生涯の罪のなさ」は、主の母の「聖性」にかかわります。いやむしろ、まさに「聖性」を語っています。

「聖なること」は「聖なる、聖なる、聖なる万軍の主。主の栄光は、地をすべて覆う」（イザ6・3）と言われるように、聖書においては「神」と同意語です。この神の「聖性」に基づいて、人間が「聖なる」者とされるのは、神との交わりを得て神に属する者となることです。そこで、人間が神と交わり、一体となるのは「信仰」によります。人が「聖なる」者となるのは、神による上からの働きかけである恩恵と、人間による下からの歩みである信仰との一致です。それゆえ「聖人」とは、特別の能力をもつ人間のことではなく、神の恵みへの信仰の応答において、自らの人間としてのあり方を十全に開花させ、そうすることで神の意思に一致して自らの生涯を全うしえた人間のことでしょう。

その際、イエス・キリストは、神との位格的な一致関係において完全な人間であるので、彼こそが神の聖人、人間性を完成した聖人そのものです。聖性の尺度は、イエス・キリストにあります。聖人であるとは、キリストの愛の尺度において聖であること、です。すなわち、以下のフィリピの信徒への手紙二章の言葉のように、イエス・キリストの道を歩むことでしょう。「そこで、あなたがたに幾らかでも、キリストによる励まし、愛の慰め、〝霊〟による交わり、それに慈しみや憐れみの心があるなら、同じ思いとなり、同じ愛を抱き、心を合わせ、思いを一つにして、わたしの喜びを満たしてください。何事も利己心や虚栄心からするのではなく、へりくだって、互いに相手を自分よりも優れた者と考え、めいめい自分のことだけでなく、他人のことにも注意を払いなさい。互いにこのことを心がけなさい。それはキリスト・イエスにもみられるものです。キリストは、神の身分でありながら、神と等しい者であることに固執しようとは思わず、かえって自分を無にして、僕の身分になり、人間と同じ者になられました。人間の姿で現れ、へりくだって、死に至るまで、それも十字架の死に至るまで従順でした」（フィリ2・1〜8）。

マリアは、まさにイエスとともにこの道を歩んだ人です。ここから彼女の「聖性」、すなわち「マリアの生涯の罪のなさ」も理解できるでしょう。マリアは、キリストの弟子であることから、自らを神の処女母性にささげて、その生涯を実現しました。救い主の母であることへのマリアの召命は、神に守られながら全うされましたが、それは彼女が自らの信仰を全うしたことでもあります。そしてこれは、彼女の生涯の一断片ではなく、生涯全体を特徴づけるしるしです。

信仰と恩恵

その際、出発点はひとえに神の恩恵です。そして、恩恵がもう一度マリアの信仰を担います。初めから終わりまでを通底して担っているのは神の恩恵であり、またそれに応えるマリアの信仰です。ゆえに「マリアの生涯の罪のなさ」は、恩恵において神のわざであり、聖マリアについて語ることは神を讃美することなのです。

「聖なること」は、パウロも強調することですが、「前渡しされた神の賜物（ドイツ語では“Vorgabe”）」

であり、それは同時に、招かれた人の「課題（ドイツ語では“Aufgabe”）」となります。マリアは、その受けた恩恵に従い、これに応える信仰の課題を歩み通した人です。もちろんそこで彼女は、その「信仰の巡礼」を問題なしに歩んだわけではありません。神の「はしため」であることにつきまとう暗闇の中で「思いめぐらし」ながら信仰の灯をともし続けたことにおいて「信仰と従順（credens et obоediens）」（『教会憲章』63項）を貫いた人でした。「マリアの生涯の罪のなさ」とは、人間にとって不可能な苦行ではなく、恩恵のうちになされた決断の貫徹だったのでした。

それゆえ、マリアは、誰も到達できない徳によって普通のキリスト者を凌駕し圧倒する超人ではありません。彼女は、私たちと同じように、ささやかながら自分に固有の歴史状況を信仰において最善を尽くして生きた人でした。これについてパウロ六世教皇は次のように述べます。「教会がならうべき模範として乙女マリアを信者たちに常に提示してきたのは、まさに彼女が送った生活様式のためでもなければ、まして今日ではほとんど見られないような、彼女が生きた社会的文化的な背景のためでもありません。マリアが信者たちに模範として仰がれるのは、とりも直さず、その置かれた独自の生活において彼女が示した生き方によるのです。彼女は、完全に、しかも責任をもって神のみ旨を引き受けました（ルカ1・38）。というのは、彼女は神のみことばを聞き、それに従って生きたからであり、また愛と奉仕の精神が彼女の行動を導く力であったからに他なりません。彼女はキリストに従う弟子たちの中で第一の、しかも最も完全であったゆえにこそ、模倣するにふさわしいお方なのです。これらすべてのことは永久に、またどこにおいても模範として仰がれる価値をもっています」（『マリアーリス・クルトゥス』35項）。

被昇天——『主の母、マリア』第八章

〔導入〕ラーナーはこの章で、旧知の「被昇天」教義が、すでに見てきた神の恵みによる彼女の生涯の始まり（「無原罪のやどり」）、いつも神の御摂理だけに応えようという姿勢を表す彼女の「終生の処女性」、また全うされた救いの実りとしての「マリアの罪のなさ」、そして「神の母」であることという諸教義の聖なる終わり、完成、帰結について語るのだとします。

神の言葉がこの世界に受肉したことは、人類全体の救済史がすでに最終的で決定的な段階に達していることを示しますが、これこそがキリスト教信仰の中心使信「主は真に復活された」ことです。神の永遠の栄光は、イエス・キリストの肉身というこの世界の一部分においてすでに現実となりました。これによって、この世界と人類、すなわち肉なるものの歴史においても、神の栄光が到達可能な現実となりました。そして「被昇天」教義は、マリアがこの救いの完成に最初にあずかり、実りとなった方であることを語ります。

マリアにおいて「肉」なるものの救いが始まったこと、彼女の生涯がその永遠の成就に達したことを語るのは、しかし同時に、私たち自身の希望を告白することでもあります。その希望とは私たち、身体と魂を一つに生きる人間が、創造者の永遠なる栄光にあずかり満たされることです。この意味で、マリアの被昇天は、私たち自身の希望を語ります。

マリアについてはほんの少しのことしか知られていない

聖なる教会は、聖なる乙女について、ある意味でほんの少しのことしか知らないと言えます。教会には、初めの数世紀に、マリアの生涯の記録と呼びうるものを残そうと本気に努めた形跡は認められません。新約聖書が伝える二、三の挿話の他には、マリアについていかなる像も消息も伝わっていないわけです。それは教会がマリアについては、伝記ではなく神の恵みへの告白と讃美を知るばかりだからでしょう。その内容はすでに見てきたように、神の恵みによる彼女の生涯の始まり、いつも神の御摂理だけに応えようという姿勢を表す彼女の終生の処女性、また全うされた救いの実りとしてのマリアの罪のなさ、そして神母性でした。本章ではさらにこれに加えて彼女の聖なる終わり、すなわち完成について考えてみましょう。ともかく教会は、マリアが主の母として救いの完全な実りなのだということ以外は、歴史からとりたてて多くを知る必要がなかったのでした。

「神の母」についての信仰の要《かなめ》を聖霊に導かれて知ること

私たちが本章で扱うマリアの生涯の「終わり」、その完成を、教会はまた聖なる乙女の生涯について伝承された歴史報告の「最終章」として知るわけでもありません。そうではなく、この完成の真意が「神の母」についての信仰において私たちが知るべきことの「内的な契機」であることを知るのです。神の母への信仰とは、私たちの教会において救いの恵みが勝利して豊かに実現していくという教会の信仰の要《かなめ》です。そこから聖なる乙女の祝福された完成に関する信仰の神秘を考察し尽くし、そのすべてを吟味し終えるまで、教会は聖霊に導かれる時間を必要としたのでした。人間が語る、かりそめの思いつきではなく、教会の歴史全体を貫いて働かれる神の霊にこそ導かれるために、教会は何世紀にもわたる時に自らを委ねたのでした。教会が、聖霊によって導かれ、そして聖霊が教会にいつも共に留まり、イエス・キリストについての不変の啓示を絶えず新たに知らせるよう働くことを信じるために、人智を越える勇気を保ち続けるならば、教会はそこで、もはや洗練された神学や、ただの人間的な望みや憧れによってではなく、神の霊から導かれているということを知るのです。その霊は、常にこの教会にありながら、しかし古びることない主の啓示の深みへと導き、しかもその啓示を教会の信仰の眼差しの前に絶えずより大きく展開させる神の不可謬の霊です。

「被昇天」の教義宣言は突然のことではなかった

こうして私たちは、一五〇〇年にもわたる教会の信仰意識の絶えざる発展の末に、最終的にローマ教皇によって不可謬の信仰規定であるとされた「無垢なる乙女、神の母である方が、その地上の生の歩みを全うされた後、肉身と霊魂とともに天の栄光に受け入れられた」ことを一九五〇年の諸聖人の祝日以来宣言しています（DH 3903参照）。この真理は、教会において発展されるべき解釈と指導に委ねられた、神的で使徒的な啓示の内容に属するということが、このたび初めて、すべてのキリスト者のために、教皇の教導権による信仰規定としてこの上ない確実性の賦与を受けたのでした。とはいえ、ドグマであるとされたこの真理は、その内容において、教会の信仰意識にとってまったく新しいものだというわけではないと言うことができます。この真理は、すでに幾世紀にもわたって、まったく問題のないものとして教会のうちでずっと教えられ信じられてきました。また「マリアの生涯における完成の本質とはいかなることなのか」ということについても、一五〇〇年間、もちろん多少の揺らぎや矛盾はあったにせよ、常により確たるものとして、今日のこのドグマにいたるまで問われ続けてきたことでした。神の母の尊厳について、また彼女の救済史における意義について、また彼女の罪なき聖性や、彼女が救いの完成の原型を示していることについてカトリック的な信仰をもつ者は、少なくとも萌芽的には、このたびのドグマが表明する「完成」が何を意味するかについて、何らかのことを知っているはずです。もちろんそのような信仰者が、この信仰を把握するために経てきたこれまでの歴史をすべて見通しうるわけではないでしょう。またそれは教会の助けなしにはなしえません。ともあれこの信仰の表明が確実性を得ていくにあたって、教会のうちに発展段階があったということは、しごく当然なことであり、それは他の多くの場合、たとえばカトリック以外のキリスト教徒によって、何らかの教えが彼らにとってかけがえのないものとして信仰告白される場合でも同じなのです。

教会は、マリアの祝福された終わりについての真理を知っています。したがってその信仰の知を保持していることが、今日のドグマ宣言によって、最終的な確実性を見出すべきだとされることは、驚くべきことではないでしょう。マリアの生涯について知っている者は、その生涯の実りについても何かしら語りえるからです。教会は、マリアが誰であるのか、どのように生きたのか、いかなる意味と場を救済史のうちに持つのかを知っており、またこの人類の一なる歴史がどれほど進展したか、つまりそれがどれほど終わりの時に立ち入り、復活以来どの程度私たちのうちに到来したのか（一コリ10・11）を知っています。ですから教会は、マリアが神の恵みから希望している完成のうちへと彼女の存在の全現実に――すなわち身体と魂をもって――入ったことを言い表し、そこにすべてのキリスト者が自分自身の人間としての生活の実りとして期待すべきことを表明するのです。

魂と身体から成り立つ「人間」の完成とは？

人間とは、身体と魂から成り立つものです。しかしその二つの成分は、互いに対して、追加的で偶然に組み合わされた部分ではありません。人間とは、神の創造の計画の初めから人間性という一つのまとまった現実として、またその最終的な目標規定から成り立つものなのです。ですから人間は、その精神的かつ身体的な本性の全体において、自らの完成を受け取ったときにこそ、真に成就しうる者です。人間を魂と身体に分けてしまうことはできません。つまり、魂は神のもとでその完成を見出すが、身体はどこかに置き去りにされるとか、また身体が最後に追加的にすでに完成された魂の聖性に結びつけられるというふうに考えることはできません。そうではなく、人間とは一つの具体的な身体をもって成り立つ人間存在の現実においてこそ、完成されるはずのものです。ですから教会が人間全体の完成について語るに当たっては、初めからいつも「肉身の復活」という古い根源的な教えから語っています。その場合の「肉身」とは、身体と共に一つのまとまりをなす真の人間です。そしてこうした人間の最終的な目標とその完成とは、人間がその現実すべての次元において彼の創造者の永遠なる栄光に与り、身体において照らされ、新しい天と地によって包まれ、永遠なる御言葉のすべてを照らす輝きにより、その精神的な現実が満たされることのうちに成り立つのです。これこそが、人間の一なる永遠の目標です。人間は、通常これを一度で達成しうるわけではありません。この完成は、一つの生成、発展、段階において前進するものです。それは、有限的な被造物が持たざるをえない生成のパターンであり、驚くことではないでしょう。しかし、ともあれ人間は、身体と魂を備えた一人として天の栄光に入る時にこそ、その全面的な完成を見出すのだと言われます。

もちろんこの栄光は、私たちの想像を絶します。たしかに「人間が精神と身体において完成にいたるとは何を意味するのか」について詳細に語ろうとすれば、私たちは途方に暮れてしまいます。しかしながらまた、さしあたりこの世の時間と空間の狭さによって制限されてはいますが、驚くべきことに私たちは、完成された生涯の栄光、また全能で永遠なる神の賜物として待ち望むものについて、この地上の経験からなにがしかの具体的なイメージを持ちうるとも言えないでしょうか。もちろん、私たちがそれを何の矛盾や不十分さもなしに描き尽くすことができると言うのならば、それはまだ真の完成ではないでしょうが。

私たちは精神的なペルソナです。神から恵みを与えられつつ、また無限の要求をも課された者として、信仰に教えられ照らされた理性をもって次のことを認識しえます。すなわち、神のみが私たちの最終的な目標でありえ、また私たちは、ただその神においてのみ自分の充足を見出しうるということ。こうした終わりなき完成がどのようなものなのか、個々にいたるまでイメージしようとするならば、そこで私たちの想像力はついえます。それは、いわば無限にはるかな目標に向かって旅を始める巡礼者が、自分の目標について持つ知のようなものでしょう。しかし私たちはともかくそこで、信仰のうちに「人間とは身体と魂を持って神の生命のうちへ、そしてその神ご自身の栄光のうちへと入るようにと呼ばれている」との神のメッセージを聞きとることはできるでしょう。

「復活」という救済史の最終的な出来事とマリア

さて、人類全体の救済史とは一つの名状し難い、ユニークなドラマです。私たちは神の言葉がこの世界に到来したことにより、この救済史がすでに最終的で決定的な段階に達していること、またこの歴史が全体として最終的なもののうちに受け取られている（個人の運命はなお未定ではあるが……）ことを述べました。しかしこれこそがキリスト教信仰の語る「主は真に復活された」という決定的な真理の内容なのです。「復活」というこのキリスト教の根本ドグマは、主が私たちの人間性、私たちの肉、そして身体において復活され、変容なされ、御父の栄光のうちに受け入れられたのだから、永遠の栄光はキリストの肉身というこの世界の一つの部分においてすでに現実となり、それゆえそれは、この世界と人類、それら肉なるものの歴史においても今や到達可能な一つの現実となったとのことを初めから告白するからです。

そして私たちの信仰は、マリアが救いの完成の実りであること、またこのマリアにおける恵みの完成は最終的なものであることを語ります。マリアはすでにこの世のいのち、すなわち地上的な空間性と時間性を離れたのですから、地上において発揮されたその自由が新しい歴史となることはもはやなく、むしろこの有限的な時間においてなされた収穫が神の永遠性のうちへともたらされる、そのような彼女の歴史の位相へと入っています。そこでマリアが地上における彼女の生涯において、神の母として、恵みを受けた一人の人間における救いの最も高貴な実現となり、その救いの完成された範型そのものを示しているということ、また彼女はすでに完成にいたっているということ（彼女がその地上の歩みを完成し、そしてその間彼女が罪なく恵まれた者であったということを知っている者にとって、このことは疑う余地のないことです）、さらに救済史の時計の針はすでに前進したのであり、その結果、身体と魂において成就される完成は根本的に可能であるということ（これについても、キリストの人間性の復活を信じる者には疑いのないことです）、そう言うことは、すなわち私たちの信仰がついに自己自身の全貌を見出したのであり、このたびの教会による教義宣言とは、まさにそのことを告白するのです。すなわち「マリアは、その地上の生涯を完成した後、身体と魂をもって天の栄光のうちに受け入れられた」と。

マリアの被昇天は私たち自身の希望を語る

それではこの信仰の神秘は、私たちにとっていったい何を意味するのでしょうか。それはまず第一に次のことでしょう。私たちがマリアに関して彼女に永遠に成就した完成について語るのは、そこで私たちが、自分自身のために希望していることを告白するということです。希望されることは、私たち自身の肉身の復活と永遠のいのちです。それを私たちは、彼女において一度満ち満ちたものとなった至福として告白します。私たちは彼女について、私たちが自分のために希望することを語りますが、またその私たちがいたるべき完成以外の輝かしいことを知らないのですから、私たちはその告白において、私たちにも与えられる、永遠にわたってあらゆるものにまさる栄光の無類の偉大さを讃美し、またその讃美において、神の恵みのいつくしみがご計画されたそれぞれの人間の偉大さをもほめ讃えるのです。

「肉」なるもののうちに生きる私たち

ところで私たちは、人間が、とりつかれたようにあまりにも自分自身のことばかりにとらわれた時代に生きているとは言えないでしょうか。しかもそこで私たちがかかわる自分自身とは、認識と「進歩」の果てしない壮大さへと開かれた精神としての自分ではなく、肉なるもの、地からの人間、身体性、有限的で死ぬべき人間であり、その身体性のうちに、すなわち遺伝されたままの生存状況や経済的な条件などのうちに希望なしに閉じ込められたまま自分自身を生きているかのような者ではないでしょうか。ある人々は、この肉なる状況を偶像視しており、また他の人々は、それを憎んでいます。私たちは皆、この肉の状況のもとで苦しんではいないでしょうか。そこからひどく痛い目にあい、冒瀆され、責め苛まれ、また恥知らずな悪用を被ってはいないでしょうか。

マリアにおいて「肉」なるものの救いが始まった

こうした憎悪されたり、偶像視されたり、かつまた苦悶する肉なる世界のうちに、教会は「聖なる乙女が身体と魂をもって天に受け入れられた」との信仰箇条を語るのです。教会はそれによって、何らかのプログラム、原理などのような抽象的な真理を言い広めようとしているのではありません。そうではなくて、むしろ神の力の事実、また永遠の慈しみの事実を語っているのです。それはすでに、私たち死すべき人間のもとで起こったことです。つまりその事実は、救いの創始者であるキリストのもとでのみ起こったのではなく、救いを必要としますがそれを自分から得ることはできず、真の救い、時間のうちに消え去らぬものをすべて受け取らねばならぬ私たちのもとで起こったのです。教会は、マリアについてのこの真理を「肉身は救われた」と宣言します。肉身は、すでに救われたのです。その始まりはすでに開かれました。一人の女性、私たちと同じ人間である方、つまり私たちと共に泣き、苦しみ、死ぬ者である一人の人間において。私たちのあわれな肉身は、ある人々からは偶像視され、またある人は憎悪しますが、それはすでに神のもとで永遠の尊厳を与えられ、永遠に救われたものであると認められたのです。それはすでに神の子においてのみならず、「下から」の者である私たち人間という種族においてそうなのです。「上から」到来された御父の子において「今、ここ」で肉身として存在する人間の「実存」とは、今日、人間について考えるあらゆる哲学の一大テーマでありますが、それは私たちを永遠に神から隔てて「神なし」の状況に据え置く壁なのではなく、また神ご自身に到達するために撤廃されたり、何らかの形で「変容」されねばならぬものではないのです。肉身とはむしろ、深淵とは遠く隔たった「上」で御父によって創造され、御子によって、救済され、聖霊によって聖化され、こうしてすでに、そして永遠に救われているものなのです。

この時代の不安と危機のただ中で、教会は政治的で地上の権力と妥協しすぎており、つまりこの世とあまりに深くかかわりすぎて、もはやほとんど終末論的ではない、との非難にさらされています。その教会はしかし、そこで頭を上げて、それらの非難に対して教会が真に信頼を置く唯一の希望、すなわちすでに到来しつつある神の将来について、この信仰を告白することにおいて、それがすでに開始されており、まさにここに現存していることを見るのです。教会は、高く上を見上げます。そして自らの模範であるマリアにおいて、肉身の復活という自分の将来に向かって挨拶するのです。アーメン。

解説⑦――「聖母被昇天」と人間の最終的希望

この教義は、マリアがこの世の生を終えた後、神の栄光のうちに生きていることを語ります。その際、マリアは「霊魂と身体」ともどもが神的生命にあずかっていると強調されます。

「処女マリアの被昇天」教義宣言（一九五〇年、ピウス十二世教皇）の中心部分は、以下の通りです。「無原罪の神の母、終生乙女なるマリアが、地上の生活を終えたのち、肉身も霊魂もともに天の栄光にあずかるようにされたことは、神によって啓示された真理である、と宣言し、布告し、定義する」(1)。すなわち「聖母被昇天」教義は、神学的には「無原罪」教義と同じく、神学的人間論をテーマとします。すなわち「無原罪」教義は、罪の理解にかかわりますが、「被昇天」教義は人間の終末についての洞察が表現されます。

歴史的にキリスト教会は、初めのうち、マリアのこの世の生の終わりについて語ることを躊躇していました。やがて聖書外典伝説の影響もあり、マリアの「永眠」が語られ始めます。さらにそれは、マリアが「天へ受け入れられた」ことへと変わっていきます。ところで、その「被昇天」の教えは、マリアの「特権」を語るものと理解されていました。すなわち、普通の人間は死の後すぐにではなく、最後の審判を待って、天に受け取られるか否かが決まり、それまで待機せねばならぬのに対して、マリアは死後すぐに心身ともに天に受け取られるとの特権です。これに対してラーナーをはじめ現代の神学者は、「被昇天」の教えは魂と身体、およびこの世の時間と死後の時間についての二元論が問題なのではなく、人間の生死の行方についての終末論的な展望に重点があることを強調します。

「被昇天」という名称は誤解されがちです。これはイエス・キリストの昇天（ascensio）と同じではありません。キリストの昇天が、自ら天に昇ることであるのに対して、マリアの「被昇天（assumptio）」は「受け取られた」という受動の意味です。詩編七三編二四節には、この意味で「あなたは御計らいに従ってわたしを導き、後には栄光のうちにわたしを取られるであろう」とあります。

教義の歴史——忘れられていたテーマ

主の母の運命の終わりについては、長い時間をかけて徐々に「被昇天」として定着し、ついに教義宣言されるに至りました。

聖書には、マリアの死について何も記されていません。

歴史的には、一世紀後半〜二世紀初頭の迫害の時期、キリスト者はエルサレムを逃れ、東のペレア（デカポリス地方、あるいは北部トランス・ヨルダン地方）に避難していたとの伝承があり、マリアもこれに同行しそこで世を去った可能性が考えられます。あるいは、マリアはエルサレムにとどまっていたという伝承（それゆえ、ゲッセマニには今もマリアの墓の聖堂があります）、使徒ヨハネと共にエフェソに行ったとの伝承もあります。

マリアの死について、問題として意識されるのはだいぶ後の時代になります。初代のキリスト者たちの間では、マリアが亡くなったこと、またそれがどこだったかについて触れたくないという雰囲気があったようです。

初めてマリアの最期についての記述を残したのは、四世紀末のサラミスのエピファネス（四〇三年没）でした。彼は、マリアが自然に亡くなったか殉教したか、あるいは生き残っているのかはわからないと記しています。

「聖書にはマリアの死についてはまったく述べられていない。死んだのか、葬られたのか、何も言われていない。……私の思うには、聖書にマリアの記事が一つもないのは、このことが人々を非常に深く感嘆させたので、人々が驚きのあまり失神することがないようにするためであったろう。私はこのことについて語るのを躊躇し、むしろ一人静かに考えて沈黙を守りたい(2)」。

エピファネスは、二世紀末から三世紀初頭のマリアの死について語る外典の偽福音書を知っていたようです。これら偽福音書では、マリアはエルサレムで没し、ゲッセマニに葬られたことが信者たちの間では「よく知られた物語」だとされていたようです。それについては、エピファネスと同時代の偽メリトンも、二世紀のあるグノーシス派の者が「神の母、至聖なる乙女マリアの死について物語った」と述べています(3)。

エピファネスの少し後の時代のエルサレムの司祭ティモテは、マリアが剣によって殉教したという伝説を否定し、マリアは「かの日」まで不死の身体であり、マリアのうちに住まわれたキリストが、ご自身が昇天したところへマリアを移すとの見解を残しました[4]。

「マリアは殉教者として、剣によって地上の生活を終えられたという意見の人もいる。その根拠は、シメオンが『あなたの魂も剣で貫かれるでしょう』と預言したからだという。しかし事実はそうではなかった。鉄の剣は肉体を刺し貫いても、魂をずたずたにはしない。そうではなかった。というのは、処女マリアは『かの日まで』不死のお方だからである[5]」。

この時代「被昇天」の教義はいまだ明確に現れてはいません。五世紀までの主にシリアの外典偽福音書にはさまざまな"Transitus（他界、召天、遷化）"伝説が語られていたようです。それらには神学的な考察は乏しかったのですが、来世へのマリアの旅について、マリアのからだが墓で腐敗を免れ、楽園でいのちの樹のそばに移されたとか、天使がマリアの霊魂をからだに合わせるために楽園を選んだなどと述べられていました。特にマリアのからだが腐敗を免れるという言い伝えは、被昇天教義への初めのステップとなりました。そこには、からだと霊魂の一致における復活においてこそ「死」が克服されるという理解があるからです。当時、一般には、からだの復活は最後の審判の後に起こることであり、それまで死んだ者の霊魂は待機していると信じられていました。これに対して、マリアは選ばれた者の霊魂がいるところに霊魂とからだをもっており、からだの腐敗を免れていると考えられました。

四世紀末の偽メリトンは、キリストがマリアを復活させ、マリアはキリストとの完全な親しさのうちに天使によって天に挙げられたと語り、「被昇天」の教義の原型を示しました。

こうして五世紀半ばには、エルサレムで八月十五日にマリアを記念する祝いが始まり、皇帝マウリティウス（六〇二年没）は、六世紀に「神の母」の記念を八月十五日に「永眠（dormitio）」の日として祝うよう定めました。これは七世紀には東方典礼、およびローマ典礼にもセルジウス教皇（在位六八七～七〇一年）により導入されていきました。

そして、この頃から、司牧者の説教が「永眠（koimesis）」から「天への受け入れ（analepsis）」のテーマに変わっていきます。エルサレムのモデストゥス（六三〇年没）は、マリアついての説教で、マリアの永眠についてでなく、からだの天への受け入れについて語り、[6] 七世紀にはリビアのテオテクヌスもマリアがその神の母としての尊厳において「霊魂がからだを伴って天に移された」[7] と語って「被昇天」の教義に近づきます。

さらに、クレタのアンドレアス（七四〇年没）、コンスタンティノポリスのゲルマノス（七三三年没）らは、モデストゥス同様、被昇天教義の神学的な基礎を考察しました。ゲルマノスはこう言います。「あなたの乙女としてのからだは、至聖にして、まったく浄く、神の家です。したがってそれは塵に戻ることはありません。人間のからだとして、それはいのちの最も高い高見まで至り、不変性に変わります」[8]。そして完全に救われた方マリアは、神のもとにおける特別のとりなし手だと言われます。

ダマスコの聖ヨハネス（七四九年没）は、ゲツセマネに設けられているマリアの墓でのものとされる三つの説教を残しています。[9] そこでは、神のロゴスを受け取った母は、その子のもとに、しみも汚れもないからだはそのまま腐敗を免れて受け取られる。その子が王である天の国に、神の母、真に神を宿した女王として受け取られる。彼女は、神のもとでとりなし手として祈っていると述べられます。[10]

ステュディオンのテオドール（八二五年没）は、からだと魂の再一致を語り、九世紀後半に活動したニコメディアのゲオルグも、マリアは罪のなさにより、からだごと天に受け取られると述べました。

こうして東方では、マリアの「永眠」に代わって「天への受け入れ」が広まり、十三〜十四世紀には皇帝が八月全体を被昇天にささげるようになりました。この点でカトリック教会との間に齟齬はありませんでした。


西方で初めて「被昇天」に触れたのはトゥールズのグレゴリオ（五九三年没）でしたが、彼も外典偽福音書の“Transitus”伝説に依っていました。ローマでは七世紀にはマリアの「永眠」が祝われていましたが、九世紀には八月十五日に「聖マリアの被昇天」を祝うことが定着し、それはイギリス、フランスにも広まっていきます。

西方では当時、マリアを祈りのとりなし手とする信心が広まっており、「被昇天」は東方に比べれば控えめな発展でした。それは九世紀に、ヒエロニムスの作として権威をもった聖母の祝日の聖務日課の朗読『パウラとエウスタキウスの書簡』により、マリアの被昇天が疑問視されたことにも関連していました。それは次のように述べます。

「我々の多くの者にとっては、聖母がからだもともに天にあげられたのか、あるいは、からだは地上に残されたのか、わかりかねる。いつ、どのようにして、だれが聖母の亡骸を引き出し、どこへ移したのか、あるいは復活されたのか、皆目見当がつかない。にもかかわらず、ある人々は聖母がよみがえられて、天国でキリストと共に不死のお方になられたと断言している。多くの人もヨハネ福音記者について同じことを肯定している。……私としては、自分個人の権威によって、この問題について無謀な断言をしようとするよりは、何ごとにも不可能ということのない神におまかせするほうを選ぶ」[11]。

外典偽福音書の“Transitus”伝説は、マリアの生涯の終わりについての問いを提起しましたが、「被昇天」への信心は抑制するように働いたようです。これに対して十世紀にノトカー・バルブス（九一九年没）が、最後の審判の前にマリアのからだは天に受け容れられ、栄光を受けると初めて語りました。そして十二世紀以降、マリアの被昇天は西方の教会で祝われるようになります。

神学的には、十～十二世紀に活動した偽アウグスティヌスが「乙女聖マリアの被昇天」を書き残しました[12]。それは「被昇天」についての聖書記述の不足を認めつつも、外典伝説に頼るのではなく、アルクイン（八〇四年没）、ノトカー・バルブスとダマスコの聖ヨハネに依拠しつつ、原罪との関係から神学的考察を行っています。その要点は、①マリアは復活したキリストの母であるがゆえに、肉の腐敗を免れている。②マリアはキリストの全能のゆえに、エバによる死の運命を免れている。③マリアの処女性が守られたならば、彼女のからだが腐敗から守られないことはない、というものです。

こうして「被昇天」は、十三世紀盛期スコラの時代のアルベルトゥス・マグヌス（一二八〇年没）、トマス・アクィナス（一二七四年没）、ボナベントゥーラ（一二七四年没）らによっても妥当な教えであるとされ、西方教会に広く受け容れられました。

その後、十六世紀には、ペトロ・カニジウス（一五九七年没）らによって、この教えは個人的な信心による見解であるだけでなく、確実で皆が受け容れるべき教えだとされました。

宗教改革者たちの間では、この教えについては是認と拒否で見解が割れました。しかしバロック時代の芸術は、これを格好の題材として、数々の名作が生み出しました。

ところが、一部には神学的にまだ議論の余地があると言う者たちもいました。それは、この教えは信仰に反するのではないが、教会において普遍的に受け取るのはむずかしいとします。

「聖母被昇天」教義の意味

すでに第一バチカン公会議の頃にも教義宣言を求める声はありましたが、ピウス十二世は、一九五〇年に次のような意見聴取を全世界の司教に求めました。

「私はあなたがた（全世界の司教）が、ご自分の知恵と賢明によって、至福なる処女マリアがからだとともに天に挙げられたことは明らかに定義されうると判断なさるかどうか、またこのことをあなたがたの信徒や聖職者がともに熱望しておられるかどうかを知りたいと切望するものであります[13]」。

これに対して全司教の九八％ほどが肯定的な回答を寄せたことに基づき、ピウス十二世は「被昇天の特権が神によって啓示された真理であり、しかも神がその教会にまかせられた信仰の遺産のうちに含まれた真理であることを確実かつ誤りえない方法で表明するものである」と教義宣言を決定しました[14]。

マリアの特権？

これに続いてピウス十二世は、この教義について解説してつぎのように述べます。

「マリアの被昇天は無原罪の御やどりの特権に基づく。これら二つの特権は、相互に緊密に結ばれている。キリストは自ら死を引き受けることによって死と罪とに打ち勝たれた。そして洗礼によって新しく生まれた者もみな、キリストを通して死と罪とに勝つ。しかし、神は普遍的法則として、罪に対する勝利の完全な結果を義人たちに与えることを、世の終わりまで保留される。これは、すべての人間に負わされた普遍的法則である。しかし、神はマリアに例外を設けられた。この例外は、マリアの無原罪の御やどりに基づいている。原罪の状態にある人間には、死と墓中の腐敗が罪の罰として負わされている。しかし、マリアは無原罪の御やどりというまったく独自の特権によって、罪に打ち勝たれた。そのために、墓の中に腐敗したまま、とどまらねばならない法に服さず、また世の終わりまで肉体のあがないを待つ必要もなかった[15]」。

この解説で、まず目につくのは「特権」という語でしょう。それは「無原罪」教義において現れた語でしたが、二つの教義の密接な結びつきからここでも用いられているとも言えるでしょう。しかしながら、ピウス十二世は、普通の人間は最後の審判を待たねばならぬのに、マリアの場合は死後すぐに天に受け取られる特権という、被昇天の伝承に絶えず付随していた想念をここでも用いています。

ところで、問題の核心が、人間がこの世の生を終えたのちに入る「中間期」に対するマリアの特権だとされることについては、近年、疑問をさしはさむ神学者もいます。被昇天教義は、神の母乙女マリアの終末の栄光を語るものですが、それを「死と完成の間（中間期）に何が起こるのか？」との問題に縮減してしまうのはふさわしくないというわけです。

個別の死と最後の審判までの間に「中間期」があるのか否かという問題は、「私審判」と「公審判」の関係として、すでに十四世紀に議論されていました。教皇ヨハネ二二世（在位一三一六～一三三四年）

は、ヨハネの黙示録六章九～一一節と教父たちに従って、死から復活までに「中間期」が存在することを次のように宣言しました。「死者の霊魂は、公審判がなされるまで至福直観を得ることなく、祭壇の下に留まる。神の直観は、死者の復活の後に霊魂と肉体が合体したときに報いとして与えられる。それ以前の霊魂たちは、不完全な至福にしか与っていない。……罪ある者も、最後の審判の後に、永劫罰に至る」。これに対して次の教皇ベネディクト十二世（在位一三三四～一三四二年）は、フィリピの信徒への手紙一章二三節に沿って、この説が誤りであると次のように宣言しました。「浄化を必要としない者の霊魂は、死の直後にすでに天国にいるだろう。また、まことの罪を犯した者の霊魂は、死の直後に地獄に落ちる」。死後の「中間期」は認められず、すべての人は死後すぐに最後の審判に直面するとされます。この議論の焦点は「最終のことが、死と同じレベルにある近いものなのか（ベネディクト十二世）、あるいは、なお遠くにあるのか（ヨハネ二二世）」ですが、ここにはさらに背後に「からだの復活」と呼ばれる救いの完成と「魂の不死」のかかわりについての問いが隠れているのです。

人間の死後に「中間期」を設定する思考は二元論的ですが、現代の神学は、こうした二元論をすでに乗り越えられたものと見なします。そこではキリストの復活による死の克服とは、古代のヘレニズム的二元論的哲学が言うように身体を離れた不死の霊魂が存在すること、歴史と地を超越する非感覚的な「天国」や創造から分かたれた「超自然的」至福を語るものではないとされます。死んだ人の魂は、ある場所（地獄、煉獄、天国）に行き、最後の審判のときにからだも起き上がり一つとなって復活するという通俗イメージは聖書的・キリスト教的ではありません。聖書的思考は一体的であり、そこで言われる魂の不死性は死の止揚であり、また時間も止揚されるので、人は死において「中間期」に留まるのではなく、直接最後の審判、あるいは復活に向き合います。不死性とは、魂だけでなく「からだ」の具体性全体に結ばれ、人間全体が生きることです。身体と霊魂両者の復活が問題です。それゆえ、死後の「中間期」を前提して、マリアには死後すぐに身も魂も復活する「特権」があるとの教説は疑問視されるようになっています。

被昇天教義は、むしろマリアの全人間、全人的人格が神の忠実な愛のうちに、終末論的な完成に至ることを意味すると言われます。彼女が天国に受け入れられることは、死体が生き返ることでも、身体から離れた魂が天国に引き上げられることでもなく、ナザレの女性マリアが、神の無限の愛のうちで完全な自己の成就に至ることです。このマリアの栄光化は全人的であり、その地上での物的・肉的な重荷、世界と歴史への根づきや関連も含めて栄光に照らされるのです。

「被昇天」教義の終末論

ピウス十二世による「被昇天」教義宣言は「無原罪の神の母、終生乙女なるマリアが、地上の生活を終えたのち、肉身も霊魂もともに天の栄光にあずかるようにされたことは、神によって啓示された真理である、と宣言し、布告し、定義する」とあり、マリアが「無原罪」であったことから始まっています。教父たち以来の神学的伝承を引き継ぎ、マリアが「神の母」「終生乙女」であり、かつ「無原罪」であるというマリアがさらに「被昇天」だとしています。

そして「無原罪」教義が、マリアを代表とする人間一般についての「起源論」を語っているのに対して、「被昇天」はその「終末論」的展望を示します。「無原罪」教義は始まりが問題でしたが、「被昇天」はマリアの全生涯の歩みとその結果を見つめます。マリアは初めの恵みを生き抜くことにおいて主の弟子であり続けました。人間を招き、神における最終性に導く恵みにおいて、「被昇天」は「無原罪」教義の帰結となります。

さらに「被昇天」教義は、マリアが典型であった信仰者、すなわち信仰において神に向き合い続ける人間を、神はご自身との永遠の交わりに迎え入れるという人間の最終的なあり方への言及です。「キリストは死者の中から復活し、眠りについた人たちの初穂となられました。死が一人の人によって来たのだから、死者の復活も一人の人によって来るのです。つまり、アダムによってすべての人が死ぬことになったように、キリストによってすべての人が生かされることになるのです」（一コリ15・20〜22）と言われる通り、復活の力は信仰者皆をマリアの被昇天にあずからせ、マリアはキリスト者の「信仰の場」となります。マリアは人間の将来の一例であるのです。これは信仰宣言における「死者の復活、永遠のいのちを信じます」との希望にかかわり、八月十五日「聖母被昇天」の祭日のミサ集会祈願にも示される希望です。「聖母被昇天」の祭日ミサの集会祈願にはこうあります。

「全能永遠の神よ、あなたは御ひとり子の母、汚れのないおとめマリアを、からだも魂も、ともに天の栄光に上げられました。信じる民がいつも天の国を求め、聖母とともに永遠の喜びに入ることができますように」。

また叙唱は、次の通りです。

「聖なる父、聖母マリアの祝日に主・キリストによってあなたをたたえ、感謝をささげます。あなたは、いのちの主・キリストの母マリアを、死後の滅びにゆだねることなく、きょう天の栄光に上げられました。こうして聖母マリアは、教会の初穂として神の国の完成にあずかり、旅する民の希望、信じる者の慰めとなりました。あなたの救いのわざをたたえる天使の群れとともに、私たちも喜びのうちに歌います」。

「被昇天」のマリアは「信じる民がいつも天の国を求め、聖母とともに永遠の喜びに入ること」とともに語られ、また「聖母マリアは、教会の初穂として神の国の完成にあずかり、旅する民の希望、信じる者の慰めとなりました」とされます。「被昇天」教義は、母の心をもったマリアによって、人間のその生涯の歩みが照らされ、キリストのからだとともに成長すること、身体と魂をもって復活という人間の生の真の目標に向かう価値の認識が与えられたということです。

その際、「肉身も霊魂もともに」と言われることにおいて、現代社会の世俗化・物質主義化されて、弱められた倫理へのキリスト教的な価値が示されます。すなわち、人間の永遠の目標への召し出しという展望において、避妊、中絶、遺伝子操作などによる人間の生命への軽視が正されます。この展望が忘れられていることにより、現代社会では、マリア論教義の理解がむずかしくなるばかりか、そもそもイエス・キリストの復活、その墓からの「身体の復活」というキリスト教の中心使信への注目が薄れる傾向が強まっていると言えるでしょう。これはマリア教義には関心を示さないプロテスタントも共有しうる問題であり、エキュメニズムの問題でもあるでしょう。

「被昇天」教義はこうして、心身二元論の否定としての人間論、またすべての死者に及ぶ終末論、死を超えた復活をテーマとしますが、これはさらに、マリアの最終状態における救いの共同体の人格的モデル、すなわち、天的教会が何であるかを示す教会論のテーマを含んでいます。そのことは、次章において語られます。

注

（1）DH 3903.
（2）サラミスのエピファネス、Ad Haer. III, II, 11; PG 42, 736C–737B.
（3）偽メリトン、De Transitu V. Mariae, c. 1; PG 5, 1231.
（4）エルサレムのティモテ、PG 86, 248.
（5）同上、Oratio in Symeonem, PG 86, 245.
（6）エルサレムのモデストゥス、PG 86, 3281, 3301.
（7）リビアのテオテクヌス、PG 86, 3281.
（8）コンスタンティノポリスのゲルマノス、In Dorm. B. Mariae III; PG 98, 345.
（9）ダマスコの聖ヨハネ、PG 98, 345.
（10）同上、PG 96, 720, 741, 756.
（11）『パウラとエウスタキウスの書簡』PL 30, 123–124.
（12）偽アウグスティヌス、PL 30, 122–142.
（13）ピウス十二世、Deiparae Virginis, AAS. 42（1950）p.782.
（14）同上、AAS. 42（1950）p. 753. 以下、および DH 3903 参照。
（15）同上、p. 754.

恵みの媒介者なるマリア——『主の母、マリア』第九章

〔導入〕これまでマリア教義は、キリスト論、神学的人間論（罪と恵み）、終末論とかかわり合うことを見てきました。しかしマリア教義はさらに、信仰者の共同体である教会論とも深いつながりがあります。マリアは、信仰者のために「とりなす方」であると見なされてきました。この「媒介者（とりつぎ手・代願者、mediatrix）」という言葉は、使徒信経の「聖徒の交わり」に通じます。聖人の崇敬と彼らのとりつぎを願う祈りが信仰にとって自明だと言うなら、聖なる乙女を「媒介者（とりつぎ手）」と呼ぶことも当然です。

人間は、互いのために祈り、そこから互いにかかわり合う「協働者」として、救いの歴史において互いに結び合っています。その中で、マリアが担った救済史的な意義は特別です。これほどまでに深く、広く、救済の歴史の全体を決定するような仕方で救済史的役割を担った方は、人類の救いのために神の恵みから救いを受託したマリアをおいて他にありません。マリアの「フィアット（なれかし）」は、いわば「永遠のアーメン」です。

私たちの心が、彼女から本当に謙遜と忠実を学んで、恵みあふれる乙女との心からのかかわりに成長し、豊かになっていくならば、それは真にカトリック的なキリスト教生活のしるしです。主ご自身そのものである恵み、また主がかちとってくださった恵みを、マリアは、主が私たちにお与えくださった媒介者として、主において、主を通して私たちにとりついでくださる方です。

私たちにとってマリアとは？

私たちはこれまで、教会の信仰の教えから、「マリアという方がカトリックの信仰告白の内にどのように属しているのか」、また「信仰が彼女について描く全体像とはいかなるものなのか」との考察につとめてきました。私たちはそのために、「マリアの聖なる生涯の始まり（無原罪）」について、また彼女が「神の母」であることや、彼女の「罪のなさ」について扱い、さらにその聖なる生涯の結末である「マリアの被昇天」についても考えてきました。これらに加えて他に何かマリアについて問うべきことがあるでしょうか？　言うべきことは、もうすでにみな言われたのではないでしょうか。……たしかにそうなのですが、しかし、そうでないとも言えます。考えるべきことには、すでにたしかに触れてきました。けれども、このマリアについての私たちの神学的黙想を閉じるにあたって、今一度「これらすべてのことが、私たちにとっていったいいかなる意味をもつのか？」を問い直してみることもできるでしょう。というのも、私たちはこれまで主に「マリアとは、その方ご自身において、またご自身にとっていかなる方であるのか」を考えてきたのですが、しかし今、最後に「マリアは、私たちにとってどのような方なのか」をまとめておくのは、この黙想の結びにふさわしいと思われるからです。

この問いについては、いまだ公に教義として宣言されてはいませんが、すでに長らく教会の中で語り継がれてきた一つの表現が答えを与えるでしょう。すなわちそれは「マリアは、私たちにとって、恵みの媒介者（mediatrix）」であるという理解です。カトリック信者は、長らく「み母マリア、恵みのとりつぎ手、私たちのためにとりなす方」と祈ってきました。この「媒介者（とりつぎ手・代願者）」という言葉は、たしかにいまだ宣言された教義ではありません。しかし、私たちが使徒信経で告白し宣言する「聖徒の交わり」、および聖人の崇敬と彼らのとりつぎを願う祈りが私たちの信仰にとっての自明の真理だと言うのなら、聖なる乙女を「媒介者（とりつぎ手）」と呼ぶことも当然のことですし、それは私たちの信仰にとってすでになじみ深いものでしょう。

イエス・キリストこそが「媒介者」ではないか？

とはいえまた、この表現とその背後にある思想、およびそこに想定されている現実に対して、重大な異論を挙げることもできるでしょう。すなわち「神と私たちの間を仲介するその唯一の媒介者とは、私たちの主なるイエス・キリストに他ならないではないか？」との反論です。そしてたしかにこの問いに対しては、率直にただ「その通りである」と答える以外にありません。聖書とキリスト教全体の証、またローマ・カトリックの信仰の教えによれば、イエス・キリストこそが、ただお一人、真正な媒介者であり、この方以外に他の媒介者などは考えられず、たとえ祝福されたマリアであろうともその地位にないということは、私たちにとって、私たちの救いと信仰にとって、いかなる疑問の余地もない、まったく自明のことです。イエス・キリストは、一片のあいまいさもなく明確に唯一の媒介者であり、この方をおいて他には、男性であるか女性であるかを問わず、いかなる仕方でも、媒介者と呼ばれうる者などありえないのです。なぜなら、彼こそが「神人」として、本来にそして唯一真正に、私たちに救いをもたらす方であり、彼こそが神の子として、私たちの救いそのもの、御父なる神の恵みにいたるための門だからです。イエス・キリストは、御父から永遠に生み出されている神的な本性と、乙女マリアからうけつぐ人間としての自然本性とを、ご自身のペルソナにおいて一致してもつ方です。それゆえ、この方の存在と行為において、神と創造、つまり神と神が与える救済に到達すべき被造物との唯一で一回的な合一が成し遂げられました。このような意味で、イエス・キリストとは、彼においてのみ、ただ一度だけ存立しうる「媒介者」なのです。

そうであるにもかかわらず、私たちが祈りの中で、また心の喜びにおいてささげる崇敬と信頼のうちで、マリアをも私たちの「媒介者」と呼びたいのなら、そのときこの語は、聖書がイエス・キリストを唯一の媒介者であるとするのとはまったく別の意味をもつはずです。しかし、同じ言葉が別の意味で使われることは（もちろん、何らかの内的なつながりがあるのでしょうが）、ことさら驚くべきことでもないでしょう。人間の言葉とは、やはり貧しいものです。それは、言いたいことに比べてたいへん限られた数の語しかもたないものでしょう。そうした少ない言葉で、神の救いの秩序について無限に果てしない現実を語らなければならないのです。しかもそれは、常により短く、くだくだしい説明なしに、ずばりと名づけられなくてはなりません。言わねばならぬことはあまりに多いのですが、それを語る言葉はあまりにわずかなのです。人と成られた神の永遠の御言葉がなされる「媒介」と、恵みを受けた方であっても、やはり被造物にすぎない聖なる乙女がなす「媒介」は、根本的にまったく異なる二つのことです。ですから、それを同じ言葉で語る際には、誰かを驚かすことも怒らせることもないよう注意が必要です。大事なことは、私たちはこの限られた貧しい人間の言語でもって、何ごとかをいつもつづめて語ろうとしているのだということを、そのつど正しく理解することでしょう。

人間は互いにかかわり合う「協働者」である

以上のように、主なるイエス・キリストお一人が私たちにとっての唯一の媒介者であることはたしかにそうですが、それにもかかわらず、聖なる乙女が私たちの真のとりつぎ手であることを把握しようと思うならば、次のことを考えてみたらよいでしょう。すなわち、すでに第二章で述べたことですが、私たちは救いについても、互いが互いにかかわり合っているということです。このゆえに、私たちは、恵みにともなう重い負担や、救い主でありまた裁き手でもある神との決定的な出会いについて、その最終責任を負うまでに、他者が負っている危機的な、あるいは祝福された重荷を互いに担い合わねばならぬ者です。すなわち、親は子供を励まし、彼らの救いのために心をくだき、祈ります。教会の教職者は、信仰の真理を宣べ伝えます。司祭たちは、秘跡を授けます。私たちは皆、互いのために祈るのです。そして私たちはまた、皆が互いに及ぼし合う咎の重荷を、悔い改めの業において、人類全体の罪についての自分の分を引き受けるかのように負い合います。さらにまた私たちは、罪だけにおいてではなく、救いの歴史においても互いに結び合っています。私たちは、パウロがかつてそう呼んだように、神の協働者です。たしかにそう呼ぶ他はないと思いますが、いわば各々が、互いに対して何らかの仕方で、媒介者、他者の救いのための媒介者なのです。それはもちろん、神の永遠の救いを地上に引き下ろすために、人間が自分の分を越えて天に上がるというような意味ではありません。しかしこの救いは、神ご自身の恵みと業において、私たちが互いに他者のためにそれを与え合うために、すでに私たちのもとにあるに違いありません。これはまた、私たち自身がこの救いの恵みを自分でつくり出すことができるなどとのことを言おうとするのでもありません。けれども、その救いは、実際すでにそこにあるのです、イエス・キリストにおいて。そうです、彼お一人において救いはすでに私たちのもとに、この人類という一なる共同体に到来したのです。この共同体において、しかし一人ひとりは皆互いに依存し合って生きているのですから、神は、恵みといつくしみにおいて、人々が互いに対して助け手であることをお望みになります。そしてそれは、まさに救いの授受においてもそうなのです。

神は、イエス・キリストにおいて、救いをこうした人間の歴史と幸福と災禍における共同体的連帯のうちに据えられました。その救いは、ですから他の人を通してある一人の人間に到達するのです。もちろん神の側からすれば、一つである人類の頭としてのイエス・キリストにおいて、直接それぞれに届くようにと計画なさっておられるのですが。私たちは誰しも、これまで存在しなかった救いを新たにつくり出すことができるような者ではありません。そうではなく私たちは、仲介しあう者であり、その意味でお互いのために、救いの媒介者なのです。ですから私たちは神の審判の席でも、自分の生の状況において、近くにいる他者のためにできるかぎりなすべきことをなしうるように、与えられた賜物やタレントを使って媒介をなしたのか、が問われる者なのです。

教会共同体と「聖徒の交わり」

さてそれでは、一方でこうした人間による救いの媒介が、イエス・キリストの恵みによって聖人の交わりとしてすでにこの世において現存するというのならば、他方で、すでに神の生命の栄光に入った者たちは、――全生涯に起こったことをもって、また今もそう有り続けていることの総《すべ》てをもって――どうなるのでしょうか。今彼らは、地上にあった時よりも、媒介的意味を私たちにとってより少なくもつにすぎないというのでしょうか？　彼らは、そこで私たちと一緒になるあの一なる救いと聖人たちの交わりにおいて、私たちにとって重要でない者となるというのでしょうか？　彼ら天に属する、救われて、真に贖われた人々は、私たちの救いのための正当な媒介者と呼ばれてはならないのでしょうか？　いいえ、彼らを「媒介者」と呼ぶのであれば、それは、神の永遠のうちで、すでに救いに到達したであろう者たち、またこの世で神の「協働者」であった人々にとって、私たちと主なる神との間に立っているということを意味します。そこでもちろん、彼らは、私たちが神ご自身にいたる道、神の恵み、唯一の媒介者であるキリストへの歩みを妨げるようなものではありません。また彼らは、私たちが永遠のみ摂理と天の恵みの宝に到達しうるために通過せねばならない訴訟の一段階なのでもありません。そうではなくて、彼らは私たちと共に、私たちの隣にいて、本当に重要な相互の交わりに結ばれながら、贖われた人々の聖なる交わりのうちで神の前に一緒に立つ人々なのです。

神は私たちに、その創造的な働きをなす恵みといつくしみに満ちた眼差しを注がれ、私たちをこの聖人たちの大きな交わりの一員としてごらんになります。そして神は、この交わりに属する一員であるがゆえに、この神の恵み深いあわれみを見つめるまどいを一緒につくっていく他の者たちのためにあろうとする者の一人ひとりを、贖われた者、恵まれた者、そして神から愛された者として欲しているのです。私たちはたしかに一人ひとりとして、それぞれに違った形で与えられる神の恵みによって、個々別々に呼ばれた者です。しかしながら、私たちは一人ひとりユニークな者でありながら、しかも一団として神から愛された者たちでもあります。私たちは他の総ての人々とかかわり合い、また全体は私たち一人ひとりとかかわるからです。神は全体を愛されるので、私たち一人ひとりを愛され、また神は私たち一人ひとりを愛されるがゆえに、他の人々皆をも愛されます。ですから私たちは、この恵みを受けた人類の一致を築くこの神の創造的で聖なる一つの意志から離れていることは決してできません。総ての人々は、その全体とかかわっています。それゆえ私たちは、「総ての人は皆に対して媒介者である」と、真に言うことができるのです。なぜなら各個の人は、自分の贖いのために、見通しえないほど多くの兄弟姉妹の群れを自分のまわりにもっているのであり、その人々と一つの聖者の交わりで結ばれているかぎりにおいて、神から愛されているのだと言えるからです。ですから、「総ての人は皆に対して媒介者」なのです。「私たち一人ひとりは皆のため、そして皆もまた私たち一人ひとりのため」なのです！　このように考えることのできない人は、神の国というもの、聖人たちの交わり、永遠なる教会、愛の支配というものを、意識しているかどうかはともかく、ばらばらの個人の集合としてしか見ることができないでしょう。最も大切なものである救いを他者と関係ないものと見なしているからです。そのような見方は、人を自己だけを頼りとする個のうちに放置します。そのような個人にとっては、救い主は皆の救済主ではなくなってしまいます。しかし、これは真理に反します。なぜなら真の救い主は皆を愛したのであり、それぞれの人を皆への愛で包んだのですから。そして各自は、その愛によって孤独から解放され、皆のものである栄光に共に与ることができるのですから。

それゆえ問題なのは、一人ひとりが他の人々のために、どれほど深く、徹底的に、意味深くあり、またどのような仕方で、どれほどの程度で、兄弟姉妹のために救いの媒介者となっているのか、ということだけです。そこにはもちろんやり方と程度の相違があります。神は一人ひとりそれぞれに、お望みのように賜物をお与えになっているからです。同様に、兄弟姉妹の救いのための祝福となる賜物と恵みも異なっているからです。

マリアが媒介者（とりつぎ手）であること

以上から、「聖なる乙女が担う媒介とは、いかなる意味なのか」との初めの問いに答えましょう。マリアはその完全に成就された生と心のあり方において、三位の神の永遠の愛の前での祈りに生きた聖なる方なのですから、この問いについては、次のように答えなくてはなりません。すなわち、マリアに帰すべき媒介者の役割とは、彼女の「救済史的な意義」なのです。この地上の歴史、人類、およびその人類の救いにとって彼女が担った救済史的な意義です。

永遠とは、マリアの場合においてもそうですが、死ぬ前にこの世ですごした生涯の実りを意味します。

そして彼女がこの世における救済の歴史において持った意味こそが、彼女が死を通してお入りになった天国の栄えに満ちた不滅の完成によって、まさに永遠に消えない不滅のものとなるのです。この世の人間たちの救いの歴史には、救い主が現れましたし、また私たち救われた者たちもいました。神の御子のみではなく、神の協働者である人間も与えられていたわけです。しかしながら、これほどまでに深く、広く、救済の歴史の全体を決定するような仕方で救済史的役割を担った方は、この恵みあふれる乙女、私たちの主の御母をおいてほかにはありません。なぜなら彼女は、私たちのため、私たちの救いのために神の恵みから救いを受託しましたが、しかしその救いをまさにご自分の真の自由において受け取られたからです。私たち皆のために、彼女において一回かぎり、凌駕しえない仕方で起こったことは、真実に永遠となるはずです。

マリアの「フィアット（なれかし）」＝永遠のアーメン

この世界歴史の全体をも規定する、聖なる乙女の一つの「はい」は、過去の空虚のうちに霧消していくものではなく、霊的で人格的な歴史のうちに真に現成した出来事であり、しかも恵みのうちに成った出来事であるゆえに、まさに永遠の出来事だからです。マリアのこの永遠の「アーメン」（そうでありますように）、すなわち神がご自分の民であるよう望まれた総ての者に発せられた永遠の「フィアット（fiat、なれかし）」は、イエス・キリストの上に築かれて、私たち皆がそこにいる、この一つの偉大な救いのコスモスの全体に今もなお響き渡っています。マリアは、このアーメンを総ての皆に向けて語ります。それは、彼女がイエス・キリストに向けてひとたび決定的に語られたものであり、それゆえこの「はい」は永遠となっているからです。

神が、救われた者のこの一なる共同体をごらんになり、そしてそのうちで、一人ひとりを他の総ての皆と共にご自分のものにしたいと思われるなら、この聖なる乙女の永遠の「はい」をもごらんになります。神は、時間の中における私たち総ての救いが、最も直接に、これっきりというほど決定的に、この「はい」に懸かっていることを望まれたからです。そして神は彼女をごらんになるとき、彼女のうちに人と成られた御言葉の恵みをこそごらんになるのですが、さらにこのマリアのゆえに、私たちをも一緒にご自分の民とすることをお望みになられます。神はマリアをご自分の御子の母として愛されるからです。しかしながら神は、常にご自身とキリストにだけに留まるはずの全き恵みを、それを与えられた者にとってまったくその者自身のものとなるようにお与えになるので、この本来神ご自身にのみ属する恵みは、その恵みを受けた者によってそのことが知られることによって、認知され称賛されるようになるものです。

この讃美は、その価値を減じるものではなく、むしろ唯一の媒介者の全き恵みの栄光をより高く称揚するものです。それゆえにこそ私たちは、マリアについて、彼女の永遠となった救済史的な業のゆえに、「マリアは聖人たちの交わりのうちで私たち皆のために真に媒介者であった、総ての恵みの媒介者であった」と、心底から言うことができるのです。

聖母と共に私たちに最も身近な最高の恵みを生きる

ごく普通のカトリック信者であっても、実はその人は、キリストが媒介者であることと聖なる乙女のそれとの間には違いがあることを自分なりの仕方でつかんでいるし、宗教生活においてもそれをわきまえて暮らしていると思います。その信者は、的確な神学概念でそれを説明することなどはおそらくできないでしょう。でも、違いはわかっています。その人は祈りの中で、マリアは恵みを受けた被造物であり、その受けた恵みは言いようもなく栄光に満ちたものではあっても、やはり彼女自身は被造された人間なのだ、という事実を知っていますし、またその祈りを生活に生かしているからです。その人は同時に、イエス・キリストこそが、神の御子、御父の永遠の御言葉であり、この方だけが御父と聖霊と共に礼拝に値する方であることをもわきまえているでしょう。カトリック信者は、唯一の媒介者イエス・キリストの神的尊厳をあまりにも深く確信しているので、むしろ時にイエス・キリストのうちにも私たちと本性を同じくする真の人間があることを見過ごしてしまうほどかもしれません。

それゆえ私たちは、マリアを崇敬するのに、臆病であったり、物惜しみする必要はありません。私たちの心が、ゆっくりではあっても彼女から本当に謙遜と忠実を学んで、恵みあふれる乙女との心からのかかわりに成長し、豊かになっていくならば、それは真にカトリック的なキリスト教生活のしるしです。それこそが、祈り求められねばならぬ恵みでしょう。主ご自身そのものである恵み、また主がかちとってくださった恵みを、マリアは、主が私たちにお与えくださった媒介者として、主において、主を通して私たちにとりついでくださる方です。このゆえに、私たちは彼女を心から愛し、崇敬すべきです。私たちの心にいつも、五月のマリア祭にささげるろうそくを新たに点じているべきです。そして、福音書の中で天使とエリサベトがマリアに送った挨拶、「アヴェ・マリア、恵みあふれる方、主はあなたと共におられます。あなたは女性のうちから選ばれて祝福された方、あなたの御胎の子も祝福されています……」をいつも新たに心の中に呼び起こすべきです。さらに続けて祈りましょう……、「私たちの聖母、私たちの媒介者、祈りのとりつぎ手、あなたの御子と私たちを和解させてください。そして今、またこの世の生を終えた後にもあなたの御胎の子をお示しください。罪深い私たちのために今も死を迎えるときも祈ってください」。アーメン。

解説⑧——信仰者の霊的母、教会の母、祈りのとりなし手であるマリア

マリアに関する教義は神学的に「神の母」「処女性」においてキリスト論に、「無原罪」「生涯の罪のなさ」「被昇天」において神学的人間論（罪と恵み）と終末論にかかわり合うことを右に見てきました。しかしながらマリア教義は、個人の信仰問題にのみかかわるのではなく、信仰者の共同体である教会論とも深くつながります。

すなわちマリアは、イエス・キリストの母として教会の母でもあり、またそれによって信仰者の祈りと願いのとりなし手であることにおいて古来、熱烈な信心を集めてきました。この聖母信心は、本来、他の聖人たちへの崇敬と一緒に位置づけられるものですが、イエス・キリストとの最も近しい関係において、マリアへの崇敬が特別に重んじられています。

「マリアの霊的母性」は「母」であることの三過程、懐胎、出産、養育において整理できるでしょう。

① 懐胎——神の御子を宿された。全人類に救いをもたらす救い主キリストの母となったマリア。

② 出産——イエス・キリストの生涯に同伴し、十字架に立ち会い、復活において救いのための共同体である教会を生み出したマリア。

③ 養育——被昇天の後、神とその御子のもとで教会とその子らを母として世話するマリア。キリストの肢体の養育者、祈りのとりつぎ手、恩恵の媒介者。

マリアは、受肉・あがない・恩恵の授与においてイエス・キリストの救済のわざに協力し、さらに教会を通してキリストの協力者・伴侶となりました。この意味で、マリアは信仰者の霊的な母、また信仰共同体である教会の母とされるのです。

マリアの霊的母性

マリアが教会の母であることは、現代のカトリック教会の基盤である第二バチカン公会議でもはっきりと言われています。

「マリアは、キリストを懐胎し、生み、育て、神殿で父に奉献し、十字架上で死んでいく子とともに苦しみ、人々の超自然的いのちを回復するため、従順、信仰、希望、燃える愛をもって救い主のわざにまったく独自な仕方をもって協力した。こうしてマリアは、恵みの面において、われわれにとって母となった」（第二バチカン公会議『教会憲章』61項）。

「マリアは子を生み、神はその御子を多くの兄弟、すなわち信者たちの中の長子とした。つまりマリアは、母としての愛をもってこの兄弟たちを生み育てることに協力している」（第二バチカン公会議『教会憲章』63項）。

新しいエバとしてのマリア

マリアの霊的母性についての教えがいちじるしく発展したのは中世でしたが、すでに教父たちの証言の中にその萌芽を読みとることができます。

そこでまず注目されたのが「新しいエバ」のテーマです。それは、アダムの不従順を償うキリストの従順に対応する「エバの不従順を償うマリアの従順」について語るものです。それは、すでに二世紀にはユスティノス（一六七年頃没）やエイレナイオス（二〇二年没）、テルトゥリアヌス（二二〇年没）によって言及されました。エイレナイオスは次のように言います。

「エバは不従順の罪を犯した。それはエバがまだ処女の時であった。エバがアダムの妻でありながら、しかも処女であった時不従順であり、ついに自分自身と全人類の上に死を招いたように、マリアは婚約し、まだ処女であった時、従ったのでご自分と全人類のために救いを招き入れた。こうしてマリアからエバへの循環が示される。というのは、罪の根源にさかのぼらなければ、罪の絆は解かれないからである。同様に、エバによる結び目は、マリアの従順によらなければ解かれなかった。処女エバが、その不信仰によって縛ったものを処女マリアがその信仰によって解いたのである[1]」。

四〜五世紀のキプロスのエピファニオスも次のように言います。

「地上の全人類はエバから生まれる。しかしこの世の真の命は、実にマリアから生まれたのであり、生ける御者を生んだマリアこそ『生ける者の母』である。それゆえエバはマリアの前表として、生ける者の母と呼ばれたのである」[2]。「一本の穂」という、全人類あるいは教会を育てる母としてのマリアも語られています。「マリアは一粒の麦である御言葉を受けて、一本の穂を実らせる畑である」[3]。

またアンカラのニルス（四三〇年没）は、エピファニオスの教説を受け取りつつ「第一のエバは第二のエバ、すなわち人々のいのちである栄光の主を生んだ聖処女を象徴するために『生命』と呼ばれた。まことにマリアこそ福音によって生きる者、信仰を拒まずに魂を殺さない者すべての母であるとしるしている」と言います[4]。

アウグスティヌス（四三〇年没）も次のように言います。「ひとりの婦人によって我々に死が来たように、命もひとりの婦人によって与えられた。男女両性に勝ったと誇っていた悪魔は、この二つの性に敗北した」[5]。

キリストの兄弟姉妹である者の母

マリアの霊的母性の教えには、信仰者がキリストの兄弟であるから、マリアが信仰者の母であるとの理解が伴っていました。

オリゲネス（二五四年頃没）は、母なるマリアにとって人類はイエスと同様の子であるとします。「一人キリストのみがマリアの子であるが、そのキリストはマリアに向かって『この人もあなたの子です』と言わずに、『この人はあなたの子です』と言った（ヨハ19・26）。このことは『この人はあなたが生んだイエスです』と言ったのと同じである。完全な人々は、もはや自分が生きているのではなく、自分たちのうちにキリストが生きているので、主は彼らについて、マリアに『この人はあなたの子キリストです』と言う」[6]。

四世紀のミラノの司教アンブロシウス（三九七年没）も次のように言います。

「乙女の胎から一粒の麦が生まれた。……しかしこの一粒の麦から、山と積まれた麦が実った。……一粒の麦が死んで豊かな実が生じたから。それゆえマリアからキリストが生まれたとき、彼女の胎から世界中に黄金なす麦の山が築かれた」[7]。

アンブロシウスのもとで学んだアウグスティヌスも師の見方を受け継ぎます。

「一人のあの婦人（マリア）だけが、霊的のみならず肉体的にも乙女である母である。マリアは霊的意味では、私たちの頭である救い主の母ではない。むしろキリストから霊的に生まれたのである。しかしマリアは頭の肢体である信徒が教会のうちに生まれるように、ご自分の愛によって協力されたので、キリストの肢体である我々の母である。マリアは頭の肢体である信徒が教会のうちに生まれるように、ご自分の愛をもって協力されたので、キリストの肢体である我々の母である」[8]。

クレタのアンドレアス（六五〇年頃～八世紀）も次のように言います。

「あなたは本当に祝された方で、その胎は畑に積み上げられた麦の山のようである。なぜなら、あなたは祝福の実、不滅の穂、全き果実、人によって蒔かれず、無数の人々の救いという豊作をもたらすキリストを生んだから」[9]。

民衆の間にマリア信心が開花した中世にいたっても、マリアがキリストの母であると同時に信仰者の母であることによる霊的母性の考えは重要な位置を占めます。

たとえば、ギョーム・ドゥ・マルメビュリー（一一四三年頃没）は言います。

「聖母の御子ご自身、信徒を『兄弟』と呼んでいる。彼らは『キリスト者』とキリストと同名で呼ばれるものであるから、本当にキリストの兄弟である。キリストご自身の証明と彼らの名称が示すように、キリストが信徒の兄弟であるなら、キリストの生みの母が信徒たちの母でないはずがない。マリアは神の恩恵がキリストに一致させる人々を子どもと見る。選ばれた者たちの長兄を生んだ者がどうして彼の母でないことがあろう(10)」。

贖い（十字架）におけるマリアの協力

中世においてはまた、贖い（十字架）におけるマリアの協力というテーマが語られるようになります。ベルギーのルーペルト・デ・ドイツ（一一二九年没）は次のように言います。

「御母は、疑いもなく出産のような苦しみを忍びながら、御子の十字架の傍らにたたずんでおられた。『あなたの心も剣で貫かれるでしょう』とシメオンが預言したとおり、御子の十字架はひどく母マリアを苦しめた。イエスは母と愛する弟子が立っているのをご覧になり、母に『婦人よ、これはあなたの子です』と仰せられ、また弟子には『これはあなたの母です』と仰せられた。どうしてイエスの愛した弟子が神の母の子であり、また聖母が彼の母なのであろうか。その理由は、かつて万人の救いであるお方を苦しまずに生んだマリアが、今十字架の下で、苦しみの内に彼を生んだからである。……今苦しみと悲しみを感ずるのは、『彼の時』――その時のために聖霊によって懐胎した――その時のためにのみ、神がご胎内で人となった――が来たからである。……出産の苦しみをもって、ご受難のときに万人の救いであるお方を生んだので、マリアは我々の母なのである」(11)。

またアウグスティヌスの影響のもと、マリアの霊的母性について「キリストのからだ」としての教会におけるマリアの位置づけが考察されました。すなわち、マリアがキリストを生んだことは頭とともに肢体である教会をも生んだことであり、その意味でマリアは頭であるキリストと肢体である教会を結ぶ「神秘体（キリストのからだである教会）の首」と呼ばれたりもしました。首は、頭のいのちが肢体全体に流れ入る部位というわけです。こうして信仰者はマリアにおいてキリストと一致し、またマリアを通して教会にいる信徒にキリストのいのちが注がれると考えられます。

近現代の教導職による教会の母マリア

「マリアの時代」とも呼びうる十九世紀から二〇世紀において、ほとんどすべての教皇たちがこのテーマについて語りました。

まずピウス九世（在位一八四六～一八七八年）は「無原罪」教義を宣言しましたが、マリアは「人祖の罪を償う者、人祖の子孫を生かす者である」と言いました(12)。

聖母の「霊的母性」が教導職によって語られ始めるのは、レオ十三世（在位一八七八～一九〇三年）からです。レオ十三世は、とりわけマリアが受肉と十字架にあずかることで信者の霊的再生に協力したことについて語りました。

「マリアは母としての務めを果たすために、主の侍女としてご自身をささげたときも、神殿で御子とともにご自身を余すところなく神にささげたときも、人々の罪のあがないのわざにおいて、キリストの協力者であった。カルワリオにおいては、神の正義に自発的に御子をささげ、悲しみの剣にさし貫かれて、御子とともに、心のうちで死んだのである」(13)。

ピウス十世（在位一九〇三～一九一四年）は、マリアの「霊的母性」をテーマとする回勅を初めて発布しました(14)。教皇はそこで、マリアは教会の頭であるキリストを生むとき、一緒に全肢体をも霊的に生んだとし、神の母マリアと人類の母マリアとの深い関連を説きます。そしてマリアは、キリストを生むことに加えて、キリストの贖いのわざに参与することにより、救いの歴史の協力者であったと言います。

「マリアはキリストの苦難に自らの意志を一致させたことにより、失われていた世を贖う者となる功績を立て、その結果、イエスが受難と死によって我々のために獲得したすべての恩恵の分配者となった」(15)。

ベネディクト十五世（在位一九一四～一九二二年）は、マリアが神の意思に従い、御子の十字架の死の傍らにいた事実のうちに、マリアの救いへの協力者としての使命の完遂を見たとして、次のように言います。

「死の苦しみを味わわれたキリストとともに死ぬほど苦しみ、神の正義をなだめ、人々を救うために、母の権利も投げうったので、まぎれもなく、マリアはキリストとともに人類を贖ったと言うことができる」(16)。

ピウス十一世（在位一九二二～一九三九年）は、「共贖者」（Coredemptrix）というマリアの称号を初めて唱え、次のように言いました。「マリアがカルワリオで私たちの共贖者となられたことを思い出してください。そのみ心が内的に十字架に釘づけられて、あなたは世の救いのために御子に協力されました。その日より、あなたは人類をともに贖う方、罪人の逃れ場、万人の母となられたのです[17]」。

「聖母被昇天」の教義を宣言したピウス十二世（在位一九三九～一九五八年）も、マリアのあがないの出来事への参加を力説しました。その意味で、マリアは王であるキリストのあがないに参加した女王だと言われます。「神は、人間のあがないのわざを行うにあたって、処女聖マリアがキリストと密接に結ばれることを望み、その結果として、その母の愛と苦しみに密接に結ばれたイエス・キリストの愛と苦しみによって、我々が救われたのである[18]」。

十九世紀以降のマリアについての教皇の発言

教皇	在位	マリアについての教え
ピウス九世	一八四六～七八	「無原罪の御やどり（Ineffabilis Deus, 1854）」教義宣言 マリアは「人祖の罪を償う者、人祖の子孫を生かす者である」
レオ十三世	一八七八～一九〇三	マリアは「受肉と十字架にあずかることで信者の霊的再生に協力した方」
ピウス一〇世	一九〇三～一四	マリアの「霊的母性」をテーマとする回勅を初めて発布
ベネディクト十五世	一九一四～二二	マリアの救いへの協力者としての使命を強調
ピウス十一世	一九二二～三九	「共贖者」（Coredemptirix）という称号を使う
ピウス十二世	一九三九～五八	「聖母被昇天」教義宣言 マリアは王であるキリストのあがないに参加した女王

恩恵の仲介者マリア

マリアの「母」としての第三の役割が、祈りのとりつぎ手、恩恵の媒介者、キリストの肢体の養育者という面でしょう。キリストの贖いに協力したマリアは、キリストのからだとなった教会に人々を一致させ、救いにあずからせるためにも協力します。

マリアに助けを願う祈願の最初のものは、三世紀以前にパピルスにギリシア語で書かれていた「あなたのあわれみのご保護のもとに（スブ・トゥウム・プレシディウム、Sub tuum praesidium）」という祈りです。それは次のようなものです。「神のみ母よ。あなたのあわれみのご保護のもとに、私たちは逃れます。私たちが必要に迫られてささげる祈りを見捨てにならず、私たちを危険からお救いください。ただひとり浄く、祝せられたお方よ」。ここには、三世紀にはすでにマリア信心が存在していたことが明らかにされています。

マリアの「仲介」「とりなし」については、ユスティノスやエイレナイオスがマリアの使命について語る際にすでに触れられていますが、四世紀のエフレム（三七三年没）は、マリアを「女王にして神の母、すべての宝の分配者、仲介者の傍らでは全世界の仲介者」と呼びました。

またアレクサンドリアのキュリロス（四四四年没）は、エフェソ公会議に参集した司教たちに「あなた（マリア）によって全世界に教会が立てられ、あなたによって諸国民は回心に立ち返ります」と説教しました(19)。

コンスタンティノポリス総主教ゲルマノス（在位七一五〜七三〇年）も、次のように言います。「神の御母よ、あなたの御助けは救いを与えるのに力があり、神の御前にあなたの他の誰にもより頼む必要がありません。あなたは真のいのちである御者の母、あなたはアダムを回復させるパン種、エバの呪いを解く御者であるから……あなたの助けは不滅、あなたのとりなしたいのち、あなたの保護には絶え間がありません」[20]。

こうして教父時代後期と中世には、マリアを「とりなし手」とする信心と祈りは、すでに見てきたマリア信心のさまざまの側面とともに開花していきます。

近現代の教導職も、そうした伝統を引き継ぎつつ、マリアのとりなしについて発言します。

レオ十三世は、マリアのとりなしの力について「あたかも御子を通してでなければ誰も御父のもとに行くことができないように、聖母を通してでなければ、だれもキリストに近づくことはできない」と語ります[21]。

ピウス十世も、マリアのとりなしの力を強調します。「マリアはイエスの感情と苦しみをご自分のものとしたので、世の中で最適の贖罪者となるのにふさわしい者でした。したがってマリアは、イエスが死と血によって獲得したあらゆる宝を分配するのにふさわしい者であった。キリストご自身こそ、その本性上、神と人間の仲介者なのである。しかし母マリアは、御子の悲しみと苦しみにあずかったので、御子の御前で全世界のためにとりなす力ある仲介者、和解をもたらす者となった[22]」。

第二バチカン公会議

以上のような、古代以来の教会の伝統、および近現代の教皇たちの発言をまとめるのが、第二バチカン公会議のマリアの霊的母性に基づく教会論です。『教会憲章』第八章は、マリアにささげられることとなり、マリアについての教会の教えを総括しながら、マリアが教会論のテーマであることを章の全体にわたって明白に述べました。そして教皇パウロ六世は、一九六四年、第二バチカン公会議の第三会期が終了し『教会憲章』が発布される折に、マリアを「教会の母」すなわち信徒および牧者を含むすべての神の民の母と宣言しました。

公会議の当初、マリアについては独立した一つの文書を作成することが求められていました。しかしそれは、エキュメニズムへの悪影響が危惧されるとの理由で退けられ、マリアについては、教会についての文書の中に組み込まれることとなりました。またマリアはイエス・キリストの「共贖者」(Coredemptrix)であるとの呼称を公認することを求める人々もかなり多くいましたが、この呼称は適切ではあるにしても、やはりエキュメニズムへの影響が考慮されて省略されることになりました。

ところで、四三一年のエフェソ公会議では、マリアが「神の母」であると宣言されました。そこでのマリアについての理解は、全面的にキリスト論にかかわるものでした。中世以来のマリア信心とその神学も、キリストをモデルとしてマリアを考えるものでした。それに対して、第二バチカン公会議のマリア論は、教父以来の伝統を受け継ぎながら、教会の意味づけの中に置かれました。

第八章の初めにおいて、「教会論」を述べるために、従来の伝統であるキリストとの関係における教会と、この『教会憲章』がマリアとの関係の展望の下で語ることの意図を述べています。すなわち従来「教会は、主が自分のからだとして形成したものであり、その中で信者は、頭であるキリストに一致し」たものとして語られてきました。これに対して第二バチカン公会議においては「処女マリアは、神であるあがない主の真の母」であり、「親密で解くことのできないきずなによって子に結ばれ、神の子の母になる最高の役割と尊厳を授けられた」方だとされます。マリアは「聖霊の住む聖所であって、……『真に（キリストの）成員の母である。……なぜならマリアは、教会の頭に属する成員である信者が、教会の中に生まれるよう、愛をもって協力したからである』（アウグスティヌス）。そのため、マリアは、……その信仰と愛においては、教会の典型、もっとも輝かしい模範として敬われ、カトリック教会は聖霊に教えられて、マリアをもっとも愛すべき母」（53項）であり、このマリアを焦点として教会について語られるとのことです。

マリアを教会のかたどりとするのは、すでに教父たちからの伝統ですが、それはマリアの「自由な信仰と従順をもって人類の救いに協力したこと」（56項）によります。それゆえエイレナイオスの「マリアは、従順によって、自分と全人類のために救いの原因となった。……エバの不従順のもつれがマリアの従順によって解かれ、おとめエバが不信仰によって縛ったものを、処女マリアが信仰によって解いた」との言葉[23]、またマリアをエバと対比して、「生ける者の母」と呼ぶサラミスのエピファニオス[24]、「エバによって死が、マリアによっていのちがもたらされた」[25]とのヒエロニムスの言葉が引用されます。

マリアが教会論と結びつけられるのは、すでに諸教皇が述べてきた通り、マリアが母の心をもって子であるイエスのいけにえの奉献に愛をこめて同意したことによる「人類の救いへの協力」によります。

それはとりわけ十字架上で死に瀕する子との一致を忠実に保ち、イエスの「婦人よ、御覧なさい。あなたの子です」(ヨハ19・26)との言葉に示される「霊的母性」(58項)によります。

地上での生涯を終えてから、肉体、霊魂ともども天の栄光に引き上げられ(被昇天)、「天の元后」(59項)と讃えられるマリアは、御子との解消しえないきずなによって(60~62項)、教会の典型と模範としての聖母マリアが考察されることとなります(63~65項)。

すなわちマリアは、数々のとりなしによって恵みにおける母としての役割を続け、諸教皇が名づけたように、教会における「弁護者」「扶助者」「援助者」「仲介者」と呼び求められます(62項)。

こうしてマリアは、特別の恵みと務めによって教会と密接に結ばれ、聖アンブロシウスが言うように「神の母は、信仰と愛、またキリストとの完全な一致の領域において教会の典型[26]」であるとされます(63項)。

注

(1)エイレナイオス『異端反駁』(Adv. haer.)III, 22, 4: PG 7 958-9.
(2)キプロスのエピファニオス、PG 42, 728.
(3)同上、PG 43, 491.
(4)アンカラのニルス、PG 79, 179.

（5）アウグスティヌス、PL 40 302–303.
（6）オリゲネス、PG 14 31.
（7）アンブロシウス、PL 16 326–327.
（8）アウグスティヌス、PL 40 399.
（9）クレタのアンドレアス、PG 97 897.
（10）ギョーム・ドゥ・マルメビュリー、PL 159 586.
（11）ルーペルト・デ・ドイツ、PL 169 789.
（12）ピウス九世、Innefabilis Deus, 1854.
（13）レオ十三世、Iucunda semper, 1894.
（14）ピウス十世、Ad diem illum, 1904.
（15）ピウス十世、Ad dicem illuum, 1904.
（16）Inter sodalitia, 1918.
（17）ピウス十一世、O clementissima, 20 Jul. 1925.
（18）ピウス十二世、Mystici Corporis, 29 Jun 1943, AAS. 25（1943）p. 246.
（19）アレキサンドリアのキュリロス、PG 77, 991.
（20）コンスタンティノポリスのゲルマノス、PG 98, 349–352.
（21）レオ十三世、Octobri mense, 22, 1891, BAC no. 128, p. 243.
（22）ピウス十世、Ad diem illum, 2, 1904.
（23）エイレナイオス、PG 7, 959A.
（24）サラミスのエピファニオス、PG 42, 728CD–729AB.
（25）ヒエロニムス、PL 22, 408.
（26）アンブロシウス、PL 15, 1555.

解説⑨——聖母マリアをめぐる現代の議論

以上、カール・ラーナーにそってカトリック神学におけるマリア教義の内容について概観してきました。最後に、こうしたカトリック・マリア論が現代の教会や社会においていかに受け容れられていくべきかを考えるために、論議の現状を一瞥したいと思います。

分裂のもとになったマリア崇敬

マリア崇敬、およびマリアについての神学は、現在にいたるまで、さまざまな方向から論議の的となっています(1)。

その最も大きな溝は、カトリック教会とプロテスタント諸教会との間の理解の違いでしょう。プロテスタントは、カトリックのマリア崇敬が聖書に基づくことなく教会の歴史の中で膨張を続け、キリスト教信仰と教会のあり方が、キリスト中心からマリア中心に変わってしまったと言います。

また近代以後の諸思想においても、マリア崇敬の行き過ぎは、人間の主体的な自律性、民主主義、科学、信仰の自由、宗教批判などの近代精神を疎外するローマ・カトリック教会の保守反動性の象徴だと見なされます。それはマリア論が孕む政治的な影響でもあります。カトリック教会のマリア信心は、その男性中心の聖職位階制により「母―息子」関係の教会をクローズアップし、信徒たちを母なる教会の子としようとしてきたと言われます。

マリア崇敬にはまた、古来、さまざまな人間の宗教的欲求と願望が絡み合います。マリア崇敬と民俗的信仰、現代の宗教的また非宗教的な霊性運動との関連が指摘され、それらが示す女性のイメージ、女神性、また性、胎、豊穣性など「いのち」との関連が注目されます。さらに現代の深層心理学、フェミニズム、ジェンダーの思想などがカトリックのマリア崇敬に注目し、賛否を論じています。カトリック教会内においても「解放の神学」が、従来の教会の立場を越えたマリア理解を提起しています。

プロテスタントとマリア崇敬

マルティン・ルター（一五四六年没）には『マリア讃歌（マグニフィカト）解釈(2)』（一五二一年）という著作があります。ルターはそこで、神の慈悲深さを讃えるためにマリアのへりくだりの精神を強調します。マリアは謙虚の模範ですが、しかしそれはわざによるのではなく、恩恵による信仰によって神の母となった人の姿です。

とはいえルターにとって、マリアの処女懐胎とテオトーコスは、自らが受け継ぐキリスト教の伝統として揺るぎないものであり、彼にはマリア崇敬を否定する意向はなかったようです。

ルターのマリア像の前提は、まず怒りの裁判官という彼の神像でしょう。この神の審判の前で畏れる信者に慰めと逃げ場、避難所、とりなしが必要です。ところが「義認論」において、救いの概念をとらえ直したルターにとって、父なる神の怒りをなだめ、とりなすのは憐れみ深い兄弟イエス・キリストに他なりません。それゆえマリアがとりなし手であることは認められず、またキリストがマリアの陰に追いやられることもありえないことです。ルターは、聖書的な根拠のあるマリア祝日(三月二五日受胎告知、七月二日エリサベト訪問、二月二日マリアの清め)は残しましたが、礼拝と教会暦はキリスト中心に改めました。

その他の宗教改革者たちにとって、マリア崇敬はやはりカトリックに対する反発と否定の象徴となり、十七~十八世紀には、プロテスタントにおけるマリアの場所はますます小さくなっていきます。

こうしたプロテスタントに対して、カトリック側のマリア崇敬についての態度は、トリエント公会議においては思いのほか慎重であり、マリアがことさら議題に挙げられることもありませんでした。そして十六世紀には、イエズス会のカニジウスやスアレスにより学問的なマリア論も現れ始めます。十八世紀の半ばから「無原罪」教義が宣言される十九世紀半ばまでは、マリア崇敬はカトリックにとっても下火の時代であったと言われます。

その間、プロテスタントはキリスト中心的な傾向を強め、それが近代の人間の主体性の自覚と進歩という時代精神と合致していきました。しかしその神像は、全知全能の父なる神とその息子という男性的な特徴を示していたとも言えるかもしれません。

一八五四年の「無原罪」教義について、プロテスタントには、好意的な受けとめもありましたが、全体としては明確に反カトリックの立場を強めました。さらに一九五〇年の「被昇天」教義宣言は、東方教会も含めた全教会的な反対に見舞われました。そのため、第二バチカン公会議のマリア論は、再び控えめにならざるを得ませんでした。

現代のプロテスタント神学に共通の展望は次のようなものでしょう。カトリックはマリアに傾きすぎたし、フェミニズムは「女」を宗教の中心に置こうとする。プロテスタントは、カトリックとフェミニズムの中間を進むべきだ。すなわち、キリスト中心的でありながら、聖書中心であること。マリアは敬虔な瞑想の主題や抑制のない神話形成の素材であってはならず、神学の批判的コントロールのもとにあらねばならない。主の母の厳しくも清楚な真の姿が、プロテスタント的なマリア崇敬への貢献である。(3)

カトリック教会におけるマリア信心隆盛の理由

カトリック教会において、なにゆえマリア崇敬がこれほど人々を動かすのかについて、グレースハーケというドイツの神学者は、以下のように説明しました。(4)

①歪められた神像の補い

第一の理由は、四三一年のエフェソ公会議において決定されたマリアの呼称「神の母（テオトーコス）」に基づく「単性論」的神像の拡がりの影響です。つまり、信者の間にイエス・キリストの人間としての面ではなく、神的本性の面が強調されたということです。キリスト教の歴史の初めの千年間において、「神の母」はさほど大きな信心を引き起こすことはありませんでした。ところが西方教会において中世（十一世紀）以後、全知全能の裁きの神、男性的・息子的神という神像に対して、父なる神の怒りをなだめ、和解を与える母的な仲介者、愛情深く助けと慰めと信頼を与える母というマリア崇敬が拡がっていきました。やがてマリアは、父・子・聖霊の三位一体の外にいる「第四位格」のように見なされるほどになります。このマリア崇敬には、信仰の理性よりも心情的宗教性が優先し、出現や奇跡の報告と結ばれながら、母として、心、好意と血といのちを与えるマリアに人々の関心が集まりました。こうした歴史の頂点が、一八五四年の「無原罪」、一九五〇年の「被昇天」の教義宣言だったわけです。第二バチカン公会議を指導したパウロ六世は、一九七四年の使徒的勧告『マリアーリス・クルトゥス』で、聖母への誤った敬虔、表面的な信仰、外的な実践を戒めましたが、レオ十三世（在位一八七八年～一九〇三年）からピウス十二世（在位一九三九～一九五八年）まで、カトリック教会はこうしたマリア像を支持してきたと言えます。

②マリア崇敬とローマ・カトリック教会の体制の結びつき

マリア崇敬の膨張と作用し合うもう一つの側面が、「教皇中心主義」すなわち教皇を柱とするカトリック教会の単一性への志向だとグレースハーケは指摘します。マリアと教皇首位権が手を結び、反近代的な教皇の偶像化と中世的一体性が形成、維持されてきたということです。

グレースハーケによれば、近代カトリックの基本的なメンタリティは、マリア志向と教皇志向の一体化ではなかったかとされます。プロテスタント的な西欧近代精神の基本パターンは「主観への転回」です。プロテスタント信仰は「信仰のみ」「恩恵のみ」「聖書のみ」を柱としますが、全体として、神のみ前での人間の無力さが強調され、背後には全能の「神のみ」の神像があります。それは神と個人の間の関係を中心とする信仰形態であり、つまるところ「神のみ」の前での「自己」がテーマであり、そこから個人の自由・自律・人間の尊厳と人権などを強調する近代思想が現れたとされます。それに対してカトリック教会は「神の母」と男性の教皇・司祭などによる「家族」的な共同体性を基礎としました。殊に近代のカトリック教会は、自然科学や社会科学、無神論的哲学など、さまざまな思想の勃興に対して防御的となり、自ら内向きに「完全組織」であると唱えつつ、現実世界から引きこもる傾向が否めませんでした。そうした立場を下支えしたのが、一八七一年に第一バチカン公会議で宣言された「教皇の不謬性」と、その前に教義宣言された「マリアの無原罪の御やどり」であったとも言えるでしょう。カトリック信者は、こうした組織体制の指導下にあることにより、自律的な自己決定のできる「成人」になることが妨げられたのではないかともグレースハーケは問いかけます。

ところで「神の母（テオトーコス）」とは、「母性」一般や「母親」（ギリシア語の“meter”、ラテン語の“mater”）でもなく、むしろ肉親的な「生母」「生神母」を意味します。

しかし西方中世において「神の母」の意味づけは、むしろ精神的な「母性」あるいは「母親」を意味する“Mater Dei”（神の母）へ変わっていきます。この母性が、カトリック教会における「マリアの霊的母性」の信心を育んできたとも考えられます。

ところがその母性は、再び家父長的な社会制度や父性優位の信仰や神学とも結びついてしまいました。

マリアが神の子の人間の母であることから生じた「神的母性」「霊的母性」は、その息子たちによる教会の勝利主義と一体化しがちであったというわけです。

聖書とのつながり

マリア教義において、聖書記述と教会教義との隔離が拡がったのは事実です。プロテスタントは、これを次のように批判します。すなわちイエスは母との肉親的な縁を切って（マコ3・31〜35）新たな共同体をつくったはずなのに、カトリックは、聖母子と家父長的な独身聖職者による教会をつくってしまったと言います。

現代の聖書解釈の基本である歴史批判的方法からすれば、新約聖書においてマリアについて確実に知り得ることは非常にわずかです。「無原罪」「被昇天」「恩恵の仲介者」教義の根拠を新約聖書に見出すことはできません。マリアの両親がヨアキムとアンナだとする教会に広く行き渡った言い伝えも、歴史的な価値のない異端の痕跡をもとどめる外典『ヤコブ原福音書』に基づいています。マタイ福音書とルカ福音書の初めのイエス幼年物語の記述においても、内容的に共通するのは「処女懐胎」のみであり、決して調和したものではありません。マルコ福音書とヨハネ福音書の著者、そしてパウロにも、イエスの幼年物語を知っていた形跡はありません。それゆえ、教義の正当性は聖書に基づいてこそだとするプロテスタントにしてみれば、カトリックのマリア崇敬はある意味、空想の産物だと言わざるをえません。しかしカトリックの側からすれば、それは信仰の歴史を通して形成されてきた民の信仰のセンスの蓄積による教えだとされます。

教会論とのつながり

マリアが教会とつながる根拠は「新しいエバ」論です。そこでマリアの役割は、全人類の救済の歴史に拡大されます。これを導いた聖書の記述は『創世記』三章一五節の蛇を踏みつけるエバとそれに結ばれる新約のマリアです。新約聖書においてマリアが教会と結びつけられるのは、次のヨハネ福音書の言葉によります。「イエスは、母とそのそばにいる愛する弟子とを見て、母に、『婦人よ、御覧なさい。あなたの子です』と言われた。それから弟子に言われた。『見なさい。あなたの母です』。そのときから、この弟子はイエスの母を自分の家に引き取った」（19・26〜27）。またマリアは『使徒言行録』一章一四節において、エルサレムの信徒の一団の真ん中で祈っています。さらに『ヨハネ黙示録』一二章では、竜に攻めたてられながら子と信者を守護し、勝利する「女」に擬せられます。

四世紀には、マリアの存在と教会の関係はすでに強調されていました。アンブロシウスは「マリアと教会は同様に処女であり、母である」と言いました。[5] アウグスティヌスも「キリストの処女、花嫁である母なる教会（Mater ecclesia）」と言います。[6]

カール・ラーナーの兄、同じイエズス会員である、歴史家のフーゴー・ラーナーは、一九六二年に「マリアを教会のうちに、教会をマリアのうちに見ることを学ぶべき」と述べました。[7] それについてグレースハーケは、第二バチカン公会議は前者には取り組んだが、後者は放置していると見ます。

第二バチカン公会議は、一九六三年一〇月二九日の投票により、マリアを「共贖者（Coredemptrix）」として称賛することを断念し、マリアについての記述は教会論（『教会憲章』八章）のうちに置くことを決定しました。

しかし公会議時のパウロ六世教皇は『教会憲章』の公布に際して、「共贖者」称揚を訴える保守派に配慮して、マリアを“Mater ecclesiae”「教会の母」であると宣言しました。これは“Ecclesia Mater”「母なる教会」、すなわち「教会をマリアのうちに見る」という方向性からは遠ざかることになりかねません。“Mater ecclesiae”は、十二世紀からマリアの呼称に使われ始めましたが、「母（Mater）」と「教会（Ecclesia）」のどちらを先に置くかは、マリアが教会の「うちに」にいるのか、あるいはマリアが教会の「上に」いるのか、マリア個人への崇敬か教会のあるべき姿のどちらが第一なのかという問題にかかわります。

エキュメニズムとマリア

カトリック神学では、マリア論において、キリスト論・教会論・恩恵論など神学の基線が交わり、それぞれの科目の射程も明らかになります。

他方、プロテスタントでは「義認論」から見出される人間のありさまが、信仰の教えの中心に据えられます。そこに人間のモデルをマリアに見るという発想はありません。ところがカトリック神学においては、人間の信仰実現のあり方の典型はマリアに見出されます。神と人間の関係の実現、信仰者のモデルはマリアにおいてこそ姿をとり、マリアは神学的人間論の目標となります。

ここにプロテスタントとカトリックの教えの根本的な違いが浮上します。マリアのとらえ方において、カトリックとプロテスタントの人間観の相違が浮きぼりになるからです。分水嶺は「無原罪」と「被昇天」教義でしょう。この教義において、カトリックのマリア像は、信仰にある人間はマリアを筆頭として初めも終わりも恵みに包まれているという前向きな明るい人間観を語ります。しかしながらそれは、プロテスタントの罪と原罪に基づく悲観的な展望とは対照的です。その違いは、罪と恵みの関係、自由、選びと摂理、救済と救済史、教会の完成と世界の完成、教会と恩恵の媒介といった諸テーマにおいて露わとなります。

聖公会はこの点で、カトリックの人間観にやや歩み寄っており、それは両教会の間でなされたマリアを終末論的な希望ととらえる共同研究の成果にも現れています(8)。

とはいえ、カトリック教会が聖書から離れたところでマリア教義を打ち立てたこと、またその際に使われた「特権」という表現は、改めて各方面から批判にさらされます。とりわけフェミニズム神学から見れば、マリアの人間としてのあり方の実現が「特権」として与えられるというのは「処女」や「花嫁」という呼称に見て取れる、女性の男性への従属や依存、補佐的役割という図式と結びつかざるをえません。

いずれにせよ、現代のエキュメニズムから求められるマリア崇敬は、まず聖書に基づく方向づけであり、またキリストの解放の福音に寄与する人物としてのマリアという、キリスト論に貢献するマリア論です。

「解放の神学」とフェミニズムの視点

解放の神学とフェミニズムは「マグニフィカト」（ルカ1・46〜56）に描き出される解放の霊感に注目します。

「わたしの魂は主をあがめ、わたしの霊は救い主である神を喜びたたえます。身分の低い、この主のはしためにも目を留めてくださったからです。今から後、いつの世の人もわたしを幸いな者と言うでしょう。力ある方が、わたしに偉大なことをなさいましたから。その御名は尊く、その憐れみは代々に限りなく、主を畏れる者に及びます。主はその腕で力を振るい、思い上がる者を打ち散らし、権力ある者をその座から引き降ろし、身分の低い者を高く上げ、飢えた人を良い物で満たし、富める者を空腹のまま追い返されます。その僕イスラエルを受け入れて、憐れみをお忘れになりません」。

ラテンアメリカ司教会議（CELAM）の一九六八年メデリン会議（コロンビア）、一九七九年プエブラ会議（メキシコ）で支持された「解放の神学」は、このマグニフィカトに小さな者、貧しい者、抑圧された人々の擁護者・解放者としてのマリアが歌われていると指摘します。「身分の低い者を高く上げる」ことこそは、福音のエッセンスであり、社会の片隅に生きる者たちに向けられる、神の解放です。(9)

フェミニズムもまたここに注目します。メキシコのグアダルーペで、一五三一年にマリアの出現があったとされますが、同地は、それ以来、アメリカ大陸とその先住民たちの聖地となりました。グアダルーペのマリアの現れから見て取れるアメリカ大陸のマリア崇敬の意義は、西欧からやって来た宣教師たちが押しつけた「人間の過失を罰する永遠の男性裁判官」としての神像からの解放です。グアダルーペに現れたマリアは、宗教の押しつけに伴う政治的・経済的・性的・宗教的・社会的・心理的抑圧という暴力に対して、先住民が自らの宗教としてのキリスト教をマリアの女性性を通して受け取り直したとの意味を持ちます。

聖書と神学のマリアについての記述は、そもそも男性神学者たちによって書かれたものでしょう。そして「神の母」教義以来、マリアを語る文脈の中心は、常に父なる神の息子キリストです。そうしたキリスト中心性は、女性神秘家たちの霊性においても変わりません。しかしこのキリスト中心性は、父とその息子である神の男性性に基づいており、そこにはキリスト教の家父長制思考が隠れているとフェミニズム神学は訴えます⑩。

すなわち、カトリック教会の神学と霊性には男性的刻印が強く残り、女性を軽視してきた歴史の負い目は免れない……。その歴史が収斂するのがマリア像だ……。こう言うフェミニズム神学によれば、カトリックのマリア信心は、男性中心的聖職位階制を投影して、女性を隷属的パートナーとして拘束し、伝統的な性の役割を正当化する存在であったとされます。マリアはそこで、伝統的敬虔の権化、恭順と静かな慎み、無条件の愛の献身、無限の忠誠と精勤の模範という母性の元型と見なされます。こうしてカトリックは、相変わらず男性の目からキリスト教を見ており、男性聖職者は、マリア崇敬を確かな救いの道であると厳かに宣言することが教会の職務だと思っている……と批判されます。

宗教学的に、マリアは古代の女神の空位を補い埋め合わせた、と解釈されることがありますが、職階的独身男性聖職者組織と結ばれたマリア像には、ある種の女神願望像が残っているのではないかとも言われます。男性聖職者の独身制は、女性を女神のごとき聖女であるか、あるいは大罪人であるという願望の型にはめてしまいがちです。

神学的な展望においても「神―イスラエル」「キリスト―教会」「花婿―花嫁」という主導と服従の対照構造は、それぞれに男性性と女性性が割り振られており、その女性性は「父なる神の娘」「息子の母親」「キリストの花嫁」となります。しかしこうした女性性は、キリスト教的家父長制の桎梏にとらわれ、常に男性性に結びつけられた関係の中でしか存在できないと言われます。

同じく「エバ―マリア」教会論の構図も、うがって見れば「教皇を頂点とするヒエラルキーを表す『アダム―キリスト―男』」対「平信徒の『エバ―マリア―女』」というそれぞれの三一性に基づいています。ここでも、エバに連なる女性は従属的に下位に置かれます。しかしこうした枠組みからは自律的・批判的に生きる力が生まれず、それゆえ「新しいエバ」図式は、女性解放には役立たないと言われます。そのため聖書の伝承を解釈するにあたっては、無意識のうちに行われている男女の役割のイデオロギー化を克服していくことが必要だとされます。

以上から、フェミニズム神学の代表者の一人ローズマリー・ラドフォード・リューサーは、神の神母性、女性的なものが救いに果たす寄与を探すこと、マリアのうちに「神性の女性性」を探すことが大切だとします。(11) こうした視点は、しかし実はカトリックの男性神学者、たとえばテイヤール・ド・シャルダンにおいても主張されています。(12) また、ヨハネ・パウロ二世教皇のマリアと女性の尊厳についての書簡には、人間の人格性を生涯の研究テーマとした教皇の思索が結晶しています。(13)

マリアと聖霊とのつながり

上記の諸批判に答えうる、新たに提示されるべきマリア論とはいかなるものでしょうか。それは、マリアを神の三位一体性の具体性が現れる場、神の霊の場、交わりの場としてとらえる視点ではないかと思います。これが、本書の結論であり、今後のマリア神学が考慮すべき展望です。

旧約聖書ヘブライ語の「ルーアハ」は女性名詞です。創世記一章二節「神の霊が水の面を動いていた」は、霊が「抱き込む」という母の姿を表していると読む神学者もいます。[14]『箴言』七章の、創造に先んじて神のもとにあり、神の永遠の歓喜を表現する「知恵」（コクマ）は「神の娘」を意味します。「ルーアハ（霊）」「コクマ（知恵）」「シェキナー（孕み・宿り）」は、女性的であり、これらの働きで成就される神の創造は、母が生命を与え、養うに比せられます。新約聖書においても、イエス・キリストによる解放は「新しく生まれること」（ヨハ3・3〜6）であり、聖霊である「弁護者（パラクレートス）」は、母のように慰める者（ヨハ14・16）です。聖霊は、三位一体における処女的、花嫁的、母親的位格なのです。

ルカ福音書において、受胎告知は聖霊によります。そしてこれは、同じ著者による続編『使徒言行録』二章に記される、教会の誕生である聖霊降臨とも有機的につながります。聖霊降臨は、全人類的家族の交わり、統合へと向かいます。

歴史に働く聖霊とマリアの関係は、東方教会では周知のことでした。聖霊によるマリアの受胎、そして聖霊降臨によって創設された教会において、マリアの人格と救済史的役割は、キリスト教に不可欠の要素です。聖霊とつながるマリアが、常に典礼・信心の中心にあり、個人と共同体のキリスト教生活の核心として受けとめられます。マリア論に触れない神学は、人間中心的、個人主義的ないびつな神学だとすら見なされます。

そのように新しく求められるマリア論は、それがキリスト教の原点に戻るという意味からも、マリアが聖霊とのつながり、旧約聖書の約束の成就、教会創設（聖霊降臨）に立ち合い、新しい神の民の母、再統合の中心として、恩恵による救済の化身、教会の予型、その構成員の母である方として描かれるべきでしょう。

聖霊のうちにこそ、男性的全知全能性を補う神の女性的側面と三位一体の「交わり」がつながります。そこにマリアが位置づけられることにおいて、男性中心、父権制的ではない、女性の友、子どもや自然の友である真のイエスの姿も現れます。そこにはもはや、この世の悪の責任が女に負わされる「エバの神話」の場所はありません。独身にも結婚にも縛られない「キリストにあって、もはや男も女もない」（ガラ3・28参照）「自由を得させるための解放」（ガラ5・1、一コリ3・17参照）の共同体が現れます。このイエスの共同体が、復活の共同体であり、信仰に基づく兄弟姉妹の友愛による共同体です。

こうした聖霊の創造的・積極的な受容性が信仰の核心に浸透することが、キリストのからだである教会の実現ですが、その共同体の真ん中にいるのがマリアでしょう（使1・14）。イエス・キリストの受肉により、無限の神が有限な被造物のうちに入ってきたことで、マリアにより「キリスト者」なる人間の元型が現れました。この聖霊の恵みに応えるマリアの自由において「聞き従う」態度と「女性に成る」こと、あるいは性別を超えた「人間」になることは同時に進行します。このようなマリアが、全人類のための「新しい人間」であり、信仰者の典型、教会の象徴、創造の元型として、全救済史の中心的位置を占めることを描くマリア論が望まれるのだと思います。

注

（1）E・モルトマン＝ヴェンデル、H・キュンク、J・モルトマン編『マリアとは誰だったのか――その今日的意味』（新教出版社、一九九三年）参照。
（2）マルティン・ルター、WA. 7. 544-604.
（3）E・モルトマン＝ヴェンデル他編『マリアとは誰だったのか』、特にユルゲン・モルトマンおよびゴッドフリート・マーロンの記事を参照。
（4）Gisbert Greshake, Maria-Ecclesia, Perspektiven einer marianisch grundierten Theologie und Kirchenpraxis, 2014.
（5）アンブロシウス、Lucam II, 7; 56.
（6）アウグスティヌス、De sancta virginitate 2-6.
（7）Hugo Rahner, Maria und die Kirche. Zehn Kapitel über das geistliche Leben, 1962, 8. 16.
（8）'Mary: Grace and Hope in Christ'（『マリア　キリストにおける恵みと希望』教文館、二〇〇七年）参照。
（9）グスタボ・グティエレス『解放の神学』（岩波書店、二〇〇〇年）、同『解放の地平をめざして　民衆の霊性の旅』（新教出版社、一九八五年）、同『いのちの神』（新教出版社、二〇〇〇年）など参照。
（10）E・モルトマン＝ヴェンデル、J・モルトマン『女の語る神、男の語る神』（新教出版社、一九九四年）参照。

（11）R・R・リューサー『マリア――教会における女性像』（新教出版社、一九八三年）、同『性差別と神の語りかけ――フェミニスト神学の試み』（新教出版社、一九九六年）参照。
（12）アンリ・ド・リュバック『永遠に女性的なるもの』（法政大学出版局、一九八〇年）参照。
（13）教皇ヨハネ・パウロ二世回勅『救い主の母』（カトリック中央協議会、一九八七年）、同教皇使徒的勧告『女性の尊厳と使命』（同、一九八八年）参照。カロル・ウォイティワ『愛と責任』石脇慶総訳（エンデルレ書店、一九八二年）。
（14）前出『マリアとは誰だったのか』、第二章「全教会的マリア論は存在するだろうか」参照。

マリアへの祈り――『主の母、マリア』第一〇章

聖なる乙女よ！

私たちの肉なる身の上と運命のうちへと到来された、永遠の御言葉の真のお母さま！

あなたの信仰のうちに、また祝福された御胎のうちに、私たち皆にとって、この上なく尊い救いを受け取ってくださった婦人よ！

救われた者たちすべての母なるお方！

神の生命にいつも生きておられるお方よ！

どうぞ、私たちの間近においでください。

神と結ばれた方々こそ、私たちに最も身近なのですから。

救われた者の、心より湧きあがる感謝において、私たちは、神のとこしえの慈しみをほめ讃えます。

それは、み母よ、あなたご自身をも贖った慈しみでした。

あなたがお生まれになったとき、神の聖化の恵みは、すでにあなたと共にありました。

神が決心されてお与えくださったその恵みは、あなたを二度と離れることはありませんでした。

けれども、あなたが歩まれたのは、地上の子ら皆がたどらねばならない道でした。

……狭くて、時間の中を行方も定かでなくさまようかのような道、平凡な日常とさまざまな心痛が、死を迎える日まで続くこの道。

しかしそれは、同時に神の道でした。

信仰において、心をすっかり明け渡して「お言葉の通り、この身になりますように」が言い続けられた道でした。

その言葉が発せられた瞬間は、もはや決して消え去らない時、永遠に真実であり続ける時です。

あなたのお声は、人類すべての声となり、あなたの「はい」は、神の「諾」との決心に対する、すべての被造物の「アーメン」となりました。

このお応えによって、あなたはあなたの信仰と御胎に、神と人間、創造主と被造物、うつろうことなく宿命を免れた祝福とこの世の苦く、死にいたる運命とを、同時に一つの身に負う方、すなわち私たちの主イエス・キリストをお受けになられたのでした。

私たちの救いのために、あなたはこの「はい」を言われました。

私たちのために、この「フィアット、なれかし」を語られました。

人間という私たちと同じ種に属するひとりの婦人として、その御胎に、またその愛のうちに、あなたは、この名にのみ天と地の救いのすべてが懸かるあの方を宿されたのでした。

あなたはこの「はい」を、いかなるときも言い続けられました。

決して途絶えることなく……。

あなたが宿された子が、いったいどなただったのかが明らかになっていくために、あの方が進んで入って行かれた境遇、その生と、さらに死のときすらも。

あの方は、世の罪をご自身に負われた「神の小羊」、人間という罪深い種が抱く神への憎しみを十字架の木に釘付けにした「人の子」、そして、私たちの宿命であった死の闇に注ぎこまれた「世の光」だったのでした。

そしてあなたは、善と悪を見分ける木、真のいのちの木である救い主の十字架のもとに立たれる、第二のエバ、生ける者たちの母です。

あなたのうちに、聖なる乙女よ、救われた人類である教会も、世から蒙る十字架に耐えつつ立っています。

あなたから、贖いと永遠の救いの実りをいただきながら。

乙女よ、み母よ、この教会のうちに、救われた者、洗われた者たちが一つになって集っています。

聖徒の交わりを目で見、感じることのできるこの場で、私たちはあなたのとりつぎの祈りを願います。

この聖人たちの交わりは、現世における人間同士のかかわり合いと、すでに救いに到達した人々同士のかかわりの両方を包み込みます。

そこで生きる者は、決して独りぼっちではありません。

あなたも、私たちとのかかわりの中におられます。

ですから救われた者として、あなたは、この交わりの中であなたと結ばれた兄弟姉妹のために祈ってくださるでしょう。

私たちは、あなたの力あるとりつぎに信頼して願います。

その願いを、あなたはお拒みにならないでしょう、たとえそれが、あなたをよく知らぬ者の願いであっても。

私たちが、真のキリスト者でありうるように、恵みをとりついでください。

私たちが、救われた者、洗われた者、絶えず主の生と死により深く一致していく者となることができますように。

教会のうちに、そこに働く聖霊において生きる者となりますように。

いただいた救いを、生のあらゆる場で証ししながら、霊とまことを祈り求める者であることができますように。

いかなる物事に対しても、純粋で、潔く、誠をもって真理を求める人間、神の聖なる召し出しである自分の生活を、勇気をもって、しかも謙遜に築いていける人間であることができますように。

使徒の言葉に従い、「よこしまな曲がった時代のただ中で、星のように輝く」（フィリ2・15）神の子らであることができますように。

そのように、喜びながら、信頼しながら、私たちが今日もいつも永遠にいたるまで、主を基として、いのちの土台を築いていくことができますように。

み母よ、どうぞ私たちのために祈ってください。

聖なる乙女、み母よ、私たちは、あなたに自分を献げます。それは、私たちが、あなたから聖別されているからです。私たちは、親石であるイエス・キリストの上だけに成り立つのではなく、使徒と預言者たちという礎にも基づいています。同様に、私たちのいのちと救いは、いつもあなたの「はい」と、あなたの信仰と、あなたのからだの実によって聖別されているのです。

私たちが「自分をあなたに献げたい」と言うとき、それはただ「私たちは、自分のあるがままを、私という人間の内からも外からも、霊と心と行いで自ら受け取って生きたい」、ということを告白しているにすぎません。

ですから、この「奉献」と「聖別」とは、神が先立ってご準備くださり、そこで私たちを助けてくださろうとなさる救いの計画を、ただ私たちが自分自身の人生のうちで実行していくことに他なりません。でもそのために、私たちは、あなたのもとに参ります。

私たちの生涯の救いは、あなたにおいて起こり、あなたによってこそ受諾されたものなのですから。私たちが自分をあなたに献げ、あなたが私たちを聖別してくださるように、どうぞ、あなたのうちで聖別され、自らを献げられたイエスを私たちにお示しください。

あなたの御胎の祝福された実、真理の光であり、時間のうちへの神の到来（Advent）であるイエスを私たちにお示しください。

苦難を真に耐え、真に復活なさった方、御父の子であり、またこの大地の子でもある方、その方のもとで、私たちがあらゆる権力と暴力から真に解放されるあの方を私たちにお示しください。

この方なしには、荒れ狂う力は今なお絶えず、地上の人間はいまだにそれに従わざるをえません。

ですから、アヴェ・マリア、恵みあふれる方……、どうぞ私たちにこのイエスを、昨日のように今日も、そしていつも絶えることなくお示し続けください。アーメン。

参照文献

・Anton Zirgenaus (Hg.), Geboren aus der Jungfrau Maria, (Mariologische Studien XIX), 2007.
・Barbara Albrecht, Kleine Marienkunde, 1985.
・Georg Söll, Mariologie, Handbuch der Dogmengeschichte, Band 3, Faszikel 4, hrsg. von Michael Schmaus, Alois Grillmeier SJ, Leo Scheffczyk und Michael Seybold, 1978.
・Gerhart Ludwig Müller, Maria-Die Frau im Heilsplan Gottes (Mariologische Studien XV), 2002.
・Gisbert Greshake, Maria-Ecclesia, Perspektiven einer marianisch grundierten Theologie und Kirchenpraxis, 2014.
・Gisbert Greshake, Maria ist die Kirche, Aktuelle Herausforderung eines alten Themas, 2016.
・Günter Johannes Ziebertz, Du bist voll der Gnade, Fünftig Jahre Dogma der Himmelaufnahme Marias, 2000.
・Handbuch der Marienkunde, Band 1, 2, hrsg. von Wolfgang Beinert und Heinrich Petri, 1996.
・Hans-Urs von Balthasar, Maria für heute, 1987.
・Josepf Razinger, Die Tochter Zion, 2007.
・Kardinal Razinger, Hans-Urs von Balthasar, Maria-Kirche im Ursprung, 1980.
・Karl Rahner, Marianne Dirks, Für eine neue Liebe zu Maria, 1984.
・Karl Rahner, Sämtliche Werke Band 9, Maria, Mutter des Herrn, Mariologische Studien, 2004.
・Leo Kardinal Scheffczyk, Maria, Mutter und Gefährtin Christi, 2003.
・Mary in the New Testament, edited by Razmond E. Brown, Karl P. Donfried, Joseph A. Fitzmyer, John Reumann, 1978.
・Peter M. J. Stravinskas, The Catholic Answer Book of Mary, 2000.
・R. Radford Ruether, New Woman, New Earth, 1975. エリザベート・ゴスマン他編『女性の視点によるキリスト

教神学事典』日本基督教団出版局、一九九八年。
・Texte zur Theologie Dogmatik, hrsg. von Wolfgang Beinert, Mariologie, bearbeitet von Franz Courth, 1991.
・The Anglican-Roman Catholic International Commission's (ARCIC) Statement on Mary, 'Mary: Grace and Hope in Christ'(『マリア　キリストにおける恵みと希望』教文館、二〇〇七年)。
・荒井献編『新約聖書外典』講談社学芸文庫、一九九七年。
・アンリ・ド・リュバック『永遠に女性的なるもの』法政大学出版局、一九八〇年。
・エバンヘリスタ『マリア論入門――主の母、教会の像』中央出版社、一九六六年。
・E・モルトマン＝ヴェンデル、H・キュング、J・モルトマン編『マリアとは誰だったのか――その今日的意味』新教出版社、一九九三年。
・E・モルトマン＝ヴェンデル、J・モルトマン『女の語る神、男の語る神』新教出版社、一九九四年。
・教皇パウロ六世、使徒的勧告『マリアーリス・クルトゥス――聖母マリアへの信心』(ペトロ文庫)、カトリック中央協議会、二〇一三年。
・教皇ヨハネ・パウロ二世回勅『救い主の母』カトリック中央協議会、一九八七年、同教皇使徒的勧告『女性の尊厳と使命』カトリック中央協議会、一九八八年。
・グスタボ・グティエレス『解放の神学』岩波書店、二〇〇〇年、同『解放の地平をめざして　民衆の霊性の旅』新教出版社、一九八五年、同『いのちの神』新教出版社、二〇〇〇年。
・『神学ダイジェスト』五七号(カール・ラーナー特集)、同一〇〇号(カール・ラーナー生誕百年記念特集)、同二六号、リーゼンフーバー、「キリスト論の基礎的考察――K・ラーナーのキリスト論」。
・『聖母マリアに対する崇敬――一九八七年「マリアの年」にあたって』一九八七年八月一五日、日本カトリック司教団教書。
・R・R・リューサー『マリア――教会における女性像』新教出版社、一九八三年、同『性差別と神の語りかけ――フェミニスト神学の試み』新教出版社、一九九六年。

あとがき

私が教員を務める神学部の新入生の授業で、カトリック信仰の概要を知るために、若者をターゲットとした教会のカテキズム（信仰要理入門書）『ユーキャット（YOUCAT）』を輪読していますが、学生たちの反応はいま一つです。このごろの神学部は、従来の司祭や修道者の養成コースを兼ねた「神学系」に加えて「キリスト教文化系」や「キリスト教倫理系」をそなえ、信者でない学生にも門戸を開いていますが、そうした未信者の学生にとって、このカテキズムは、素直に飲み込むのが少しむずかしい代物であるようです。なぜなら、そこで語られているのは、すでにカトリック信仰の正当性を前提とした立場から、教会内部の専門用語で読者を包み、さらにその世界の内に誘い込もうとする言葉であるからです。それは、ニュートラルな知的関心からキリスト教を知りたいと思う学生にとっては、初めから圧迫する壁とも感じられるようです。

そういう声に思いを留めながら、大人用の『カトリック教会のカテキズム』を開いてみると、そこに書かれていることもやはり『ユーキャット』と同様のパターン、昔ながらの信仰問答調の説明と、内部にいなければ意味のわからない術語が並んでいると言えなくはないようです。こうしたカテキズムは、読者の対象を西洋の教会の歴史と伝統に根づいたカトリック信徒に置いていると思われます。そこで、ふと思いがよぎります。このカテキズムの説明は、私たちの歴史的な背景や宗教の土壌にマッチしているだろうか？　あるいはその教授の方法には、信仰の内容を私たちの目の前の現実とかかわらさせ、照らし合わせる視点や対話はあるだろうか？　これが抜け落ちると、日本の社会に本当の意味で信仰の場を開くのはむずかしいというのは、私の神学部での経験でもあります。

ところで、詩人のサトーハチローは「おかあさん」についての詩集を出していますが、その中にこんな詩がありました。「母という字を書いてごらんなさい　やさしいように見えて　むずかしい字ですやせすぎたり　太りすぎたり　ゆがんだり　泣きくずれたり……　笑ってしまったり　お母さんにはないしょですが、ほんとうです」。これは、私たちの母との関係をうまく言い表していると思います。最も身近な人であり、自分を産み育ててくれた恩とその労苦の尊さはよくわかっているけれども、あまりにかかわりが深いがゆえに、理想化することもできないし、欠点も目についてしまう人、それが母かと思います。

聖母マリアも、教会の母、信仰の母として、やはり信者の心の最も深いところに触れる「おかあさん」でしょう。しかしこの方については、人々は欠点を決して語らず、ひたすら優美な母の姿の超越的典型としての表象を守ってきました。聖母マリアは、聖なる、母なる者の原型であり、人間にとって最も原初的な憧れの対象であるなどと、神話や心理学の立場からも語られているようです。

この聖母マリアについて、カテキズムを開けば、そこには「処女マリア」「被昇天のマリア」「教会の母」……など、やはりすでに教義化された術語が当たり前に並んでいます。そうした既得権の上で微動だにしない観念に疑問を抱く人々は、そもそも初めから門前払いされていると思うかもしれません。

熱心なカトリック信者の中には、マリアさまが無条件に大好きで、その像の前でひたすら祈りをささげることを日課にする人々も多いでしょう。そういう人にとって「マリアさまとは、どのような方か？」との問いには、いまさら意味がないかもしれません。

しかしながら、カテキズムの信仰問答を心情のうちに内面化することだけに留まる信仰には、教会の外の人々に信仰について語ったり、また人々が尋ねる問いに答えることはむずかしいでしょう。さらに、現実の社会や歴史の動向についての理解や、そこから自分の信仰を顧みる営みが欠けていれば、イエス・キリストが信者に命じる「神の国」、すなわち神の愛といつくしみをこの世界に開くための建設的な展望、信仰を現実に活かすすべももてないでしょう。信仰の成長にとって、信仰の真理について「考える」プロセスはやはり不可欠です。それが抜け落ちれば、信仰共同体は動脈硬化に陥り、マリアの本来の美しさも「やせすぎたり　太りすぎたり　ゆがんだり　泣きくずれたり……」の姿になりかねないでしょう。

信仰をふりかえり、その核心をつかみ、それを現実の中に置き直す作業、そこに神学の出番があります。神学は、人間が本来なすべき最も根源的な営みだと私は思います。見えない神の呼びかけと導きを心のうちで聴きとり、祈りのうちに反芻し、人々との対話に差し出しながら識別し、少しずつ神の言葉の本当の意味に心の目が開かれていく、それが神学の経験でしょう。その営みの巨匠カール・ラーナーが、マリアをめぐって黙想する、すなわちマリアを通して神の神秘と向き合い続ける念祷の証が本書

『主の母、マリア』でしょう。

マリアへの崇敬、信心には、実は一貫した筋があります。それがマリアの「教義」となりましたが、個々の教義をばらばらに見れば、現代人には荒唐無稽な話に聞こえるでしょう。しかしそれらの教義の成り立ちをていねいに追って見れば、全体を貫く統一的な意味が開けてきます。本書は、まさにその試みです。第十章、ラーナーによる聖母マリアへの祈りには、本書を通して明らかにされたことが短くまとめられています。それをどうぞ、じっくり味わっていただければと思います。

マリアはまず、恵みに包まれた方。受胎告知への「フィアット、なれかし」において、人間と神との間の最も深いかかわりに自らを賭けた方。それゆえ「恵まれた方！」。この世界においてイエス・キリストの母として、イエスとともに父なる神との関係を生き抜く信仰者の典型です。それゆえイエス・キリストを信じる人々の共同体の交わりの中心でもあります。特に、恩恵とのかかわりは、マリア教義の基盤です。マリアは、神であり人であるイエス・キリストを身に宿した人間として、自然と超自然のしきいの上を歩き通した人。現代の教皇たちは、世俗社会のうちを歩む教会とキリスト教が、現代社会の相対主義（絶対的なものではなく、相対的なものを絶対視すること）に陥る危機についてしばしば語ります。マリアはそこで、世俗の世界に神の恵みの香りを振りまきつつ、超自然の秩序の先駆けの姿を示すべき教会の元型でもあります。先行きの見えない世界状勢において、神の導きと摂理を模索する信仰者とその教会は「両親には、イエスの言葉の意味が分からなかった。……母はこれらのことをすべて心に納めていた」（ルカ2・51）との、自らを聖霊の導きに委ねるマリアの生き方に、自らのあり方を重ね合わすことでしょう。

「神の母」「処女性」「無原罪」「生涯の罪のなさ」「被昇天」などの教義において、キリストとのかかわり、罪と恵みや終末、さらに教会のあり方にもつながっていくマリアへの崇敬は、信仰者がキリスト教の啓示の全体に向き合い、自らのいのちのありさまを眺める窓を開きます。本書が、この日本の社会を生きる人々にとって、聖母マリアへの親しみを深めるための一助になることを切に祈ります。

本の出版がむずかしい状況の中で、神学というまた一つハードルの高いこの書物を世に送ってくださった教友社の阿部川直樹氏、また、愛らしくやさしいカバーをデザインしてくださった松本ルカさんに心から感謝いたします。

二〇二〇年晩秋、コロナ禍の最中に祈りつつ

光延　一郎

カバーデザイン❖松本ルカ

光延　一郎（みつのぶ・いちろう）

イエズス会司祭、上智大学神学部教授。「神学ダイジェスト」編集長。上智大学にて哲学・神学修士修了後、フランクフルトのザンクト・ゲオルゲン哲学・神学大学にて神学博士。研究テーマは神学的人間論（創造と救済・罪と原罪・恩恵・終末・マリア論）およびキリスト教的人間観と現代社会の諸問題。
著書：『神学的人間論入門──神の恵みと人間のまこと』（教友社、2010年）。『キリスト教と人権』（編著、サンパウロ、2008年）。『今、日本でカトリックであることとは？』（編著、サンパウロ、2009年）。『今こそ原発の廃止を──日本のカトリック教会の問いかけ』（編著、カトリック中央協議会、2015年）ほか。

主の母マリア　カール・ラーナーに学ぶカトリック・マリア神学

発行日………2021年4月16日　初版
　　　　　　2024年4月 8日　2刷

編著者………光延 一郎
発行者………阿部川直樹
発行所………有限会社 教友社
　　　　　　275-0017 千葉県習志野市藤崎6－15－14
　　　　　　TEL047（403）4818　FAX047（403）4819
　　　　　　URL http://www.kyoyusha.com
印刷所………株式会社シナノパブリッシングプレス

ISBN978-4-907991-66-1 C3016

落丁・乱丁はお取り替えします